# Древний мир

## Полная энциклопедия

ШАРЛОТТА ХАРДМАН
ФИЛИП СТИЛ
РИЧАРД ТЕЙМС

# Древний мир

## ПОЛНАЯ ЭНЦИКЛОПЕДИЯ

Москва

ЭКСМО

2008

УДК 94.3(03)
ББК 63.3(0)3
Х 20

Charlotte Hurdman
Philip Steele
Richard Tames

ILLUSTRATED HISTORY ENCYCLOPEDIA

ANCIENT WORLD

Lorenz Books

Перевод Алексея Озерова

**Хардман Ш., Стил Ф., Теймс Р.**
Х 20    Древний мир. Полная энциклопедия / Пер. А. Озерова. —
М.: Эксмо, 2008. — 256 с.: ил. — (Атласы и энциклопедии).

УДК 94.3(03)
ББК 63.3(0)3

**ISBN 978-5-699-15030-4**

# СОДЕРЖАНИЕ

# Рождение цивилизации

Эта книга рассказывает более чем о двух миллионах лет человеческой истории, начиная с наших ранних человеческих предков в Африке и заканчивая могущественной Римской империей. Трудно и вообразить себе такой долгий период времени, но это примерно в 30 тыс. раз больше, чем в среднем живет человек сегодня. В современном мире образ жизни постоянно меняется. Каждый год приносит новые модные тенденции в одежде, играх и музыке и сотни научных открытий. Большую же часть человеческой истории изменения происходили очень медленно.

## Образ из жизни
Первобытные люди жили охотой на диких животных и собирательством дикой растительной пищи. Значение охоты выразилось в первобытном искусстве – вроде этого, насчитывающего 13 тыс. лет изображения бизона из пещеры Альтамира в Испании.

## Охотники и собиратели
Еще 11 тыс. лет назад все человеческие существа вели простой образ жизни, который сформировался за миллионы лет. Люди жили простыми родственными группами, собирая дикую растительную пищу и охотясь на диких животных. Они никогда долго не оставались на одном месте, а постоянно передвигались в поисках новых источников пропитания, следуя за стадами диких животных. Эти первобытные народы охотников и собирателей в течение длительных периодов времени пользовались одним и тем же типом орудий.

## Пластинки и остроконечники
Несколько орудий, изготовленных из дерева и камня, вроде этих клиновидных наконечников и ножевидной пластинки, костер, одежда, сделанная из звериных шкур, и укрытие – вот и все, что требовалось нашим первобытным предкам, чтобы выжить.

## Жилище из костей мамонта
Это реконструкция жилища охотника на мамонтов. Оно было построено около 13 тыс. лет до н. э. на Украине. Через три тысячелетия люди жили почти во всех частях света, даже в покрытой льдами Арктике.

## Переход к оседлости
Первые полностью современные человеческие существа, которые имели точно такой же интеллект и такую же внешность, как мы, появились в Тропической Африке около 100 тыс. лет тому назад. Они были гораздо лучше приспособлены к жизни в условиях новой среды, чем предыдущие виды.

## ВЫРАЩИВАНИЕ УРОЖАЯ

Эти первобытные человеческие существа быстро распространились за пределами Африки, придя на смену таким более древним видам, как неандертальцы, которые населяли Европу и Азию. Постепенно их численность возросла, и они уже не могли больше выживать только за счет охоты на животных и собирательства диких растений. Люди стали вести земледельческий образ жизни. Первые земледельцы поселились в Передней Азии около 11 тыс. лет назад. Несколько тысячелетий спустя земледелием начали заниматься в Египте, Индии и Китае. Ко времени возникновения Римской империи (2 тыс. лет назад) большинство людей кормились за счет сельскохозяйственной деятельности.

### ИЗМЕЛЬЧЕНИЕ ЗЕРНА
Этой каменной ручной мельнице 6 тыс. лет. Ее использовали для растирания зерна в грубую муку, из которой делали кашу или хлеб. Выращивая семена пищевых культур, которые они обнаружили, и держа в загонах стада диких животных, охотники превращались в земледельцев и скотоводов.

## НОВЫЙ ОБРАЗ ЖИЗНИ

Земледелие привело к огромным изменениям в образе жизни большинства людей. Это означало, что они могли жить на одном месте все время. Они начали возводить долговременные постройки из дерева, кирпича и камня. Люди научились обжигать глину, чтобы изготавливать керамические сосуды для хранения и приготовления еды. Позднее они научились нагревать определенные горные породы для получения металлов, как, например, золота, серебра и меди. Металлические орудия были лучше, чем каменные.

## БУРНЫЙ РОСТ НАСЕЛЕНИЯ

Земледелие привело к важным социальным изменениям. Имея более плодородную землю или большее трудолюбие, одни земледельцы преуспевали больше других и выращивали больше, чем требовалось для пропитания семьи. Эти земледельцы могли обменивать излишки своего урожая на предметы роскоши, вроде тонких украшений и оружия, или использовать их для стяжания власти и влияния над другими людьми. В результате между людьми в земледельческих общинах стало развиваться неравенство богатства и власти. Влиятельные люди могли становиться вождями, править другими и контролировать их землю. Поскольку земледелие увеличило продовольственное обеспечение, человеческая популяция стала расти все быстрее и быстрее. В начале эпохи земледелия на Земле было всего около двенадцати миллионов человек. Сегодня население земного шара составляет более пяти миллиардов человек, большинство из которых по-прежнему кормятся за счет сельскохозяйственной деятельности.

### ОБЛЕГЧЕНИЕ ЖИЗНИ
Терракотовая фигурка из Фив изображает землепашца с двумя волами. Для облегчения занятия земледелием были изобретены всевозможные типы новых орудий, как то: топоры для рубки деревьев, мотыги для разрыхления почвы, а позднее и плуги, повозки на колесах для перевозки тяжелых грузов.

### БРАСЛЕТ УДАЧИ
Ремесленники пользовались поддержкой правителей, а потому могли совершенствовать свое умение и делать удивительные предметы, вроде этого египетского браслета с оком-уджат.

# ГОРОДА, ЦАРИ-БОГИ И ЦИВИЛИЗАЦИЯ

Быстрее всего население росло в тех местах, где были наиболее плодородные почвы, а именно в поймах больших рек. К ним относились Нил в Египте, Тигр и Евфрат в Ираке, Инд в Пакистане и Хуанхэ в Китае. Первые цивилизации (крупные общины с правительствами) возникли в этих районах 5,5–3,5 тыс. лет назад. Вожди были недостаточно влиятельными, чтобы контролировать такие крупные общины, как города, а потому появился новый тип правителя – царь. Чтобы укрепить свою власть, цари издавали своды законов.

## ЦАРЬ-БОГ
Когда к власти в Египте пришел Эхнатон, он ввел поклонение одному богу – солнечному диску Атону. Чтобы укрепить свою власть, древние цари нередко заявляли, что правят при поддержке богов. Некоторые, подобно фараонам Древнего Египта, даже утверждали, что они и есть боги.

## ИЗОБРЕТЕНИЕ ПИСЬМЕННОСТИ

Земледельцы возили излишки своего урожая в города для уплаты ими царю податей. Царь потом использовал это продовольствие для содержания людей, которые состояли на государственной службе, как, например, чиновников, солдат, строителей и других ремесленников. Управление этими крупными общинами было непростым делом. Системы письма были изобретены с целью помочь правителям и чиновникам помнить обо всем, что им нужно было знать, чтобы как следует выполнять свою работу.

## ПИРАМИДЫ ГИЗЫ
Пирамиды являются свидетельством огромной власти египетских фараонов. Фараоны держали в своих руках все богатства и продовольственные излишки Египта и содержали на них тысячи рабочих, которые строили эти гигантские пирамиды.

# ПЕРВАЯ НАЦИЯ

Первая цивилизация была основана шумерами на Среднем Востоке около 5,5 тыс. лет назад. Спустя примерно четыреста лет еще одна цивилизация возникла в Египте. Древнеегипетская цивилизация была одной из самых жизнестойких в истории. Она просуществовала свыше 3 тыс. лет. В то время как шумеры жили в десятках крупных городов, египтяне были повсеместно объединены в единое царство. Они стали первой нацией мира. Со временем новые цивилизации появились в Передней Азии, Африке и Европе.

## КЛАССИЧЕСКИЙ СТИЛЬ
Древние греки построили одни из самых красивых сооружений в истории человечества, как, например, Парфенон в Афинах (447—438 гг. до н. э.). Греческие архитектурные стили широко копировались в Древнем мире, да и поныне оказывают влияние.

# РОЖДЕНИЕ ЕВРОПЕЙСКОЙ ЦИВИЛИЗАЦИИ

Наиболее важная из этих новых цивилизаций была в Греции – по другую сторону Средиземного моря от Египта. Древнегреческая цивилизация дала наибольшее количество изобретений в истории. В древнегреческих государствах было впервые разрешено самоуправление граждан. Это называлось демократией. У древних греков были одни из первых ученых, философов и историков. Они изобрели театр. Созданные ими стили в искусстве и строительстве копируются и по сей день.

## РОСТ ИМПЕРИИ

Древние греки были великими путешественниками и колонизаторами. Они основали города по всему Средиземноморью, Ближнему и Среднему Востоку. Римляне Италии находились под сильным влиянием греков. К началу нашей эры они создали одну из самых крупных империй в истории. И хотя Римская империя окончила свое существование более 1500 лет назад, она по-прежнему оказывает влияние на нашу жизнь. Многие современные языки произошли от латинского языка, на котором говорили римляне. Они же изобрели алфавит, которым пользуются европейские языки. Законодательства Германии и Франции базируются на римском праве. Лондон и Париж были основаны римлянами.

### ЛЕГИОНЕР
Римский легионер в полном обмундировании. Война была важной составляющей для всех ранних цивилизаций, однако именно римляне добились наибольших успехов, благодаря своей эффективной, высокообученной и хорошо оплачиваемой профессиональной армии.

### ЛЮБОВЬ К ДЕНЬГАМ
Древние греки были среди первых народов в мире, которые пользовались деньгами.

# КАМЕННЫЙ ВЕК

Каменный век охватывает свыше двух миллионов лет –
а именно наибольшую часть истории человечества.
Каменным он называется потому, что большинство орудий,
использовавшихся в повседневной жизни, делалось из камня
и кремня. Это было время, когда люди жили небольшими
родственными группами, а для прокорма собирали дикие растения
и охотились на диких животных. Первобытные люди каменного
века не имели постоянных жилищ, они постоянно перемещались
в поисках новых охотничьих угодий. По прошествии очень
длительного периода, научившись обрабатывать землю
и одомашнивать животных, они постепенно стали оставаться
дольше на одном месте. Они начали возводить жилища
и поселения и изготавливать керамическую
посуду и плуги.

# На заре человечества

ПЕРВЫЙ ПЕРИОД в человеческой истории называется каменным веком. Камень использовался для изготовления орудий и других предметов. Некоторые из этих предметов сохранились до наших дней. Также использовались дерево, кость и растительные волокна, но они сгнили, оставив после себя мало следов.

Наши древнейшие человеческие предки делали орудия из камня по меньшей мере два миллиона лет назад, однако наша история по-настоящему начинается с появлением около 100 тыс. лет назад современных людей, именуемых *Homo sapiens sapiens*. Каменный век является частью доисторического периода человечества, означающего, что он протекал до возникновения каких-либо письменных свидетельств. Археологи вынуждены идти по стопам детективов и по кусочкам складывать возможную картину происходившего. Специальные методы, вроде радиокарбонного (радиоуглеродного) датирования, помогают специалистам вырабатывать представление о том, какой была жизнь тысячи лет тому назад. Кроме того, мы можем обращаться к современным культурам охотников-собирателей, чтобы понять, как жили люди в давние времена.

### СКЕЛЕТЫ И ПОГРЕБЕНИЯ
Это скелет неандертальца, погребенного 60 тыс. лет назад. Человеческие останки и погребенные вместе с ними предметы могут многое рассказать специалистам о первобытных людях.

### ПЕЩЕРНЫЕ РИСУНКИ
Это красивое изображение бизона – из пещеры Альтамира в Испании. Оно было сделано около 13 тыс. лет до н. э. доисторическими охотниками. На пещерных рисунках нередко изображаются животные, на которых охотились в те времена.

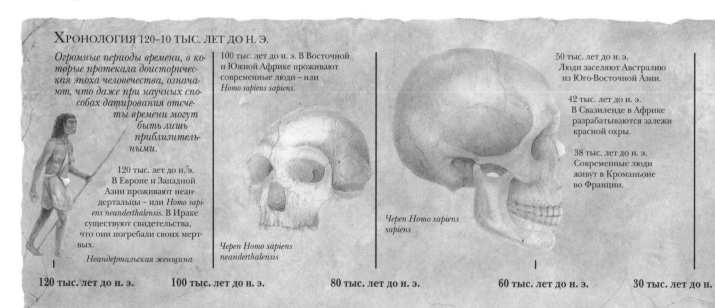

## ХРОНОЛОГИЯ 120–10 ТЫС. ЛЕТ ДО Н. Э.

*Огромные периоды времени, в которые протекала доисторическая эпоха человечества, означают, что даже при научных способах датирования отсчеты времени могут быть лишь приблизительными.*

120 тыс. лет до н. э. В Европе и Западной Азии проживают неандертальцы – или *Homo sapiens neanderthalensis*. В Ираке существуют свидетельства, что они погребали своих мертвых.

*Неандертальская женщина*

100 тыс. лет до н. э. В Восточной и Южной Африке проживают современные люди – или *Homo sapiens sapiens*.

*Череп Homo sapiens neanderthalensis*

*Череп Homo sapiens sapiens*

50 тыс. лет до н. э. Люди заселяют Австралию из Юго-Восточной Азии.

42 тыс. лет до н. э. В Свазиленде в Африке разрабатываются залежи красной охры.

38 тыс. лет до н. э. Современные люди живут в Кроманьоне во Франции.

| 120 тыс. лет до н. э. | 100 тыс. лет до н. э. | 80 тыс. лет до н. э. | 60 тыс. лет до н. э. | 30 тыс. лет до н. э. |

## Скульптуры

Небольшие фигурки доисторических женщин называются «Венерами». Эта фигурка была сделана примерно 23 тыс. лет до н. э. Многочисленные найденные скульптуры способны дать представление об идеях и верованиях людей каменного века.

## Сцены из жизни

Этот наскальный рисунок из Намибии изображает двух жирафов. Он был высечен охотниками в Южной Африке около 6 тыс. лет до н. э. Североамериканский континент является единственным континентом, где до сих пор не было обнаружено подобной первобытной доисторической живописи.

## Орудия труда

Изучение каменных орудий может поведать нам о возможных способах их изготовления и использования. Орудия, как, например, этот ручной топор и эти скребла, использовались для разделки мяса и шкур.

## Свидетельства пещер

Многие скальные укрытия и естественные пещеры, вроде этой пещеры на стоянке Мальта, были обитаемы в течение тысячелетий. Немалая часть имеющихся у нас свидетельств о доисторических людях обнаружена с помощью бережных раскопок слоев скальных пород и почвы в местах древних стоянок, подобных этой. Судя по всему, многие скальные пристанища оставались обитаемыми в течение тысячелетий, до того как были покинуты.

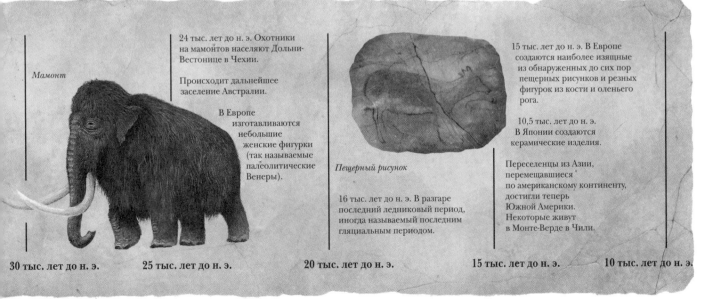

*Мамонт*

24 тыс. лет до н. э. Охотники на мамонтов населяют Дольни-Вестонице в Чехии.

Происходит дальнейшее заселение Австралии.

В Европе изготавливаются небольшие женские фигурки (так называемые палеолитические Венеры).

*Пещерный рисунок*

16 тыс. лет до н. э. В разгаре последний ледниковый период, иногда называемый последним гляциальным периодом.

15 тыс. лет до н. э. В Европе создаются наиболее изящные из обнаруженных до сих пор пещерных рисунков и резных фигурок из кости и оленьего рога.

10,5 тыс. лет до н. э. В Японии создаются керамические изделия.

Переселенцы из Азии, перемещавшиеся по американскому континенту, достигли теперь Южной Америки. Некоторые живут в Монте-Верде в Чили.

30 тыс. лет до н. э.   25 тыс. лет до н. э.   20 тыс. лет до н. э.   15 тыс. лет до н. э.   10 тыс. лет до н. э.

# Мир каменного века

КАМЕННЫЙ ВЕК является самым длительным периодом человеческой истории. Он охватывает настолько большой промежуток времени, что его нередко делят на этапы, в соответствии с типом орудий, которые использовали люди. Первым и самым продолжительным этапом была эпоха палеолита – или древнекаменный век, – которая началась более двух миллионов лет назад. В этот период люди изготовили первые каменные орудия. За ним, около 10 тыс. лет до н. э., последовала эпоха мезолита – или среднекаменный век. В этот период люди начали пользоваться новыми орудиями, как, например, луками и стрелами, чтобы охотиться на оленей и диких свиней. Примерно 8 тыс. лет до н. э., с началом земледелия наступила эпоха неолита – или новокаменный век. Правда, в разных частях света каменный век продолжался разные периоды времени, а потому такое деление не всегда удачно. Каменный век завершился, когда люди начали в большом масштабе обрабатывать металл.

Ныне современные человеческие существа населяют всю Землю, однако взгляды на то, как это произошло, различаются. Одни специалисты полагают, что мы эволюционировали – или развивались – в Африке, прежде чем расселиться в Азии и Европе. Другие полагают, что мы эволюционировали по отдельности в разных частях света. Первые люди, достигшие Америки, вероятно, пришли из Сибири, когда Берингов пролив был сухопутным. Это, возможно, случилось около 13 тыс. лет до н. э. или даже раньше. Однако уже примерно 10 тыс. лет до н. э. люди достигли самой оконечности Южной Америки.

*Мастодонт, Канада 20 тыс. лет до н. э.*

*Бизоны, Северная Америка 9 тыс. лет до н. э.*

СЕВЕРНАЯ АМЕРИКА

ЦЕНТРАЛЬНАЯ АМЕРИКА

*Сельское хозяйство Южная Америка 7000 тыс. лет до н. э.*

Очаги сельского хозяйства

**ХРОНОЛОГИЯ 10–5 ТЫС. ЛЕТ ДО Н. Э.**

10 тыс. лет до н. э. Заканчивается последний ледниковый период, и климат становится теплее.

К этому времени люди достигли Патагонии на оконечности Южной Америки.

В Египте и Нубии в Северной Африке для получения муки используются жернова.

В Центральной и Западной Европе уже исчезли мамонты и шерстистые носороги.

*Пшеница однозернянка*

9 тыс. лет до н. э. В Северной Америке процветает культура Кловис.

В Сирии выращивают пшеницу однозернянку.

В Америке вымерли многие крупные млекопитающие.

8,5 тыс. лет до н. э. В Месопотамии (современный Ирак) уже одомашнивают овец и коз.

В Перу выращивают тыкву и другие овощи.

*Тыква и маис*

8 тыс. лет до н. э. На Ближнем Востоке выращивают зерновые культуры.

В Иерихоне возникает долговременное поселение. Со временем поселение увеличивается в размерах и становится первым городом.

*Мезолитические орудия*

10 тыс. лет до н. э.          9 тыс. лет до н. э.          8 тыс. лет до н. э.          7 тыс. лет до н. э.

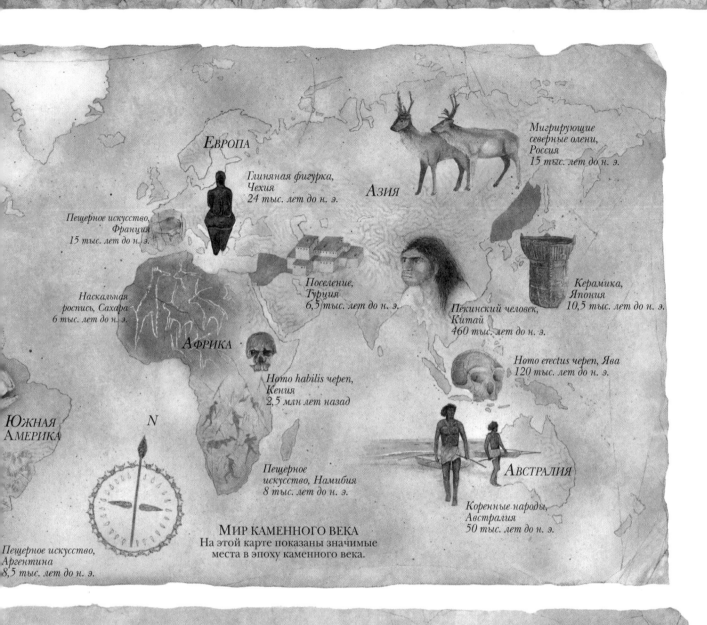

Мигрирующие
северные олени,
Россия
15 тыс. лет до н. э.

ЕВРОПА

Глиняная фигурка,
Чехия
24 тыс. лет до н. э.

АЗИЯ

Пещерное искусство,
Франция
15 тыс. лет до н. э.

Поселение,
Турция
6,5 тыс. лет до н. э.

Керамика,
Япония
10,5 тыс. лет до н. э.

Наскальная
роспись, Сахара
6 тыс. лет до н. э.

Пекинский человек,
Китай
460 тыс. лет до н. э.

АФРИКА

Homo erectus череп, Ява
120 тыс. лет до н. э.

Homo habilis череп,
Кения
2,5 млн лет назад

ЮЖНАЯ
АМЕРИКА

N

Пещерное
искусство, Намибия
8 тыс. лет до н. э.

АВСТРАЛИЯ

Коренные народы,
Австралия
50 тыс. лет до н. э.

МИР КАМЕННОГО ВЕКА
На этой карте показаны значимые
места в эпоху каменного века.

Пещерное искусство,
Аргентина
8,5 тыс. лет до н. э.

7 тыс. лет до н. э. В Китае и на Ближнем
Востоке создаются керамические изделия.

В городище Чатал-Хююк (в современной
Турции) живут люди.

Берингов пролив отделяет Северную Америку
от Азии.

6,3 тыс. лет до н. э. В Перу выращивают картофель.

Лодки-долбленки используются в Пессе
в Нидерландах.

*Управляемая
гребцами лодка-
долбленка*

6 тыс. лет до н. э.
В Сахаре пасут скот,
обрабатывают землю
и занимаются
наскальной живописью.

В Месопотамии впервые
используются медь и золото.

В Греции и Юго-Восточной
Европе возникает земледелие.

В Египет с Ближнего Востока
попадают земледельческие
культуры и овцы.

Овцы

В результате
подъема
уровня моря
Британия
отрезана
от Европейского
континента.

5,5 тыс. лет до н. э.
В Месопотамии
применяется
ирригация.

5,3 тыс. лет до н. э.
В Центральной Европе
занимаются земледелием и создают
керамические изделия.

**7 тыс. лет до н. э.**      **6 тыс. лет до н. э.**      **5 тыс. лет до н. э.**

# Люди из прошлого

СОВРЕМЕННЫЕ ЛЮДИ и их ближайшие предки называются гоминидами. Первые гоминиды составляли две основные группы – *Australopithecus* и *Homo*. Австралопитеки впервые появились около четырех миллионов лет назад и вымерли около миллиона лет назад. Первые *Homo* («человеки»), именуемые *Homo habilis*, появились около двух с половиной миллионов лет назад и, как и австралопитеки, жили в Южной и Восточной Африке.

Около двух миллионов лет назад появился новый вид гоминида – *Homo erectus*. Это был первый гоминид, который покинул Африку, переселившись в Азию, а позднее в Европу. В конечном итоге *Homo erectus* эволюционировал – или развился – в *Homo sapiens*, который эволюционировал в Homo sapiens sapiens, или современных людей. 10 тыс. лет назад *Homo sapiens sapiens* уже населяли все континенты, за исключением Антарктиды.

## ПЕКИНСКИЙ ЧЕЛОВЕК

Это реконструкция разновидности *Homo erectus*, чьи останки были найдены в Китае. Пекинский человек жил здесь примерно от 460 до 230 тыс. лет назад. Специалисты считают, что *Homo erectus* были первыми людьми, которые стали регулярно использовать огонь.

## КРОМАНЬОНЦЫ

Кроманьонцы были первыми современными людьми, жившими в Европе около 40 тыс. лет назад. На этой картине изображено погребение молодого кроманьонца, чьи останки были найдены в уэльской пещере. Тело было посыпано красной охрой, на нем имелись браслеты и ожерелье из зубов животного.

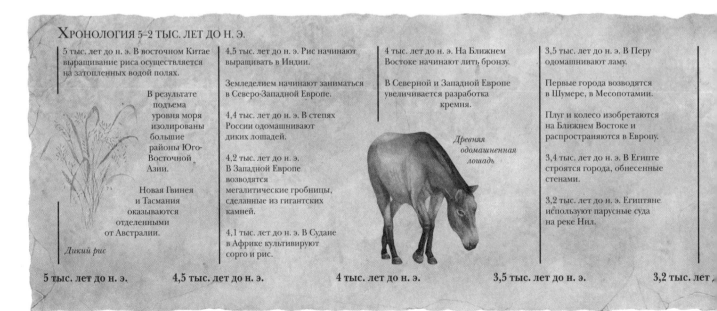

### ХРОНОЛОГИЯ 5–2 ТЫС. ЛЕТ ДО Н. Э.

5 тыс. лет до н. э. В восточном Китае выращивание риса осуществляется на затопленных водой полях.

В результате подъема уровня моря изолированы большие районы Юго-Восточной Азии.

Новая Гвинея и Тасмания оказываются отделенными от Австралии.

*Дикий рис*

4,5 тыс. лет до н. э. Рис начинают выращивать в Индии.

Земледелием начинают заниматься в Северо-Западной Европе.

4,4 тыс. лет до н. э. В степях России одомашнивают диких лошадей.

4,2 тыс. лет до н. э. В Западной Европе возводятся мегалитические гробницы, сделанные из гигантских камней.

4,1 тыс. лет до н. э. В Судане в Африке культивируют сорго и рис.

4 тыс. лет до н. э. На Ближнем Востоке начинают лить бронзу.

В Северной и Западной Европе увеличивается разработка кремня.

*Древняя одомашненная лошадь*

3,5 тыс. лет до н. э. В Перу одомашнивают ламу.

Первые города возводятся в Шумере, в Месопотамии.

Плуг и колесо изобретаются на Ближнем Востоке и распространяются в Европу.

3,4 тыс. лет до н. э. В Египте строятся города, обнесенные стенами.

3,2 тыс. лет до н. э. Египтяне используют парусные суда на реке Нил.

5 тыс. лет до н. э.    4,5 тыс. лет до н. э.    4 тыс. лет до н. э.    3,5 тыс. лет до н. э.    3,2 тыс. лет

## Австралопитек
*От 4,5 до 2 млн лет назад*

Археологи считают, что наши древнейшие предки происходили из Африки. Одна группа – *Australopithecus africanus* – ходила прямо.

## Homo habilis
*От 2 до 1,6 млн лет назад*

*Homo habilis* ходил прямо, но имел длинные руки. *Habilis*, вероятно, был первым гоминидом, который стал изготавливать каменные орудия и охотиться.

## Homo erectus

Этот гоминид имел более крупный мозг, чем *habilis*, и, возможно, был столь же высоким и имел такой же вес, как современные люди. *Erectus* был умелым охотником.

## Брокен-хиллский человек
*От 2 до 1,6 млн лет назад*

Этот гоминид был еще одной разновидностью *Homo erectus. Erectus* изобрел новые виды орудий, пользовался огнем, жил в скальных укрытиях и строил хижины.

## Неандертальский человек
*От 120 до 33 тыс. лет назад*

*Homo sapiens neanderthalensis* (неандертальцы) изготавливали кремневые орудия. Считается, что неандертальцы были первыми людьми, которые погребали своих мертвых.

## Современный человек
*100 тыс. лет назад*

Наш собственный подвид – *Homo sapiens sapiens* (современный человек) – сформировался свыше 100 тыс. лет тому назад.

## Неандертальские люди

Неандертальцы были подвидом *Homo sapiens*, процветавшим в Европе и Западной Азии. Они жили примерно от 120 до 33 тыс. лет тому назад, во время последнего ледникового периода. У неандертальцев был более крупный череп, чем у современных людей, с покатым лбом и тяжелыми бровями.

## Homo sapiens

Этот череп принадлежал первобытному человеческому существу. Вид *Homo sapiens*, вероятно, развился около 400 тыс. лет назад.

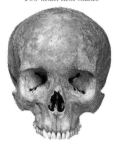

---

3,2 тыс. лет до н. э. В Ньюгрейндже (в Ирландии) возводится проходной могильник.

3,1 тыс. лет до н. э. В Месопотамии возникает первая письменность, именуемая клинописью.

3 тыс. лет до н. э. В Центральной Америке окультуривают кукурузу (маис).

В Скара-Брей на Оркнейских островах живут люди.

2,8 тыс. лет до н. э. Начинаются первые земляные работы в Стоунхендже в Англии.

Кремень добывают в Граймс-Грейвсе в Англии.

*Эволюция кукурузы*

*Стоунхендж, доисторическое сооружение в Англии в виде расставленных по кругу камней.*

2,6 тыс. лет до н. э. В Европу с Ближнего Востока пришли стрижка овец, доение, верховая езда и запряженные волами плуги.

2 тыс. лет до н. э. В Азии и Европе широко распространяется использование бронзы.

| 3,2 тыс. лет до н. э. | 2,8 тыс. лет до н. э. | 2,6 тыс. лет до н. э. | 2,4 тыс. лет до н. э. | 2 тыс. лет до н. э. |

# Климат и выживание

**ПОКРЫТЫЕ ЛЬДАМИ**
Этот аляскинский глетчер по-прежнему состоит из древних льдов. Пик последнего ледникового периода был примерно 18 тыс. лет назад. В то время почти 30 процентов Земли было покрыто льдом, включая значительную часть Северной Америки, Европы и Азии, а также Новой Зеландии и Южной Аргентины. Температура упала, а уровень моря понизился более чем на 100 м.

О**ДИН МЕНЯЮЩИЙ-**СЯ АСПЕКТ нашей Земли затрагивал людей каменного века больше, чем что-либо другое, – климат. В течение тысячелетий климат постепенно становился прохладнее, а затем так же медленно наступало потепление. Этот цикл происходил многократно, изменяя ландшафт Земли и растения с животными, которые на ней обитали.

В холодные – или ледниковые – периоды уровень моря понижался, обнажая большие пространства суши. Стада животных паслись на обширных степных равнинах и в холодной и голой тундре дальше к северу. Когда температура повышалась, то повышался и уровень моря, изолируя людей на вновь образующихся островах. Равнины постепенно покрывались лесными массивами.

**ОХОТНИК НА ОЛЕНЕЙ**
В более теплые периоды лесные животные, вроде этого марала, приходили на смену бизонам, мамонтам и северным оленям, которые уходили на север. Люди следовали за пасущимися стадами и начинали охотиться на лесную дичь.

**ЖИВОТНЫЕ ХОЛОДА**
Мамонты были самыми крупными млекопитающими, приспособившимися к холодному климату и пасущимися на северных равнинах. Их родственник мастодонт был найден в Северной Америке. В этих же условиях жили северные олени, лошади, овцебыки и шерстистые носороги.

## ВЫМИРАНИЕ ЖИВОТНЫХ

Это изображение мамонта – из пещеры на юго-западе Франции. Около 10 тыс. лет до н. э. мамонты и шерстистые носороги вымерли в Центральной и Западной Европе, как и бизоны и северные олени. В Северной Америке мамонты, мастодонты, верблюды и другие виды крупных животных внезапно исчезли около 9 тыс. лет до н. э. Даже в Тропической Африке богатое разнообразие животных саванны сократилось в конце последнего ледникового периода.

## ДИКИЙ КАБАН

Свиньи, вроде дикого кабана, приспособлены к проживанию в лесной среде обитания. Они используют рыло и копыта для рытья лесной подстилки в поисках пищи. Свиньи были одними из первых животных, которых одомашнили люди, поскольку они всеядны.

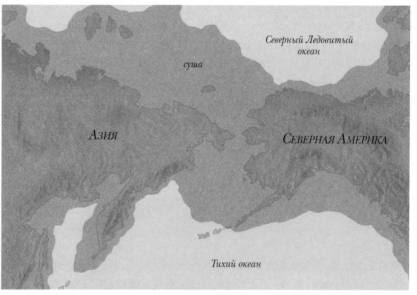

## ИЗОЛИРОВАННЫЕ ОСТРОВА

Меловые скалы Дувра являются знаменитым ориентиром юго-восточного берега Англии, однако так было не всегда. Во время последнего ледникового периода Ирландия, Великобритания и Франция были связаны. Когда льды начали таять, районы низменной суши постепенно затоплялись, и около 6 тыс. лет до н. э. Британия превратилась в остров.

## СУХОПУТНЫЕ МОСТЫ

На этой иллюстрации показано, как два континента были связаны между собой тундрой в последний ледниковый период. Первобытный человек мог мигрировать по суше, образовавшейся на месте Берингова пролива, и переходить из Азии в Северную Америку. Когда же льды растаяли, переход сделался невозможным, а континенты снова оказались разделенными морем. В ледниковые периоды существовали многочисленные сухопутные мосты, в том числе мост, связывавший Великобританию с континентальной Европой.

# Миграция и номады

## МИГРИРУЮЩИЕ СТАДА

Огромное стадо северных оленей начинает свою весеннюю миграцию через Северную Норвегию. С древних времен в арктических регионах Швеции и Норвегии живут саами, или лопари. Они пасут северных оленей, получая от них мясо и молоко, следуют за стадами на север весной и живут в палатках.

ПЕРВЫЕ ЛЮДИ не вели оседлый образ жизни и не жили все время на одном месте. Они были номадами и круглый год кочевали. Они делали это, чтобы найти пищу. Первобытные люди не выращивали культуры и не держали животных. Они охотились на диких животных и собирали ягоды, орехи и другие растения. Это называется собирательско-охотничьим образом жизни. Перемещение с одного места на другое называется миграцией. Одни миграции каменного века носили сезонный характер и следовали за стадами дичи. Другие вызывались природными катаклизмами, такими, как лесные пожары или извержения вулканов. Изменения климата и увеличение численности населения Земли также заставляли людей кочевать в поисках новых территорий. После того как люди научились обрабатывать землю, многие поселились в постоянных жилищах и стали выращивать культуры.

## ГАРПУН ИЗ ОЛЕНЬЕГО РОГА

Этот гарпун из оленьего рога был найден в местечке Стар-Карр графства Норт-Йоркшир, в Англии. Из оленьих рогов легко вырезаются остроконечники с зазубринами для изготовления гарпунов. Остроконечники привязывались к копьям и использовались для ловли рыбы и охоты.

## СЕЗОННЫЕ СТАНОВИЩА

Во времена мезолита охотники-собиратели снимались с места в разное время года. Поздней весной и летом использовались становища в глубине территорий и на побережьях. В лесах охотились на марала и косулю. Ловили или собирали рыбу, моллюсков, тюленей и диких птиц. Мясо, шкуры и рога разрезались и предварительно обрабатывались, затем переправлялись в более защищенное зимнее поселение.

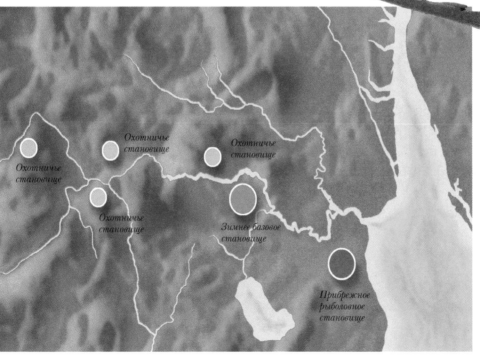

Охотничье становище

Охотничье становище

Охотничье становище

Охотничье становище

Зимнее базовое становище

Прибрежное рыболовное становище

## Коренные американцы

Индейцы прерий Северной Америки были номадами и жили в конусообразных палатках из буйволовой кожи, именуемых типи. Коренные американцы восточных равнин, как, например, изображенные вверху дакота, жили преимущественно в постоянных поселениях, используя типи для летней и весенней охоты. В 1800-х годах правительство Соединенных Штатов заставило индейцев прерий жить в резервациях. Они взяли с собой типи и постарались сохранить часть своего традиционного образа жизни.

## Деревья

Меняющийся климат вызвал изменения в растительности. Вереск, мхи и лишайники росли в холодной тундре, которая покрывала немалую часть суши во времена ледниковых периодов. На границе тундры были сосновые, лиственничные и еловые леса. С потеплением климата первыми деревьями, заселившими открытые участки, были березы. Постепенно береза была вытеснена дубом, лещиной и вязом. Выросли леса, и люди обнаружили, что достаточно пищи для охоты и собирательства в одном районе и нет нужды в миграции.

*Мох*

*Сосна*

## Номады
### пустыни

Хотя численность их убывает, бедуины по-прежнему ведут жизнь номадных пастухов в засушливых регионах Ближнего Востока и Африки. Они держат верблюдов, овец и коз, которые обеспечивают их молоком и мясом. Они также продают своих животных в обмен на другую еду, как, например, муку, финики и кофе. Бедуины живут в палатках, сотканных из козьей шерсти. Они кочуют с места на место в поисках пастбищ для своих животных — точно так же, как это делалось тысячелетиями.

# Социальная структура

В
О ВРЕМЕНА КАМЕННОГО ВЕКА на земном шаре было очень мало людей. По оценкам специалистов, население земного шара 13 тыс. лет до н. э. насчитывало всего восемь миллионов человек. Сегодня оно приближается к шести миллиардам. Мы можем строить догадки о социальной жизни людей каменного века исходя из жизни сегодняшних обществ охотников-собирателей.

Хотя люди жили семьями, как и мы, сами эти семьи жили совместными группами – родами. Все члены рода были связаны друг с другом родством, обычно через семью матери или брак. Родовые общины были достаточно крупными, чтобы защитить и прокормить своих представителей, однако не настолько большими, чтобы стать неуправляемыми. Все члены рода, включая детей, были заняты поиском и собирательством пищи для своего рода. Родовые общины были, вероятно, также частью более крупных племен, которые, возможно, встречались в определенное время года, например, для летней охоты. Представителей племени объединял язык и образ жизни. Когда люди научились обрабатывать землю, население выросло, и общества стали строиться более сложным образом.

## Богиня-мать
Эта скульптура из обожженной глины из Турции была сделана примерно 6 тыс. лет до н. э. Ей, возможно, поклонялись как богине материнства. Семьи нередко вели свою родословную по женской линии, ведь матери дают жизнь, тогда как отцы могут оставаться неизвестными.

## Вожди-шаманы
На этой картине 1800-х годов изображены американские индейцы-шаманы, исполняющие ритуальный танец. Шаманы были духовными вождями своих племен. Они знали танцы, заклинания, молитвы и обряды, которые приносили удачу и задабривали духов. Шаманизм встречается сегодня в обществах охотников-собирателей по всему миру и практиковался в доисторические времена.

## ПЛЕМЕННОЙ ВОЖДЬ

Этот мужчина – зулусский вождь из ЮАР. О его высоком ранге говорит его наряд. В доисторические времена племена, возможно, управлялись вождями или советами старейшин. Пожилой мужчина, погребенный около 23 лет до н. э. на стоянке Сунгирь в России, был, вероятно, вождем. На его теле были обнаружены богатые украшения в виде лисьих зубов и бус, сделанных из кости мамонта.

## СЦЕНЫ ДАЛЕКОГО ПРОШЛОГО

На наскальных рисунках в пустыне Сахара изображены сцены охоты на гиппопотамов и гонящие скот пастухи. В других сценах изображены женщина, толкущая муку, а также свадебные церемонии и семья с собакой. На них видно, что 6 тыс. лет до н. э. это был плодородный район с высокоорганизованными общинами.

## КИКЛАДСКАЯ ФИГУРКА

Между 3 и 2 тыс. до н. э. на греческих островах Киклады была создана одна из самых изящных доисторических скульптур. Эта фигурка сделана из матового мрамора и изображает стройную женщину со сложенными на животе руками. Были также найдены фигурки, изображающие музыкантов с арфами и флейтами. Такие скульптуры рождались в сложных обществах.

## ТРАДИЦИОННЫЙ ОБРАЗ ЖИЗНИ

Мужчина слева помогает мальчику приготовиться к обряду инициации в Папуа – Новой Гвинее. Традиционные образы жизни по-прежнему сильны в этой стране, где существуют многочисленные отдаленные племена. В некоторых деревнях все мужчины живут вместе, а не со своими женами и детьми. Это позволяет им с большей легкостью организовывать свою деятельность, например охоту.

# Коммуникация и счет

Н АШИ ПЕРВОБЫТНЫЕ ПРЕДКИ общались друг с другом посредством слов и жестов уже 300 тыс. лет до н. э. В конечном итоге для передачи знаний и умений стали вырабатываться сложные языки. Выслеживая дичь, охотники, возможно, пользовались языком особых знаков – оставляли метки, чтобы указать путь, и имитировали голоса птиц и зверей.

Примерно 37 тыс. лет до н. э. люди стали делать зарубки на костях и использовать камешки в качестве простых средств счета. Дни, возможно, считали на палочках-календарях. На некоторых пещерных рисунках специалисты заметили метки и символы, которые могут быть счетными записями или зачатками письменности.

## ПАЛОЧКА-КАЛЕНДАРЬ
Зарубки, сделанные на деревянной палочке или, как в этом случае – на кости ноги павиана, могли использоваться как средство счета или элементарный календарь. Этот образец датируется 35 тыс. лет до н. э. Подобные палочки используются племенами, живущими в Южной Африке и сегодня.

Около 7 тыс. лет до н. э. торговцами на Ближнем Востоке использовались таблички с символами для обозначения чисел и предметов. Такие таблички, возможно, и привели к зарождению первой письменности. Она возникала около 3100 лет до н. э. и представляла собой разновидность пиктографического письма – клинопись.

## РИСУНКИ И СИМВОЛЫ
Это изображение дикой лошади находится в пещере Ласко на юго-западе Франции. Оно было создано примерно 15 тыс. лет до н. э. Лошадь окружают символы, которые вместе с отметинами и насечками, возможно, были способом отслеживать мигрирующих животных.

## РУЧНОЕ ИСКУССТВО

*Вам потребуется:*
*самовысыхающая глина, скалка и разделочная доска, пластмассовый нож, наждачная бумага, желтая и красная акриловые краски, вода, две бутылочки с распылителем.*

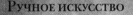

1 Раскатайте глину и сделайте поверхность бугристой, как у стены пещеры. Обрежьте края пластмассовым ножом, чтобы получилась мемориальная табличка.

2 Оставьте глину высохнуть. Когда она затвердеет, потрите табличку наждачной бумагой, чтобы избавиться от острых краев и сделать поверхность гладкой.

3 Смешайте краску с водой и наполните бутылочки с распылителем. Положите одну руку на табличку и распылите вокруг нее побольше желтой краски.

## Развитие письменности

Эта шумерская глиняная табличка была сделана около 3100 лет до н. э. Для передачи отчета о годовом урожае на ней используются пиктограммы, основанные на рисуночных знаках. По мере развития клинописи у людей возникало желание выражать абстрактные идеи, как, например, добро и зло, а потому они меняли уже бывшие в ходу символы, зачастую с помощью добавления новых значков.

## Дымовые сигналы

На этой гравюре конца 19-го столетия изображены американские индейцы, использующие дымовые сигналы для сообщения друг с другом. Человеческие существа большую часть своей истории обходились без письменного языка, но это не значит, что они всегда были неспособны общаться или запечатлевать важную информацию.

## Ручная работа

Эти трафаретные изображения рук – из пещеры в Аргентине. Они сходны с наскальными изображениями, находимыми в Европе, Африке и Австралии. Возможно, они были способом, которым доисторические художники подписывали свою работу.

4 Не отнимая руки, распылите красную краску, так чтобы остались четкие и ясные очертания.

5 Распылив краску, отнимите руку, стараясь не смазать краску. Оставьте табличку высохнуть.

*Художник, создавший оригинал аргентинского изображения рук, распылял краску вокруг своей руки. Для этого он либо дул через соломинку, либо разбрызгивал краску на стене пещеры плевками!*

# Укрытие

ЛЮДИ ВСЕГДА нуждались в защите от непогоды. В течение большей части последних 100 тыс. лет климат Земли был гораздо холоднее, чем сегодня. Летом люди жили в хижинах на открытом пространстве, однако когда наступали холода, семьи перебирались в пещеры. Они перегораживали вход каменными стенами и возводили внутри пещер хижины для большей защиты от холода и ветра. Летом, следуя за стадами дичи, охотники строили укрытия из веток и листьев. Семьи жили на стойбищах в хижинах, сделанных из веток и шкур животных. Дальше к северу, где не было пещер и было мало деревьев, люди строили хижины из костей и бивней мамонтов. Но где бы они ни устраивали себе стоянку, очень важно было, чтобы рядом находился источник свежей воды.

## ПЕЩЕРЫ И СКАЛЬНЫЕ УКРЫТИЯ

Это вход в скальное укрытие на юго-западе Франции. Неандертальские люди были первыми, кто занял это место примерно 100 тыс. лет до н. э. Обыкновенно люди жили поближе к входу пещеры, где было лучшее освещение и куда доходили лучи солнца.

## ЖИЛИЩЕ ИЗ КОСТЕЙ МАМОНТА

Это реконструкция жилища охотника на мамонтов. Оно было построено около 13 тыс. лет до н. э. на Украине. Зазоры между костями заполнялись мхом и кустарником. Вся конструкция затем покрывалась шкурой мамонта или дерном.

## ЖИЛИЩЕ ОХОТНИКА

*Вам потребуется:*
самовысыхающая глина, разделочная доска, пластмассовый нож, картон, коричнево-зеленая акриловая краска, емкость с водой, кисточка, веточки, линейка, ножницы, клей ПВА, искусственная трава или зеленая ткань.

1 Раскатайте кусочки глины, чтобы получились длинные и короткие кости и бивни мамонта. Затем сделайте несколько камней разных размеров.

2 Воспользуйтесь пластмассовым ножом, чтобы придать нужную форму костям и сделать камни неровными. Оставьте детали сохнуть, положив их по отдельности.

3 Распределите немного глины неровно на куске картона. Покрасьте глину в коричнево-зеленый цвет и оставьте высохнуть.

## ПЕРЕНОСНОЙ ДОМ

Этот образец типи был изготовлен в 1904 году индейцами-шайенами Великих равнин в США. Доисторические люди, возможно, жили в подобных палатках или хижинах, изготовленных из веток, покрытых шкурами животных. Они быстро возводились и разбирались и могли складываться для переноски. Мобильные жилища были необходимостью для людей, которые следовали за мигрирующими стадами животных.

## УКРЫТИЯ ИЗ ДЕРНА И КАМНЯ

Это внешний вид неолитического жилища в деревне Скара-Брей на Оркнейских островах. Оно было построено около 3 тыс. лет до н. э. Постройки были врыты в землю и окружены дерном для защиты от сильных ураганов. Жилища связывали крытые проходы.

## ПОГРЕБЕННАЯ СТОЯНКА

Деревня Скара-Брей на Оркнейских островах была построена из камня по той причине, что там не было местных деревьев для строительства. Даже мебель внутри была сделана из камня. Примерно в 2000 г. до н. э. вся деревня была погребена песчаной бурей, сохранившей место стоянки до тех времен, пока в 1850 году его не обнажил сильный ураган.

*Там, где был недостаток в деревьях, использовались тяжелые кости мамонта, которыми прижимали траву и шкуры животных, покрывавших жилище охотника.*

**4** Обрежьте ножницами веточки так, чтобы их длина равнялась примерно 15 см. Всего вам потребуется восемь веточек одинакового размера.

**5** Воткните веточки в глину, чтобы получился конусообразный каркас. Приклейте к глине у основания веточек несколько камней.

**6** Накройте веточки кусками искусственной травы или ткани, склеенными в соответствующих местах. Постарайтесь не закрыть камни вокруг основания.

**7** Аккуратно приклейте длинные кости и бивни мамонта по всей окружности. Зазоры заполните костями поменьше. Оставьте всю конструкцию высохнуть.

# Огонь и свет

**Н**АШ ПРЕДОК *Homo erectus* научился пользоваться огнем по меньшей мере 700 тыс. лет назад. Этот первобытный человек ел приготовленную на огне пищу и использовал огонь в качестве источника тепла и света ночью. Огонь помогал отпугивать диких животных и закаливать кончики деревянных копий. Охотники, размахивая пылающими ветками, могли загонять крупных животных в ловушки. *Homo erectus*, вероятно, не умел добывать огонь, но находил тлеющие бревна после стихийных лесных пожаров. Костры стойбищ тщательно поддерживались, и раскаленные угли, возможно, переносились на каждое новое стойбище. В конце концов люди научились добывать огонь с помощью трения друг о друга двух сухих палочек. Затем они обнаружили, что удар камнем о разновидность горной породы пирит высекал искру. Около 4 тыс. лет до н. э. уже была изобретена лучковая дрель. Это значительно облегчило разжигание костра.

## КАМЕННАЯ ЛАМПА
Доисторические художники пользовались простыми каменными лампами вроде этой, когда украшали стены пещер 17 тыс. лет назад. Подожженный фитиль в виде мха, лишайника или меха клался в каменную чашу, наполненную животным жиром. Также использовались древесные лучины или тростинки, окунутые в пчелиный воск или смолу.

## ВОКРУГ ОЧАГА
Это внутренняя обстановка неолитического жилища в Скара-Брей на Оркнейских островах. В центре каменный очаг, окруженный кроватями, стульями и кухонным столом-шкафом, – все сделано из камня. Дым от костра выходил через отверстие в дерновой крыше. Большие камни, окружающие очаг, не давали сквознякам затушить костер.

### МОДЕЛЬ ЛУЧКОВОЙ ДРЕЛИ
*Вам потребуется:* деревянная заготовка, острый нож, наждачная бумага, морилка для древесины, емкость с водой, кисть, бальзовая дощечка, пластмассовый нож, глина, скалка, ножницы, замша, рафия или солома.

**1** Попросите взрослого обстругать, заострив, один конец заготовки ножом. Стругать нужно всегда в направлении от себя.

**2** Слегка отшлифуйте колышек наждачной бумагой и обработайте его морилкой. Попросите взрослого вырезать бальзовое основание. Обработайте и основание.

**3** Сделайте по центру небольшую выемку в бальзовом основании. Колышек должен входить в эту выемку.

## Стихийные лесные пожары

До того как люди научились добывать огонь, они пользовались стихийными пожарами, вроде этого пожара в Африке, вспыхивавшими, возможно, от молнии или солнечного жара. Первобытные люди научились применять огонь для приготовления пищи. Многие овощные растения ядовиты в сыром виде, но безвредны после термической обработки. Огонь также использовался для охоты. Устраивалась полоса огня, после чего охотники ловили спасающихся бегством животных.

## Разведение огня

Бушмен Калахари использует современную лучковую дрель, чтобы разжечь костер. Тетива лука используется для беспрерывного вращения деревянного сверла вместе с движением лука вперед и назад. Острие сверла упирается в деревянное основание. Трение сверла об основание вызывает нагревание, от которого воспламеняется кучка трута, например мха. К труту затем добавляют ворох сухой травы и щепок.

*Чтобы удерживать дрель в прямом положении, доисторические люди использовали сверху камень или кусок древесины. Некоторые применяли деревянный мундштук, чтобы держать дрель прямо и иметь возможность свободной рукой придерживать у основания.*

**4** Раскатайте глину и вырежьте из нее кость. Проделайте с каждого конца по отверстию и разровняйте по бокам пальцами. Дайте ей затвердеть.

**5** Отрежьте ножницами тонкую полоску кожи, примерно вдвое длиннее кости.

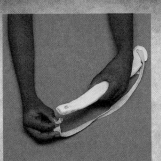

**6** Привяжите полоску кожи к кости. Проденьте полоску в оба отверстия и завяжите узлом на каждом конце, чтобы она не выскальзывала.

**7** Разбросайте солому или рафию вокруг основания. Оберните сверло кожаным ремешком и вставьте в отверстие посередине.

# Еда для собирательства

## КИРКА

Эта кирка – копательный инструмент – была сделана из оленьего рога. Она относится к периоду между 8 и 4 тыс. до н. э. В ней есть просверленное отверстие, в которое, очевидно, вставлялась деревянная рукоятка.

О ХОТНИКИ-СОБИРАТЕЛИ каменного века имели весьма разнообразное питание. Они постепенно обнаружили, какие растения съедобны и где они произрастают. С весны до осени женщины и дети искали семена, ягоды, орехи и коренья. Они находили птичьи яйца, побеги и листья овощных растений. Летом собирались растения, как, например, горох, бобы, тыквы и огурцы, а также семена диких злаков. Под летним солнцем также созревали дикие финики, виноград, фиги, черника и клюква. Осенью были орехи, как, например, миндаль, кедровые орехи, лесной орех и желуди. Их хранили под землей, фрукты же и ягоды, чтобы сохранить на зиму, высушивали. Насекомые, гусеницы и улитки тоже шли в пищу!

Медовые соты диких пчел и душистые травы служили ароматическими приправами. Первобытные люди использовали палки-копалки, чтобы откапывать коренья, а еду складировали в надежные кожаные сумки и плетеные корзины.

## ЛИЧИНКА НАСЕКОМОГО

Это личинка уитчетти, крупная белая гусеница древоточца пахучего. Эти личинки употреблялись в пищу в качестве деликатеса австралийскими аборигенами. Насекомые, как, например, муравьи, кузнечики, жуки и термиты, являлись здоровой высокобелковой едой для людей каменного века.

## ПТИЧЬИ ЯЙЦА

Доисторические люди поедали самые разнообразные птичьи яйца – от крошечных перепелиных до огромных страусиных. Эти яйца отложены фазаном, птицей, которая искони водится в Азии. Яйца богаты белком, витаминами и минералами, что делает их ценным продуктом питания. Яичная скорлупа также использовалась и шла на изготовление бус для украшений.

## ВАРЕНЬЕ

*Вам потребуется: большая кастрюля, 500 г черники, 500 г ежевики, 200 г фундука (лесного ореха), деревянная ложка, мед в сотах, столовая ложка, половник, блюдо.*

1 Всегда выбирайте крепкие, свежие ягоды и мойте их и свои руки, прежде чем приступить к делу. Сначала высыпьте в кастрюлю чернику.

2 Затем высыпьте ежевику. Аккуратно перемешайте ее деревянной ложкой с черникой, стараясь не помять.

3 Всыпьте целые орехи и снова аккуратно и тщательно перемешайте.

## Износ зубов

Этому черепу неандертальского человека около 60 тыс. лет. По останкам вроде этих специалисты могут многое сказать о рационе доисторических людей. В рационе людей каменного века было очень мало сладкого, потому у них редко встречаются гнилые зубы, зато у людей, которые употребляли в пищу большое количество зерна, зубы нередко сильно сточены от твердой оболочки семян. Позже зерно, перемалываемое в муку, содержало большое количество песка, который также стачивал зубы.

## Осеннее изобилие

Рацион доисторических людей состоял преимущественно из растительной пищи. У каждого рода (племени) была своя собственная территория с четкими границами, на которой они кормились. Возможно, они следовали по сезонному маршруту, навещая угодья лакомых съедобных растений. Листья одуванчика и листья крапивы могли собираться на открытых лугах и полянах. Леса осенью были особенно богатым источником еды, со множеством фруктов и орехов. В заболоченных лесах произрастают также многочисленные виды съедобных грибов, особенно в осеннее время.

*Листья крапивы*

*Лесной гриб*

*Листья одуванчика*

## В поисках меда

Этот представитель народности мбути, проживающей в Конго, выкуривает пчел из гнезда, чтобы облегчить себе сбор меда. Доисторические люди, возможно, тоже пользовались огнем, чтобы отбирать у пчел их запасы. Сбор меда стоил сопряженной с этим опасности, так как мед имеет большую энергетическую ценность и богат углеводами, а его сладость придавала вкус другой еде.

*Доисторические люди, вероятно, тем же образом варили ягоды и фрукты, чтобы сохранить их на зиму в виде варенья или джема. Правда, для варки и хранения использовались не металлические кастрюли, а глиняные горшки.*

**4** Добавьте шесть столовых ложек меда из сот. Теперь попросите взрослого поставить кастрюлю на плиту и довести ее на медленном огне до кипения.

**5** Потомите ягоды и орехи на медленном огне в течение 20 минут. Оставьте их остудиться. Переложите ваш десерт в блюдо.

# Рыба, моллюски и ракообразные

К КОНЦУ ПОСЛЕДНЕГО ЛЕДНИКОВОГО ПЕРИОДА – около 12 тыс. лет назад – началось потепление мирового климата. Тающие льды затопляли низменности и питали многочисленные озера, болота и реки. На степных равнинах и в тундре росли деревья, и группы охотников начали селиться на постоянных стойбищах, возле морских побережий, озер и рек. Рыбная ловля и собирательство моллюсков и ракообразных становились все более важными источниками пропитания для многих людей. Вдоль морского побережья они собирали морские водоросли, а также моллюсков и ракообразных, вроде мидий, трубачей, клемов и крабов. Они также охотились на многочисленные виды рыб, на тюленей и морских птиц. В реках и озерах в изобилии водилась рыба, как, например, лосось и щука, а также раки, черепахи, утки и другие водоплавающие птицы. Рыбу ловили с лодок или с берега, используя крючки, гарпуны и сети. Течение перекрывалось дамбой, и с одного ее края устанавливались сплетенные из ивняка ловушки, в которые попадала плывущая рыба.

## ОХОТНИК НА ТЮЛЕНЕЙ
Традиционный образ жизни эскимосов, вероятно, очень похож на образ жизни доисторических охотников-рыболовов. Они тысячелетиями живут вдоль арктических побережий.

## КОСТЯНЫЕ ГАРПУНЫ
Эти костяные гарпунные наконечники с юго-запада Франции датируются примерно 12 тыс. до н. э. Они, очевидно, насаживались на копья и прикреплялись полосками кожи или жилами.

## МОДЕЛЬ ГАРПУНА

*Вам потребуется: деревянная заготовка, острый нож, морилка для древесины, самовысыхающая глина, разделочная доска, линейка, карандаш, белый картон, ножницы, пластмассовый нож, клей ПВА, кисть, краска, емкость с водой, кожаный шнурок или крепкая нитка.*

**1** Попросите взрослого обстругать ножом деревянную заготовку с одного конца. Стругать нужно в направлении от себя.

**2** Обработайте копье морилкой и оставьте его высохнуть. От морилки дерево потемнеет и будет выглядеть более древним и крепким.

**3** Раскатайте кусок белой глины, так чтобы у вас получилась насадка длиной около 15 см. Закруглите насадку с одного конца.

## ЕДА С МОРСКОГО ПОБЕРЕЖЬЯ

Морское побережье было изобильным источником еды круглый год. Вдоль песчаных берегов и в скальных заводях можно было найти мидий, серцевидок, трубачей, устриц, гребешков, береговых улиток, морских черенков, крабов и омаров. На скалах и камнях также собирались морские водоросли и мясистые листья солероса.

*Съедобный краб*

*Мидия*

*Солерос*

## ГРОЗНЫЙ ХИЩНИК

Щука обитает в озерах и реках. Это мощная рыба и грозный хищник. Доисторические люди ловили щуку с лодок-долбленок поздней весной и ранним летом.

## РЫБОЛОВНЫЕ СНАСТИ

Рыболовные крючки, вырезанные из кости, дерева, оленьего рога, кремня или раковины, привязывались к крепкой леске. Пойманная рыба оглушалась дубиной, после чего затаскивалась в лодку.

## КУХОННАЯ КУЧА ИЗ МОЛЛЮСКОВ

Это остатки груды витых морских раковин, найденные в Австралии. Такие скопления выброшенных раковин и костей рыб и животных называют «кухонными кучами» первобытного человека. Археологи могут многое узнать благодаря таким кухонным кучам. Помимо указания на то, что ели люди, среди раковин нередко находят сломанные орудия труда, выброшенные вместе с остальным мусором.

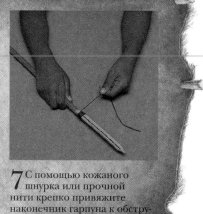

*Доисторические охотники пользовались гарпунами для ловли рыбы и охоты на северных оленей и бизонов.*

**4** Начертите на полоске картона длиной около 3 ×10 см, как показано, зазубренную кромку, чтобы получился ряд зубцов. Аккуратно вырежьте зубцы.

**5** Пластмассовым ножом сделайте прорезь с одной стороны глиняной насадки. Оставьте глину высохнуть, затем приклейте зубцы, вставив их в прорезь.

**6** Когда клей высохнет, покрасьте наконечник вашего гарпуна в цвет, соответствующий цвету камня, например, серовато-коричневой краской.

**7** С помощью кожаного шнурка или прочной нити крепко привяжите наконечник гарпуна к обструганному концу древка.

# Охота на животных

В О ВРЕМЯ ПОСЛЕДНЕГО ЛЕДНИКОВОГО ПЕРИОДА роды охотились на огромные стада бизонов, лошадей, северных оленей и мамонтов, которые бродили по тундре и степным равнинам. Поначалу они пользовались каменными топорами и деревянными копьями. Позднее развитие получили копья с зазубренными костяными и кремневыми наконечниками, а для метания копий на более дальнее расстояние и с большей силой применялись копьеметалки. Животные подвергались прямому нападению или попадались в ямы-ловушки и тенета. Или же целое стадо могло загоняться на скалу или в западню. Это был хороший способ заготовления большого запаса мяса. С распространением лесов на суше на лесных животных охотились с луками и стрелами. Уже около 12 тыс. лет до н. э. охотники использовали во время гона зверя прирученных собак.

Добыча использовалась вся целиком. Мясо шло на приготовление пищи или высушивалось для сохранения в качестве запаса. Из шкур выделывалась одежда, а животный жир использовался в лампах. Из костей и оленьих рогов изготавливались орудия труда и боевое оружие.

## ЖИВОТНЫЙ ОРНАМЕНТ
Эта фигурка бизона, лижущего себе спину, была вырезана из рога северного оленя около 12 тыс. лет до н. э. Возможно, она была частью копьеметалки. Охотники нередко украшали свое оружие резными изображениями животных, на которых охотились.

## ПЕЩЕРНОЕ ИЗОБРАЖЕНИЕ БИЗОНОВ
Эти два бизона были нарисованы на пещерной стене во Франции около 16 тыс. лет до н. э. Стены пещер на юго-западе Франции и севере Испании покрыты изображениями – почти в натуральную величину – животных, на которых охотились в то время. Первобытные охотники знали маршруты регулярных миграций крупных животных, как, например, бизонов и северных оленей. Они выискивали больных или слабых животных или нападали в моменты наибольшей уязвимости животных — например, когда животные переправлялись через реку.

## ОХОТНИКИ НА МАМОНТОВ

Этот шерстистый мамонт был вырезан из лопатки животного. Охотники действовали группами, чтобы убивать этих крупных млекопитающих, – одна туша могла кормить семью в течение нескольких месяцев.

## ПРЫЖОК СМЕРТИ

На гравюре внизу охотники сгоняют стадо лошадей с утеса во Франции. Вероятно, охотники подкрались к животным, затем по сигналу вскочили, вспугивая стадо криками. На месте этой древней стоянки были найдены скелеты 10 тысяч диких лошадей.

## ПРОМЫСЛОВЫЙ ЦИКЛ

На этой иллюстрации показаны животные, на которых охотились люди на юго-западе Франции примерно между 33 и 10 тыс. до н. э. Выбор дичи был огромным. Охотники преграждали путь животным в разные времена года, следуя по маршрутам их регулярных миграций.

## ОВЦЕБЫКИ

В настоящее время одними из немногих крупных млекопитающих, которые способны пережить суровые зимы тундры, являются овцебыки, или мускусные быки. Их кряжистое тело густо покрыто шерстью, образующей снаружи косматую шубу. Во время последнего ледникового периода на овцебыков широко охотились в Европе, Азии и Северной Америке.

# Первые урожаи

О КОЛО 8 ТЫС. ЛЕТ ДО Н. Э. люди на Ближнем Востоке впервые начали выращивать свою собственную пищу. Вместо того чтобы просто собирать семена диких злаков, вроде пшеницы и ячменя, они сберегали какую-то их часть. Затем, на следующий год, они высаживали их, чтобы получить урожай. Начав контролировать свои продовольственные источники, первые земледельцы обнаружили, что теперь небольшой участок земли мог кормить гораздо большее население. Люди стали жить в постоянных поселениях, чтобы ухаживать за посевами и оберегать урожай. За последующие 5 тыс. лет земледелие распространилось с Ближнего Востока в Западную Азию, Европу и Африку. Около 6,5 тыс. лет до н. э. земледелие также возникло независимо и в других частях Азии, а примерно к 7 тыс. лет до н. э. – в Америке.

Первые земледельческие поселения находились в горной местности, где произрастали в естественных условиях пшеница и ячмень и где выпадало достаточно осадков для получения урожая. С ростом населения деревни стали появляться в долинах рек, где земледельцы могли поливать свои посевы в засушливое время года.

## КАМЕННЫЕ ОРУДИЯ

Этот обтесанный кремень является лопастью мотыги. Им пользовались в Северной Америке примерно между 900 и 1200 гг. н. э., однако он очень похож на те мотыги, которыми пользовались для рыхления почвы первые земледельцы. Для прикрытия семян землей использовались грабли, сделанные из оленьих рогов. Спелые колосья жали с помощью острых кремневых пластин-серпов.

## ПЛАСТИНА-СЕРП

Эта кремневая пластина-серп вставлена в современную рукоятку. Спелые колосья обрывались вручную либо жались серпами вроде этого.

## ДИКИЙ РИС

Рис является разновидностью злаковых культур, которые произрастают в жарких и влажных районах, например, в заболоченных местностях. Он был хорошим источником пропитания для первобытных охотников-собирателей, живших вдоль рек и побережий на юге Азии. Созревшие семена собирались и складировались для использования в то время, когда была недоступна другая еда. Зерно могло храниться в течение многих месяцев.

## КУЛЬТУРЫ ЗЕМНОГО ШАРА

Первыми окультуренными растениями были те растения, которые произрастали в данном районе в естественных условиях. На Ближнем Востоке росли в диком состоянии пшеница и ячмень. К 5 тысячелетию до н. э. в Индии, Китае и Юго-Восточной Азии был окультурен рис, который вскоре сделался тут главной пищевой культурой. Около 3 тыс. лет до н. э. земледельцы в Мексике выращивали кукурузу, фасоль и тыкву. Дальше к югу, в Андах, основными культурами были картофель, батат (сладкий картофель) и кукуруза.

*Кукуруза*

*Тыква*

## ИЗМЕЛЬЧЕНИЕ ЗЕРНА

Этому каменному кверну (ручной мельнице) 6 тыс. лет. Его использовали для растирания зерна в грубую муку, из которой делали кашу или хлеб. Зерно клали на плоский камень и растирали в порошок гладким тяжелым точильным камнем. Получаемая таким образом мука нередко содержала большое количество песка. Для приготовления хлеба к муке добавляли воду. Из теста затем формовали плоские буханки, которые пекли в глиняной печи.

## ПЕРЕКИДНЫЕ МОСТКИ

Между 4 и 2 тысячелетиями до н. э. в Южной Англии было проложено несколько мостков через болота. В некоторых случаях они должны были связывать поселения с близлежащими зерновыми полями. Длинные тонкие жерди, использовавшиеся для возведения мостков, на иллюстрации вверху многое рассказывают об окрестных лесах. Деревья относились к подросту – это значит, что каждые несколько лет со срубленных ореховых деревьев собирались выраставшие на них тонкие побеги.

## ТЕРРАСА

Эти террасные склоны находятся в перуанских Андах. В горных районах, где было много осадков, некоторые древние земледельцы начали вырубать террасы – или уступы – на крутых горных склонах. Террасы означали, что под посевы можно было использовать каждый клочок земли. Они предохраняли почву от эрозии, или размывания. Земледельцы использовали метод террас и для контроля за ирригацией – или орошением – своих посевов. Одной из первых культур, выращенных в Перу, был картофель, который с успехом может возделываться высоко над уровнем моря.

# Приручение животных

ПРИМЕРНО в то же время, когда люди начали обрабатывать землю, они стали также одомашнивать (приручать) диких животных. Тысячелетиями они охотились на диких овец, коз, свиней и крупный рогатый скот, прежде чем начали сгонять их в загоны. Охотники делали это, возможно, для того, чтобы было легче ловить этих животных. Эти животные постепенно привыкли к людям и сделались более ручными. Первыми животными, которых стал держать таким образом человек – около 8,5 тыс. лет до н. э. на Ближнем Востоке, – были, вероятно, овцы и козы.

Пастухи скоро заметили, что у более крупных животных было зачастую более крупное потомство. Они начали следить за тем, чтобы приплод давали только самые отборные животные, так что постепенно домашние животные стали гораздо сильнее и крупнее диких особей. Помимо рогатого скота были одомашнены куры – ради их яиц и мяса. В Южной Америке ради мяса и шерсти держали лам, а также уток и морских свинок. В Юго-Восточной Азии наиболее важными домашними животными были свиньи.

## ДИКИЙ РОГАТЫЙ СКОТ

Этот бык является туром, или диким волом. Тур был предком нынешнего домашнего скота. Приручить этих больших свирепых животных было гораздо труднее, чем держать овец и коз. Дикие виды крупного рогатого скота были приручены, вероятно, не раньше 7 тыс. лет до н. э. Тур исчез в 1627 г. н. э. В 1930-х годах немецкий биолог воссоздал животное, скрестив одомашненные породы скота, а именно фризскую и шотландскую породы.

## ДИКИЕ ЛОШАДИ

Лошади были лакомой пищей для доисторических охотников-собирателей. Эта скульптура дикой лошади была найдена в Германии. Она была сделана около 4 тыс. лет до н. э. Лошади также нередко фигурируют и в пещерном искусстве. Впервые, вероятно, они были одомашнены в России около 4400 лет до н. э. В Америке лошади исчезли ввиду поголовной охоты на них к 9 тысячелетию до н. э. В состав фауны они снова были введены в 1500-х годах н. э. европейскими первооткрывателями.

## Динго и собаки

Динго – это дикая собака Австралии. Она является потомком прирученных собак, которые попали сюда более 10 тыс. лет назад вместе с аборигенами-австралийцами. Собаки были, вероятно, первыми одомашненными животными. Их волчьи предки были приручены для того, чтобы помогать человеку охотиться, а позднее пасти и охранять стадо.

В Северной Америке собаки использовались как ездовые животные и тянули за собой травуа, повозку типа волокуши.

## Пастухи пустынь

Небольшие стада дикого рогатого скота были, вероятно, одомашнены впервые в Сахаре и на Ближнем Востоке. Этот наскальный рисунок – с плато Тассилин-Адджер в пустыне Сахара. Он был создан примерно 6 тыс. лет до н. э., в то время, когда немалая часть Сахары была покрыта пастбищными лугами и мелководными озерами. На рисунке изображена группа пастухов со своим скотом возле плана их жилища.

## Козы и овцы

На наскальных рисунках в Сахаре есть изображения коз и овец, одних из первых животных, которых одомашнили люди. Их держали ради их мяса, молока, шкур и шерсти, и до сих пор они являются одними из самых распространенных сельскохозяйственных животных.

## Ламы

Лама была одомашнена в Центральном Перу по меньшей мере за 3,5 тыс. лет до н. э. Поначалу ее держали ради ее мяса и шерсти, однако позднее ее также стали использовать как вьючное животное – для перевозки продуктов и товаров на длинные расстояния. Разновидность ламы – альпака – также была одомашнена ради шерсти.

# Технологии обработки камня

### ПЕРВОБЫТНЫЕ ОРУДИЯ

Эти оббитые галечные камни из Танзании в Африке являются одними из самых древних орудий, которые когда-либо находили. Они были сделаны *Homo habilis* – первобытным человеческим предком – почти 2 млн лет тому назад.

Л люди каменного века были умелыми изготовителями орудий труда. Они использовали осколки камня для изготовления ножей, наконечников копий и стрел, гравировальных орудий (резцов), проколок и скребков. Около двух с половиной миллионов лет назад первобытные люди впервые узнали, что отбойные камни могли дать им острый край.

Позднее они обнаружили, что наилучшим камнем для этой цели был кремень. С помощью отбойника на кремне делали сколы, пока не достигали нужной формы и остроты. Первобытные орудия включали ручные топоры, которые применялись для копания и разделки туш животных. По мере того как люди становились более искусными, они делали из отбитых осколков орудия меньшего размера, вроде похожих на зубила резцов. Эти орудия, в свою очередь, использовались для вырезания из оленьих рогов и кости гарпунов, наконечников копий, игл и копьеметалок.

### СКОЛКА

Неандертальцы и *Homo sapiens* гораздо лучше умели делать орудия, чем их предшественники. Они оббивали куски кремня для получения ручных топоров (слева и посередине) и рубящих орудий (справа). Ручные топоры остроконечной или овальной формы применялись в самых разных целях.

### КРЕМНЕВЫЕ РУДНИКИ

Это кремневый рудник в Граймс-Грейвсе, в английском графстве Норфолк, где кремень добывался с 2800 г. до н. э. Рудокопы торговали кремнем с районами, где его нельзя было найти.

### СДЕЛАЙТЕ МОДЕЛЬ ТОПОРА

*Вам потребуется:* самовысыхающая глина, разделочная доска, пластмассовый нож, наждачная бумага, акриловая краска серого цвета, морилка для древесины, емкость с водой, кисть, деревянная заготовка, острый нож, линейка, замша, ножницы.

**1** Вытяните глину в толстый брусок. С помощью пластмассовго ножа придайте бруску форму топора с острием на одном конце.

**2** Когда глина полностью высохнет, легонько отполируйте топор наждачной бумагой, чтобы удалить всякие шероховатости.

**3** Выкрасьте топор под цвет камня, например в серый цвет. При желании вы можете использовать не один оттенок. Дайте краске высохнуть.

## НАКОНЕЧНИК КОПЬЯ

Кроманьонцы пользовались длинными тонкими осколками кремня для изготовления своих орудий. Этот наконечник копья в виде листа был сделан весьма умелыми изготовителями орудий около 20 тыс. лет тому назад. Он искусно оббит по всей поверхности и имеет ровно сколотые края.

## КАМНИ ДЛЯ ОРУДИЙ

Желваки кремня нередко встречаются в известняковых породах, особенно в меловых породах, так что его было сравнительно легко добывать. Но для изготовления орудий труда использовались и другие горные породы. На Ближнем Востоке и в Мексике широко применялся обсидиан – горная порода, образующаяся из остывшей лавы. Он легко ломался, оставляя острые края. В некоторых частях Африки из кварца изготавливались красивые прочные ручные топоры и чопперы (рубила). Из диорита во времена неолита делали полированные топоры.

Кварц

Черт (кремнистый сланец)

## КАМЕННЫЕ ТОПОРЫ

Эти полированные каменные боевые топоры стали наиболее важным оружием в Скандинавии ко времени позднего неолита. Они датируются примерно 1800 г. до н. э.

## УРОК ИЗГОТОВЛЕНИЯ ОРУДИЙ

Люди каменного века стали все больше зависеть от качества своих орудий. На этой реконструкции отец передает сыну свои навыки по изготовлению орудий труда.

*Доисторические люди пользовались топорами для рубки деревьев и резки мяса. Они оббивали, заостряя, камень, затем насаживали его на деревянную ручку.*

**4** Попросите взрослого обстругать один конец заготовки острым ножом. Покройте ее морилкой и оставьте высохнуть.

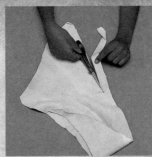

**5** Чтобы привязать топор к деревянной рукоятке, сперва аккуратно отрежьте длинную полоску замшевой кожи шириной около 2,5 см.

**6** Приложите топор к обструганному концу рукоятки. Привяжите топор к рукоятке полоской кожи крест-накрест.

**7** Крепко затяните кожаную полоску и дважды оберните концы вокруг рукоятки под топором. Завяжите концы узлом и обрежьте.

# Резьба по дереву и кости

X ОТЯ ЭТОТ ПЕРИОД называется каменным веком, дерево, кость, оленьи рога и бивни были не менее важным материалом для изготовления орудий труда и других предметов. Можно было не только обрабатывать эти материалы каменными орудиями – отбойники и пробойники из кости и оленьего рога использовались для обработки самих каменных орудий. Применяя эти приспособления, можно было добиться более острых краев и более тонкой обработки камня.

Оленьи рога, кость, дерево и бивни имели многообразное применение. Кайлы из оленьего рога использовали для выкапывания кореньев и вырубания пластов камня. Из оленьих рогов и костей вырезались копьеметалки, и наряду с бивнями они использовались для изготовления игл, рыболовных крючков, наконечников гарпунов и ножей. Дерево использовалось для изготовления копий, гарпунов, топорищ, рукояток серпов и тесел – орудий, которые применялись как для обработки древесины, так и для изготовления луков и стрел. Из лопаток крупного рогатого скота делали черпаки, а из мелких костей изготавливали шилья для прокалывания небольших отверстий. Небольшие кости также использовались для изготовления изящных свистков и миниатюрных емкостей для красок. На всех этих предметах были нередко искусно вырезаны изображения животных, на которых охотились в те времена, и изящные орнаменты.

## КОПЬЕМЕТАЛКА
Это резное изображение головы северного оленя, вероятно, является частью копьеметалки. Все материалы – древесина, кость и олений рог – имеют естественные трещины и изъяны. Доисторические резчики нередко использовали их в своем замысле, создавая очертания животного, а также отдельные черты вроде глаз, рта и ноздрей. Выгравированные или вырезанные изображения в пещерах также нередко используют природную форму камня.

## ТЕСЛО
Тесло немного напоминало топор, если не учитывать того, что его пластина-лезвие находилась под прямым углом к рукоятке. Кремневая пластина на этом тесле относится к 4–2 тысячелетию до н. э. Его деревянная ручка и обвязка являются современной заменой оригинальных деталей, которые сгнили. При работе теслом им размахивали вверх-вниз и использовали его, например, для выдалбливания стволов деревьев и изготовления из них лодок-долбленок.

## ТОПОР
Первобытным земледельцам топоры нужны были для того, чтобы расчищать землю под посевы. Эксперимент, проведенный в Дании с использованием топора возрастом 5 тыс. лет, показал, что мужчина мог расчистить один гектар леса примерно за пять недель. Этот топор, датируемый периодом между 4 и 2 тысячелетиями до н. э., получил современную деревянную рукоятку.

## Кайла
### ИЗ ОЛЕНЬЕГО РОГА

Оленьи рога были столь же полезны для доисторических людей, как и для их первоначальных обладателей! Это орудие – с неолитической стоянки неподалеку от местечка Эйвбери в Англии. Остроконечные кайлы из оленьего рога использовались для копки и работы в каменоломнях. Олений рог был весьма универсальным материалом. Из него можно было изготавливать наконечники копий и гарпунов, иглы и копьеметалки.

## РЕЗНОЙ ЖЕЗЛ

Этот предмет из бивня известен как «*bâton de commandement*». Было найдено несколько таких жезлов, главным образом во Франции. Однако никто точно не знает, для чего они предназначались. Одни специалисты считают, что они были символами власти и демонстрировали высокий статус их обладателей. Другие полагают, что отверстия в них использовались для выпрямления стрел. Каково бы ни было их назначение, они нередко украшены изящными резными изображениями животных и геометрическим орнаментом.

## РЕМЕСЛЕННИКИ

Эта гравюра изображает жизнь во времена каменного века, как ее представлял себе художник в 1800-х годах. На ней изображены орудия, которые использовались в то время, и то, с какой тщательностью ими пользовались. Даже повседневные предметы были нередко украшены тонкой резьбой и орнаментом.

## ОЛЕНЬИ РОГА ЗА РАБОТОЙ

Два оленя-самца меряются силами. Самцы оленей имеют крупные рога, которые они пускают в ход в схватках друг с другом, борясь за территорию и самок. Ежегодно самцы оленей сбрасывают старые и обзаводятся новыми рогами, так что у доисторических охотников и ремесленников не было нехватки материала.

# Ремесла

САМЫМ ПЕРВЫМ РЕМЕСЛОМ было, вероятно, плетение корзин из речного тростника и прутьев. Корзины были легки в изготовлении и нетяжелы, однако не очень прочны. Более износоустойчивыми были гончарные изделия. Открытие того, что обожженная глина становилась прочнее, могло произойти случайно, быть может, когда выложенная глиной корзина упала в огонь. Фигурки из обожженной глины изготавливались начиная примерно с 24 тыс. до н. э., однако потребовались тысячелетия, чтобы люди осознали, что гончарные изделия могли использоваться для приготовления и хранения пищи и напитков. Первые горшки были сделаны в Японии около 10,5 тыс. лет до н. э. Горшки лепили из колец или кусков глины. Их стенки разглаживали и декорировали, прежде чем обжечь на открытом очаге или в печи. Другим важным изобретением – около 6 тыс. лет до н. э. – было изобретение ткацкого станка. Первое полотно было, вероятно, соткано из шерсти, хлопка или льна.

### СТАТУЭТКА ИЗ ОБОЖЖЕННОЙ ГЛИНЫ

Это один из древнейших предметов из обожженной глины в мире. Он представляет собой одну из многочисленных сходных между собой фигурок, изготовленных около 24 тыс. лет до н. э. в Дольни-Вестонице в Чехии. Тут доисторические люди охотились на мамонтов, шерстистых носорогов и лошадей. Строили жилища с небольшими, овальной формы печами, в которых обжигали свои статуэтки.

### КИТАЙСКИЙ ГОРШОК

Трудно поверить, что этот изящный горшок предназначался для повседневного использования в 4500 г. до н. э. Он был сделан в Баньпо, недалеко от Шанхая. Жители Баньпо были одними из древнейших земледельцев Китая. Они выращивали просо и разводили на мясо свиней и собак. Гончары изготавливали высококачественную черную утварь для особых случаев и более дешевую серую, вроде этого горшка, для повседневных нужд.

### СДЕЛАЙТЕ ГЛИНЯНЫЙ ГОРШОК

*Вам потребуется:* терракотовая поделочная глина, деревянная доска, пластмассовый нож, пластиковый цветочный горшок, пластмассовая лопаточка, лак, кисточка, наждачная бумага.

**1** Раскатайте на деревянной доске длинную толстую «колбаску» глины. Она должна иметь в диаметре по крайней мере 1 см.

**2** Чтобы сделать основание для вашего горшка, сверните «колбаску» кольцом. Сравнительно небольшое основание можно превратить в горшок, основание побольше – в блюдо.

**3** Теперь раскатайте более толстую «колбаску» глины. Аккуратно сверните ее кольцом вокруг основания, чтобы сделать стенки для вашего горшка.

## ДОМАШНЯЯ УТВАРЬ

Многие доисторические горшки были украшены орнаментом, похожим на переплетение корзины. Этот горшок, имеющий простой геометрический орнамент, был сделан в Таиланде около 3,5 тыс. лет до н. э. В глиняных горшках вроде этого хранили еду, носили воду или готовили пищу.

## СТЕАТИТОВЫЙ ИДОЛ

Для изготовления этой резной фигурки с греческих островов Киклады использовался стеатит, или мыльный камень. Стеатит очень мягкий, по нему легко резать. Подобные статуэтки нередко использовались в погребальных церемониях. Они также могли использоваться либо в качестве самого объекта поклонения, либо в качестве ритуального подношения богу. У этой фигурки на шее имеется крест. И хотя у этого символа, безусловно, нет никакого христианского смысла, никому не известно, что же он означает.

## ПЕРЕПЛЕТЕННЫЕ НИТИ

Древнейшие плетеные предметы, возможно, выглядели, как эта циновка из веревки и тростника из Наска в Перу. Она была сделана около 1000 г. н. э. Доисторические люди использовали веревки из растительных волокон для плетения корзин и сумок. Самая древняя из известных тканей относится примерно к 6500 г. до н. э. и была найдена в Чатал-Хююке в Турции. До наших дней дошло мало плетеных вещей, так как они быстро гниют.

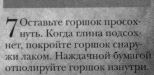

*Горшки из обожженной глины могли изготавливаться только в тех местах, где имелись природные запасы глины, а потому некоторые районы как бы специализировались на изготовлении посуды и фигурок из обожженной глины. Способы украшения горшков видоизменяются от района к району.*

**4** С помощью пластмассового ножа разгладьте края кольца, чтобы сделать его плоским и гладким. Убедитесь, что в нем нет зазоров.

**5** Для опоры наденьте ваш горшок на цветочный горшок. Добавляйте новые кольца глины для увеличения высоты стенок вашего горшка.

**6** Добавив новые кольца, разгладьте стенки. Затем воспользуйтесь пластмассовой лопаточкой с зазубренным концом, чтобы создать разнообразный орнамент.

**7** Оставьте горшок просохнуть. Когда глина подсохнет, покройте горшок снаружи лаком. Наждачной бумагой отполируйте горшок изнутри.

# Одежда

Охотники последнего ледникового периода были, вероятно, первыми людьми, носившими одежду. Она была нужна им для защиты от холода. Одежду делали из шкур животных, сшитых вместе полосками кожи. Первая одежда состояла из простых штанов, туник и плащей, украшенных бусами из крашеных камешков, зубов и ракушек. Носили также меховую обувь, привязанную кожаными шнурками.

Мех изготавливали, растягивая шкуры и дочиста их выскабливая. Одежду вырезали, а по краям остроконечным каменным шилом делали дырки. Благодаря дыркам было гораздо легче протыкать шкуры костяной иглой. Выскобленные шкуры также использовали для изготовления палаток, сумок и спальных принадлежностей.

Через какое-то время после начала земледелия на Ближнем Востоке из шерсти стали изготавливать ткань. В других частях света для этих целей использовали растительные волокна, как, например, лен, хлопчатник, луб и кактус. Ткань красили и декорировали растительными красителями.

### ВЫДЕЛКА ШКУР

Эскимосская женщина, используя свои зубы, размягчает тюленью кожу. Доисторические охотники-собиратели, вероятно, тоже размягчали шкуры подобным образом. Шкуры животных сперва закрепляли на колышках и выскабливали. Затем их мыли и туго натягивали на деревянную раму, чтобы они не стягивались при высыхании. Жесткую сухую кожу после этого размягчали и разрезали, чтобы сделать из нее одежду.

### БУЛАВКИ И ИГОЛКИ

Это костяные булавки возрастом 5000 лет из Скара-Брей на Оркнейских островах. Доисторические люди делали булавки и иголки из осколков кости и оленьего рога, которые затем полировали, шлифуя их о камень.

### ОКРАСКА ТКАНИ

*Вам потребуется:* природные красители, а именно грецкие орехи, ягоды бузины и сафлор, кастрюля, вода, столовая ложка, сито, блюдо, замшевая кожа, белый картон, белая футболка, деревянная ложка.

**1** Выберите свое первое красящее вещество и положите 8–12 столовых ложек этого вещества в старую кастрюлю. Возможно, вам придется его растолочь или измельчить.

**2** Попросите взрослого довести воду с красителем до кипения, а затем подержите ее на медленном огне в течение часа. Оставьте остудиться. Процедите краситель через сито и удалите оставшееся сырье.

**3** Проверьте на кусочке замшевой кожи, окунув ее на несколько минут в краситель. Для защиты рук вы могли бы надеть резиновые перчатки.

## ПРИРОДНЫЕ КРАСКИ

Для получения красителей люди каменного века использовали цветки, стебли, кору и листья многочисленных растений. Цветки дрока красильного и пупавки красильной давали целый спектр цветов – от ярко-желтого до коричневато-зеленого. Растения вроде индигоноски и вайды давали насыщенный синий цвет, тогда как кора, листья и скорлупа грецкого ореха обеспечивали красновато-коричневый цвет. Растения также использовались для выделки шкур. Кожу размягчали, вымачивая в воде с дубовой корой.

*Дрок красильный*

*Березовая кора*

*Дубовая кора*

## ТРАВЯНЫЕ НОСКИ

До недавнего времени инуиты, эскимосы Северной Америки, собирали в летнее время траву и плели из нее носки, вроде этих. Носки делались специально по ноге и носились под сапогами из тюленьей кожи.

## СЫРОЙ МАТЕРИАЛ

На этой гравюре изображен эскимос, охотящийся на тюленя в Арктике. Животные давали шкуру вместо ткани, сухожилия вместо ниток и кости вместо иголок. Одежда, сделанная из шкур животных, уберегала от холода и дождя и позволяла первобытным людям жить на далеком севере.

## ТЕПЛАЯ ОДЕЖДА

На этой российской ненке из Сибири традиционная верхняя одежда из шкуры северного оленя, так называемая ягушка. Чтобы защититься от холода, доисторические люди, вероятно, одевались сходным образом. Носили, очевидно, водонепромокаемые штаны, парки с капюшоном, меховые сапоги и рукавицы.

**4** Положите замшу на кусок белого картона и оставьте просохнуть. Старайтесь не накапать красителем на одежду или скатерть во время работы.

**5** Приготовьте два других красителя и испробуйте их тем же способом. Сравните кусочки замши и выберите понравившийся вам цвет.

**6** Покрасьте белую футболку, подержав ее в выбранном вами красителе. Старайтесь добиться того, чтобы футболка была ровно окрашена по всей поверхности.

*Цветки сафлора красильного собирали, когда они впервые раскрываются, затем сушили.*

# Орнамент и украшения

И МУЖЧИНЫ, И ЖЕНЩИНЫ в каменном веке носили украшения. Ожерелья и подвески делались из всевозможных природных материалов. Ярко окрашенные камушки, раковины улиток, рыбьи кости, зубы животных, морские ракушки, яичная скорлупа, орехи и семена – использовалось все. Позже стали также делать бусы – из полудрагоценных янтаря и жадеита, гагата и глины. Бусины нанизывали на тонкие полоски кожи или бечевки, сделанные из растительных волокон.

Среди других украшений были браслеты, сделанные из бивня слона или мамонта. Нитки ракушек и зубов превращали в красивые украшения для головы. Женщины заплетали волосы в косы и закалывали их гребнями и булавками. Люди, вероятно, разукрашивали свои тела и подводили глаза красящими веществами, вроде красной охры. Возможно, они также делали себе татуировки и пирсинг.

## Праздничный наряд

Удивительный головной убор, раскраска лица и украшения, по-прежнему наблюдаемые на церемониях в Папуа–Новой Гвинее, возможно, являются отголосками богатого убранства во времена каменного века.

## Раскраска тела

Эти дети австралийских аборигенов раскрасили свое тело глиной. Они использовали орнаменты, которые насчитывают тысячи лет.

## Кости и зубы

Это ожерелье сделано из костей и зубов моржа. Оно найдено в Скара-Брей на Оркнейских островах. В каждой бусине было проделано отверстие с помощью каменного орудия или с помощью деревянной палочки, вращаемой лучковой дрелью. После чего бусины были нанизаны на полоску кожи или бечевку.

## Сделайте ожерелье

*Вам потребуется:* самовысыхающая глина, скалка и разделочная доска, пластмассовый нож, наждачная бумага, акриловая краска черного цвета и цвета слоновой кости, кисточка, емкость с водой, линейка, ножницы, замшевая кожа, картон, двусторонняя липкая лента, клей ПВА, кожаные шнурки.

1 Раскатайте глину на разделочной доске и вырежьте пластмассовым ножом четыре полумесяца. Оставьте их на доске высохнуть.

2 Слегка отполируйте полумесяцы наждачной бумагой и покрасьте их краской цвета словной кости. Для придания им глянца вы позже могли бы покрыть их лаком.

3 Нарежьте четыре полоски замши размером около 9×3 см. Пользуясь краем картона, сделайте черный крестовой орнамент на полосках.

## ПРИРОДНЫЕ УКРАШЕНИЯ

По наскальной росписи в пещерах и орнаментам, обнаруженным в захоронениях, нам известно о широком разнообразии материалов, использовавшихся в украшениях каменного века. Высоко ценились ракушки, и некоторыми из них торговали на большие расстояния. Среди других материалов были оленьи зубы, бивни мамонтов и моржей, рыбьи кости и птичьи перья.

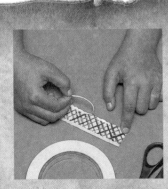

*Коллекция морских ракушек*

## БРАСЛЕТЫ И СЕРЬГИ

Эти украшения – из Хараппы в Пакистане. Они датируются периодом между 2300 и 1750 гг. до н.э. и сделаны из ракушек и раскрашенной обожженной глины. Археологи нашли в Хараппе следы десятков лавок, торговавших украшениями.

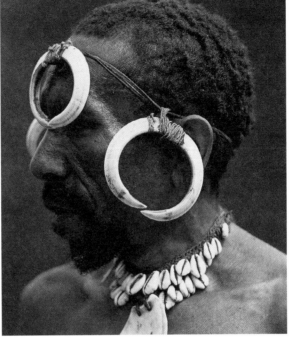

## ГОЛОВНОЙ УБОР ВОИНА

На этом воине яли из Индонезии головной убор из зубов дикого кабана и ожерелье, сделанное из ракушек и кости. Головные уборы и ожерелья, сделанные из зубов животных, могли иметь духовный смысл для людей каменного века. Их обладатель, возможно, считал, что зубы приносят ему силу или мужество животного, которому они принадлежали.

*Люди каменного века считали, что ношение ожерелья из когтей леопарда давало им магические силы.*

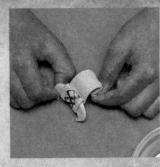

**4** Когда краска высохнет, отогните края на каждой полоске и зафиксируйте их двусторонней липкой лентой.

**5** Намажьте каждый полумесяц клеем и оберните вокруг него замшу, делая вверху петлю, как показано на фото.

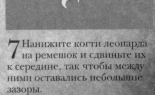

**6** Сплетите из трех кожаных шнурков ремешок. Он должен быть достаточно длинным, чтобы его можно было завязать на шее.

**7** Нанижите когти леопарда на ремешок и сдвиньте их к середине, так чтобы между ними оставались небольшие зазоры.

# Искусство

Художники каменного века были замечательно искусны: они работали с камнем, оленьим рогом, костью, бивнями и глиной. Они расписывали скальные стены, резали по камню и слоновой кости и вырезали музыкальные инструменты. Создавали образы животных, на которых охотились, а также человеческие фигурки и абстрактные изображения. Никто в точности не знает, откуда была у них такая творческая изобретательность.

Древнейшие произведения искусства относятся примерно к 40 тысячелетию до н. э. и были выгравированы на скалах в Австралии. В Европе самыми древними произведениями искусства являются пещерные рисунки, датируемые примерно 28 тысячелетием до н. э. Большинство пещерных рисунков, однако, относятся примерно к 16 тысячелетию до н. э. Стены пещер в Северной Испании и юго-западной Франции покрыты рисунками и рельефами с изображениями животных. Кроме того, художники каменного века вырезали женские статуэтки, так называемые фигурки Венер, и украшали свои орудия и боевое оружие. Этот бурный период в искусстве завершился около 10 тыс. лет до н. э.

## Фигурки Венер

Эта небольшая фигурка, называемая Венерой из Леспюг, была найдена во Франции. Она датируется примерно 20 тыс. до н. э. Ее полные формы, вероятно, символизируют плодородие богини. Ее могли носить с собой в виде амулета для привлечения удачи.

## Музыка и танцы

Наскальная роспись каменного века в Европе и Африке изображает людей в позах, напоминающих танцевальные движения. Это рельефное изображение из пещеры на острове Сицилия относится примерно к 9 тысячелетию до н. э. Почти достоверно известно, что церемонии во времена каменного века включали музыку и танцы, возможно, также и с использованием барабанов и свистков.

## Сделайте наскальный рисунок

*Вам потребуется:*
*самовысыхающая поделочная глина, скалка и разделочная доска, пластмассовый нож, наждачная бумага, акриловые краски, кисть, емкость с водой.*

**1** Сперва раскатайте поделочную глину и сделайте поверхность слегка бугристой, как у стены пещеры. Обрежьте неровные края пластмассовым ножом.

**2** Когда глина высохнет, слегка потрите ее наждачной бумагой, чтобы сделать гладкой и пригодной для рисования.

**3** Нарисуйте черным цветом контур животного. На рисунке изображен северный олень, похожий на тех, которые изображались на пещерных рисунках каменного века.

## ДРЕВНЯЯ КЕРАМИКА

Эти две женские фигурки являются одними из самых древних дошедших до нас образцов южноамериканской керамики (изделий из обожженной глины). Они датируются периодом от 4000 до 1800 гг. до н. э. Их характерная форма и обрамление из волос означают, что они были изготовлены представителями культуры Вальдивии. Судя по всему, в некоторых частях мира обожженную глину использовали для изготовления статуэток задолго до того, как из нее стали делать сосуды для хранения и горшки для приготовления пищи.

## МАТЕРИАЛЫ ХУДОЖНИКА

Доисторические художники получали свои краски из мягких горных пород и минералов, типа древесного угля и глины. Они измельчали их в порошок и смешивали с водой или животным жиром. Уголь от костра использовался для нанесения черных контуров и наложения теней. Цветная земля, именуемая охрой, давала разные оттенки коричневого, красного и желтого цвета. Глина, называемая каолином, использовалась вместо белой краски. Краску хранили в полых костях. Кисти делали из щетины животных, мха или распушенных веточек.

*Охра*                    *Уголь*

## ОРНАМЕНТЫ В ВИДЕ СПИРАЛИ

Эти камни с рельефом – из храма в Тарксине на острове Мальта; они датируются примерно 2500 г. до н. э. Многие крупные каменные монументы, которые были построены в Европе начиная примерно с 4200 г. до н. э., украшены геометрическими орнаментами.

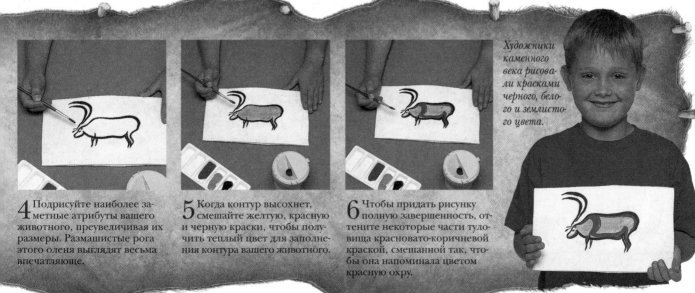

4 Подрисуйте наиболее заметные атрибуты вашего животного, преувеличивая их размеры. Размашистые рога этого оленя выглядят весьма впечатляюще.

5 Когда контур высохнет, смешайте желтую, красную и черную краски, чтобы получить теплый цвет для заполнения контура вашего животного.

6 Чтобы придать рисунку полную завершенность, отените некоторые части туловища красновато-коричневой краской, смешанной так, чтобы она напоминала цветом красную охру.

*Художники каменного века рисовали красками черного, белого и землистого цвета.*

# Торговля и распространение

Л ЮДИ КАМЕННОГО ВЕКА не пользовались банкнотами и монетами в качестве денег, как пользуемся мы. Они вместо этого обменивались вещами, занимались меной. Когда один человек хотел получить, к примеру, глиняный горшок, он должен был предложить владельцу горшка что-нибудь в обмен – возможно, орудие труда или украшение. К концу каменного века, однако, люди начали использовать в качестве своего рода денег ракушки или каменные кольца.

Даже изолированные группы охотников-собирателей вступали в контакт друг с другом и меняли вещи, как, например, морские раковины, на орудия труда или шкуры. С началом же земледелия, примерно 8 тыс. лет до н. э., на Ближнем Востоке стали развиваться обмен на дальние расстояния и более организованная система торговых отношений. Новые виды хозяйственной деятельности, как, например, земледелие, гончарное дело и ткачество, требовали специализированных орудий труда, а потому большую ценность приобрели соответствующие горные породы. В Западной Европе кремневые рудники и каменоломни давали топоры, которые высоко ценились и служили предметами торговли на большие расстояния. Подчас предметами торговали за тысячи километров от того места, где они были сделаны.

## РАКОВИНЫ КАУРИ
Небольшие сильно отполированные раковины каури были популярны в качестве декоративных элементов одежды и украшений в доисторические времена. Раковины находят разбросанными вокруг скелетов в местах погребений, нередко за многие сотни километров от побережья. Позднее раковины каури использовались в качестве денег в Африке и некоторых частях Азии.

## ТОПОРЫ
Добротный крепкий топор был ценным предметом торгового обращения. Он был особенно важен для первобытных земледельцев, которые использовали его для рубки деревьев и очистки земли под посевы. Торговля топорами, изготовленными из специального камня, велась на большие расстояния.

## БОГАТЫЕ ЗАХОРОНЕНИЯ
В этом общинном захоронении на Соломоновых островах в Тихом океане погребенных окружают раковины и украшения. Раковины тысячелетиями использовались в качестве денег – фактически дольше и на более обширном пространстве, чем любая валюта, включая монеты. Один клад раковин, найденный в Ираке, датировался периодом до 18 тысячелетия до н. э.

## ТОРГОВЛЯ КАМНЕМ

Во времена эпохи неолита существовала широко распространенная торговля камнем, предназначенным для изготовления топоров. В местечке Грейг уэльского графства Клуид *(слева)* камень добывался с каменистых склонов и доставлялся по всей Британии. Камни начерно обтачивались на месте, затем транспортировались в другие части страны, где их точили и полировали. В Грейге находят лежащие на земле грубо обточенные насадки для топора.

## ОХОТНИК НА ПУШНОГО ЗВЕРЯ

Современный охотник кри с канадского Крайнего Севера обвешан своей добычей – шкурками лесной куницы. Нет сомнений, что шкурки пушного зверя были ценным предметом торгового обращения для доисторических людей, особенно для охотников-собирателей, ведущих торговлю с более оседлыми земледельцами. Их можно было обменять на еду или драгоценные предметы, вроде янтаря или орудий труда.

## ПУШНИНА

Шкурки песца оставлены сушиться на морозе. Зимой у песцов отрастает толстая белая шубка, служащая хорошей маскировкой на фоне снега. Такой мех традиционно имеет особую ценность для народов Крайнего Севера, как в смысле одежды, без которой невозможна жизнь в Арктике, так и в смысле торговли.

# Перемещение на суше и на море

**Д**РЕВНЕЙШИМ ТРАНСПОРТНЫМ СРЕДСТВОМ, помимо путешествия пешком, была лодка. Первые люди, достигшие Австралии, возможно уже 50 тыс. лет до н. э., очевидно, воспользовались бревенчатыми или бамбуковыми плотами, чтобы пересечь открытое водное пространство. Позже стали использоваться обтянутые кожей кораклы и каяки (выдолбленные из стволов деревьев челны), а также лодки, сделанные из тростника. На суше люди тащили товары на деревянных повозках вроде саней – или травуа (треугольных платформах из связанных между собой жердей). Для перемещения тяжелых грузов использовались в качестве роликов бревна. Приручение лошадей, ослов и верблюдов около 4 тыс. лет до н. э. радикально изменило сухопутный транспорт. Примерно в то же время в Европе были построены первые дороги и мостовые. Около 3500 г. до н. э. в Месопотамии народом, использовавшим металл, было изобретено колесо. Изобретение было быстро перенято людьми каменного века в Европе.

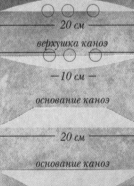

## ГОЛОВА ЛОШАДИ

Этот наскальный рельеф с изображением головы лошади – из пещеры во Франции. Некоторые специалисты полагают, что лошади могли быть одомашнены уже 12 тыс. лет до н. э. Существуют рельефные изображения, на которых как бы видны уздечки вокруг лошадиных голов, – правда, эти отметины могут означать гриву.

## КОРАКЛ

Мужчина рыбачит на коракле, одном из древнейших типов лодок. Изготавливаемый из шкуры животного, натянутой поверх деревянного каркаса, коракл, возможно, используется уже примерно с 7600 г. до н. э.

## СДЕЛАЙТЕ МОДЕЛЬ КАНОЭ

*Вам потребуется:* картон, карандаш, линейка, ножницы, клей ПВА, кисточка для клея, бумажный скотч, самовысыхающая глина, двусторонняя липкая лента, замшевая кожа, циркуль, нитка, иголка.

*верхушка каноэ*

— 20 см —

*верхушка каноэ*

— 10 см —

*основание каноэ*

— 20 см —

*основание каноэ*

— 10 см —

**1** Нарежьте картон по шаблонам, приведенным слева. Не забывайте вырезать полукружья от длинного края обеих деталей верхушки.

**2** Склейте между собой основания, затем верхушки. Скрепите их, пока они сохнут, бумажным скотчем. Тем же способом соедините верхушку с основанием.

## КАМЕННЫЙ МОСТ

Мост через Уолла-Брук на плато Дартмур является одним из древнейших каменных мостов в Британии. Мосты облегчают путешествие, делают его безопаснее и менее трудоемким. Первые мосты делали, перекидывая стволы деревьев через реки или кладя плоские камни на мелководье.

## ПАРУСНЫЕ ЛОДКИ

Это модель обтянутой кожей лодки, именуемой умиаком, которая использовалась инуитами, эскимосами Северной Америки. Фигурка в задней части – рулевой, чья обязанность – управлять лодкой. Другие фигурки гребут веслами. Древние египтяне, судя по всему, были первыми, кто стал пользоваться парусными судами примерно в 3200 г. до н. э.

## КАРКАС КАЯКА

Этот деревянный каркас для каяка был сделан эскимосским рыболовом. Он построен без единого гвоздя: стыки связаны между собой полосками кожи. Подобные челны находятся в ходу уже тысячи лет.

*Эскимосские каяки дают представление о том, как могли выглядеть лодки каменного века. С внешней стороны они были обтянуты кожей.*

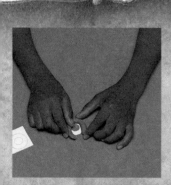

**3** Нарисуйте три круга, размером с отверстия в верхушке, с кругами поменьше внутри. Вырежьте их. Сделайте такого же размера глиняные кольца.

**4** Обклейте глиняные и картонные кольца двусторонней липкой лентой. Эти кольца образуют сиденья, на которых будут сидеть гребцы.

**5** Обтяните ваше каноэ замшевой кожей, оставляя отверстия для сидений. Приклейте ее надежно, так чтобы весь картон был прикрыт.

**6** С помощью иголки и нитки сшейте края кожи на верхушке каноэ. Установите и зафиксируйте сиденья и весла.

# Война и боевое оружие

**В**ОЙНЫ И БОЕВЫЕ СТОЛКНОВЕНИЯ были, несомненно, частью жизни каменного века. На скелетах доисторических людей нередко зияют раны, полученные во время боевых схваток. Например, в захоронении в Египте, датирующемся примерно 12 тыс. до н. э., найдены скелеты 58 мужчин, женщин и детей – у многих из них в костях до сих пор еще торчат кремневые осколки, ставшие причиной их гибели. В ЮАР на редкой наскальной гравировке, датирующейся периодом между 8 и 3 тыс. до н.э., изображены две группы людей, сражающихся друг с другом при помощи луков и стрел. Никто в точности не знает, почему люди воевали друг с другом. После 8000 г. до н. э., по мере того как стало расти население земледельцев, возросли конфликты между земледельческими группами, соперничавшими за землю. Первобытные земледельческие поселения были нередко огорожены для защиты земляным валом, стеной из кирпича-сырца или высоким деревянным забором.

## АМЕРИКАНСКИЙ ОСТРОКОНЕЧНИК
Этот тип каменного оружия применялся охотниками-собирателями в Северной Америке для охоты на бизонов. Он называется фолсомским остроконечником и датируется приблизительно 8000 г. до н. э.

## СМЕРТОНОСНЫЕ НАКОНЕЧНИКИ СТРЕЛ
Первые наконечники стрел, возможно, изготавливались из дерева, закаленного над огнем. Однако кремню можно было придать гораздо более острый край. Этот клад был найден в Бретани, во Франции. Острое оружие могло означать разницу между жизнью или смертью, а потому оно высоко ценилось.

## ЛУК И СТРЕЛА
*Вам потребуется: самовысыхающая глина, скалка и разделочная доска, пластмассовый нож, наждачная бумага, акриловая краска, кисть, две тонкие палочки (около 40 см и 60 см длиной), острый нож, двусторонняя липкая лента, ножницы, веревка.*

**1** Раскатайте поделочную глину. Вырежьте из нее кончик стрелы. Когда готовая форма высохнет, отполируйте ее наждачной бумагой и покрасьте серым цветом.

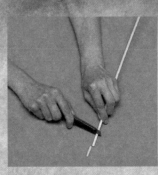

**2** Попросите взрослого обстругать острым ножом один конец короткой палочки. Из нее вы сделаете стрелу.

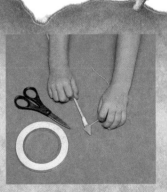

**3** Зафиксируйте наконечник стрелы на палочке двусторонней липкой лентой. Для имитации кожаного крепления обмотайте вокруг ленты веревку.

## НАСИЛЬСТВЕННАЯ СМЕРТЬ

Многие люди во времена каменного века встречали насильственную смерть. В этом черепе застрял кончик стрелы, вошедший через ноздри несчастной жертвы, предположительно во время боевой схватки.

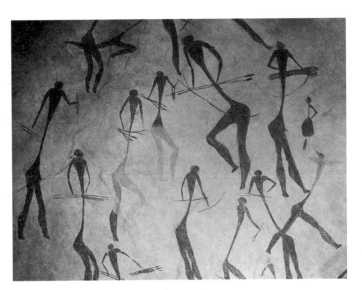

## ОХОТНИКИ ИЛИ ВОИНЫ?

На этом наскальном рисунке, датируемом примерно 6 тысячелетием до н. э., изображены охотники или воины с луками и стрелами во время рейда. Примерно к 13 тыс. до н. э. доисторические охотники усвоили, что луки и стрелы были куда более мощным и точным оружием, чем копья.

## ПЛАСТИНЫ И ОСТРОКОНЕЧНИКИ

Коллекция кремневых наконечников стрел и ножевидных пластин из Египта свидетельствует о замечательном мастерстве. Осколки кремня около 20 см длиной использовались в качестве наконечников пик. Осколки поменьше превращали в метательные копья, ножи и стрелы. Наконечники крепили к деревянным древкам с помощью клея из древесной смолы и полосок кожи.

*Доисторические охотники-собиратели носили с собой небольшие, легкие луки, из которых они могли быстро выпускать много стрел.*

**4** Используйте длинную палочку в качестве лука. Крепко привяжите к одному концу лука веревку.

**5** Попросите взрослого помочь вам осторожно согнуть лук и привязать веревку к другому концу. Липкая лента поможет надежно зафиксировать веревку.

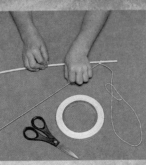

**6** Чтобы еще больше натянуть и зафиксировать тетиву лука, оберните веревку несколько раз вокруг каждого конца. Потом завяжите ее узлом, а конец обрежьте.

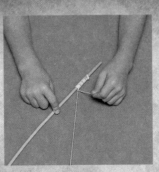

**7** Используя двустороннюю липкую ленту, намотайте еще один кусок веревки вокруг середины лука, где будет покоиться стрела.

57

# Религия и магия

**ДРЕВНЕЕ ПОГРЕБЕНИЕ**
Череп скелета из этого погребения, обнаруженного во Франции, был посыпан красной охряной землей. Красный цвет мог символизировать кровь или жизнь для людей каменного века. Тела часто погребали в позе на боку, с поджатыми к подбородку коленями. В могилы клали орудия труда, украшения, еду и оружие. Позднее люди каменного века стали возводить для своих мертвых пышные гробницы.

МЫ МОЖЕМ ТОЛЬКО СТРОИТЬ предположения о верованиях людей каменного века. Первыми людьми, о которых мы знаем, что они погребали своих мертвых, были неандертальцы. Это позволяет предполагать, что они верили в загробный мир. Первобытные люди, вероятно, поклонялись духам животных, на которых охотились, и других природных явлений. Некоторые рисунки и гравировки на скалах и в пещерах могут иметь магическое или религиозное назначение. Небольшим статуэткам, именуемым «Венерами», вероятно, поклонялись как божествам плодородия или изобилия. Доисторические люди, вероятно, считали, что болезни и несчастные случаи вызывались злыми духами. Общаться с духами и толковать их указания могло входить в обязанности одного человека, называемого шаманом.

По мере того как распространялось земледелие и поселения вырастали в города, стали появляться более стройные и организованные религии. Храмы, украшенные религиозными изображениями, находят в Чатал-Хююке в Турции, на месте хорошо сохранившегося городища, относящегося примерно к 7 тысячелетию до н. э.

**РИТУАЛЬНЫЕ ОЛЕНЬИ РОГА**
Эти рога принадлежат самцу благородного оленя и были найдены в местечке Стар-Карр в Англии. Некоторые специалисты полагают, что оленьи рога надевал на себя своего рода жрец, именовавшийся шаманом, возможно, во время обряда инициации или для заклинания удачи в предстоящий сезон охоты.

**ГЛИНЯНАЯ БОГИНЯ**
Эта женская фигурка сделана из глины и была найдена в Пазарджике в Болгарии. Многие доисторические общества поклонялись образам богини плодородия, или Великой Матери. В качестве прародительницы мира она давала жизнь растениям, животным и людям и тем самым обеспечивала будущее человеческой расы.

## ТРЕПАНАЦИЯ

Проделывание отверстия в голове человека называется трепанацией. Эту операцию практиковали в доисторические времена начиная примерно с 5 тысячелетия до н. э. Для проделывания отверстия в черепе, чтобы выпустить из тела болезнь, применялось острое кремневое орудие. Было найдено несколько черепов, на которых видно, что дырка начала зарастать, – свидетельство того, что некоторые пациенты даже выживали после такой чудовищной процедуры!

## ЗАГОВОРЫ И ЗЕЛЬЯ

Во многих нынешних обществах охотников-собирателей шаман (знахарь) способен общаться с духами из загробного мира. В таких культурах, как культура индейцев Амазонки, шаманы к тому же дают снадобья из растений для излечения болезни. Они применяют такие растения, как хинное дерево, кока и кураре.

Люди каменного века поступали, вероятно, сходным образом. Есть свидетельства, что земледельцы эпохи неолита в Северо-Западной Европе выращивали мак и коноплю, возможно, для использования в магических зельях и ритуалах.

*Мак*

## ПОКЛОНЕНИЕ ПРЕДКАМ

Этот череп – из Иерихона на Ближнем Востоке и датируется примерно 6500 г. до н. э. Перед погребением своих мертвых жители Иерихона удаляли черепа. Их покрывали гипсом и раскрашивали, чтобы передать черты умершего. Вместо глаз использовались раковины каури. Некоторые специалисты придерживаются мнения, что это делалось в качестве своеобразного поклонения предкам.

## РИТУАЛЬНЫЙ ТАНЕЦ

Современный рисунок изображает ритуальный танец австралийских аборигенов. Традиционные обряды являются важной частью жизни аборигенов. Свидетельства о них находят в местах доисторических стоянок в Австралии. Верования аборигенов ориентированы на сохранение хрупкого равновесия между человеком и средой его обитания.

# Монументы из дерева и камня

**П**ЕРВЫЕ ИСПОЛИНСКИЕ КАМЕННЫЕ МОНУМЕНТЫ были построены в Европе и относятся примерно к 4200 г. до н. э. Они называются мегалитами, что в переводе с греческого означает огромные камни, и были возведены древними земледельческими общинами от Скандинавии до Средиземноморья. Одними из первых мегалитов были дольмены, состоявшие из огромного плоского камня, водруженного на несколько вертикальных камней. Это остатки древних погребальных мест, так называемых камерных гробниц.

## ДОЛЬМЕН
Эти каменные монолиты – все, что осталось от камерной гробницы, покрытой большим курганом. Дольмены, огромные каменные плиты, окружали камерные захоронения.

Они могли также использоваться в качестве вех, обозначающих территорию общины. Другие сооружения такого рода называются проходными могильниками. Это были общинные могилы, в которых погребалось много людей. Позднее были возведены более крупные монументы. Были построены деревянные или каменные круги, так называемые хенджи, вроде Стоунхенджа в Англии. Никто не знает, для чего были сооружены эти круги. Они могли быть святилищами, соборными местами или гигантскими календарями, поскольку они ориентированы по Солнцу, Луне и звездам.

## ДЕРЕВЯННЫЙ ХЕНДЖ
Это современная реконструкция деревянного хенджа (круга), извлеченного на свет в результате раскопок в Сарн-и-Брн-Кэльде в Уэльсе. Люди начали строить деревянные хенджи около 3000 г. до н. э. Хенджи были центрами религиозной и общественной жизни.

## ДЕРЕВЯННЫЙ ХЕНДЖ
*Вам потребуется: картон, линейка, циркуль, карандаш, ножницы, терракотовая поделочная глина, скалка и разделочная доска, пластмассовый нож, палочки толщиной 1 см и 5 мм, наждачная бумага, акриловая краска, кисть, искусственная трава, клей ПВА, морилка для древесины, кисточка для клея.*

**1** Вырежьте из картона круг диаметром около 35 см. Раскатайте глину, положите сверху круг и обрежьте глину по кругу.

**2** Сделайте по краю круга расположенные на одинаковом расстоянии отверстия для столбов. Сделайте внутри первого круга еще один, около 10 см в поперечнике.

**3** Сделайте по краю второго круга 5 одинаково расположенных отверстий. После высыхания отполируйте основание наждачной бумагой и покрасьте коричневым цветом.

## КАМЕННЫЙ ХРАМ

Это храм Хагар-Ким на острове Мальта. Между 3600 и 2500 гг. до н. э. на Мальте были построены многочисленные каменные святилища. Древнейший из храмов имеет стены длиной не менее 6 м и высотой не менее 3,5 м. Наиболее внушительный храм – Гипогей, высеченный на трех уровнях под землей.

## СТОЯЩИЕ КАМНИ

Стоунхендж строился многие столетия – примерно с 2800 по 1400 гг. до н. э. Первый Стоунхендж был полукруглым земляным валом, состоявшим из насыпи и рва. Позднее были возведены огромные блоки из обтесанных валунов песчаника. Камни ориентированы по летнему и зимнему солнцестоянию, а также по положениям Луны на небосклоне.

## ПРОХОДНЫЕ МОГИЛЬНИКИ

Этот камень лежит у входа в проходной могильник в Ньюгрейндже в Ирландии. Могильник представляет собой полукруглый курган с единственной погребальной камерой в центре, к которой ведет длинный проход (галерея). Многие из каменных плит, которые тянутся вдоль прохода, украшены орнаментами в виде спиралей и кругов.

*Деревянные хенджи – или круги – имели до пяти колец деревянных столбов, чья высота возрастала по мере приближения к центру.*

**4** Покройте основание неровными кусками искусственной травы, посаженными на клей. Следите за тем, чтобы не полностью закрывать отверстия для столбов.

**5** Нарежьте коротких палочек для столбов и перекладин. Нарежьте еще 7 более длинных палочек. Обработайте палочки морилкой и оставьте высохнуть.

**6** Приклейте палочки на место, используя в качестве ориентира вмятины для столбов. После высыхания приклейте сверху перемычки, чтобы полностью завершить ваш деревянный круг.

# Путешествие по жизни

Л ЮДИ КАМЕННОГО ВЕКА проводили обряды, приуроченные к значимым этапам их жизни, как то: рождение, достижение совершеннолетия, заключение брака и смерть. Обряды инициации отмечали тот момент, когда мальчики и девочки считались взрослыми и начинали играть полноценную роль в жизни родовой общины. Продолжительность жизни во времена каменного века была гораздо короче, чем сегодня. Пожилые люди были ценными членами рода, так как они могли передавать свои навыки и знания. Большинство людей достигали тридцатилетнего возраста, но немногие доживали до шестидесяти. Люди мало что могли сделать против болезни и инфекции, и многие младенцы умирали при рождении. Впрочем, судя по всему, когда дичь и еда были в изобилии, у охотников-собирателей была, вероятно, более легкая жизнь, чем у поздних земледельцев, которым приходилось тяжко и безостановочно трудиться.

## Статуэтка Догу
Эта человеческая фигурка дзёмон из Японии была сделана между 2500 и 1000 гг. до н. э. Такие статуэтки часто использовались во время погребальных ритуалов, а в некоторых случаях и погребались в могилах.

## Погребальная сцена
Это захоронение на северо-западе Франции было сделано примерно в 4500 г. до н. э., в то время, когда в этом районе начиналось земледелие. Эти древние земледельцы погребались в небольших могильниках, нередко вместе с украшениями в виде раковин, теслами и камнями для измельчения зерна.

## Проходной могильник
*Вам потребуется:* картон, циркуль и карандаш, линейка, ножницы, скалка и разделочная доска, терракотовая самовысыхающая глина, пластмассовый нож, белая самовысыхающая глина, клей ПВА и кисточка для клея, компост, столовая ложка, зеленая материя.

**1** Вырежьте два картонных круга диаметром 20 см и 25 см. Раскатайте глину и обрежьте ее по большому кругу пластмассовым ножом.

**2** Положите маленький круг на большой и прикройте его глиной. Пластмассовым ножом прорисуйте контуры прохода и камеры.

**3** Раскатайте белую глину и нарежьте ее на квадратики. Из нескольких квадратиков сделайте камни, а из остальных – каменные плиты.

## ФАМИЛЬНЫЙ СКЛЕП

*Погребальная камера*

Эта гробница в Уэст-Кеннете на юге Англии была построена около 3700 г. до н. э. Она использовалась для обрядов с участием мертвых. Каменные камеры внутри кургана (могильного холма) содержат кости не менее 46 человек. Трупы не сразу помещались в курган, а оставлялись сперва снаружи, до тех пор, пока не сгнивала большая часть мягких тканей. После этого скелеты расчленяли и кости помещали в гробницу. Некоторые из черепов и длинных костей изымались, возможно, для проведения ритуальной церемонии в каком-то другом месте. Вход в курган перегораживался и снова открывался много раз за тысячу лет, пока курган использовался.

*Курган*

*Вход*

*Рвы, которые рыли вокруг кургана, обеспечивали землю для возведения могильного холма. В погребальном месте, подобном этому, можно было хоронить много людей вместе.*

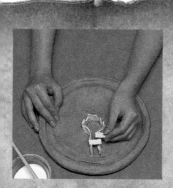

**4** Когда глина подсохнет, возведите стены и крышу прохода и камеры. Осторожно приклейте плиты.

**5** Аккуратно присыпьте камеру компостом, чтобы получился большой ровный холм. Не надавливайте на глиняную камеру.

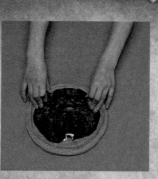

**6** Вырежьте кусок зеленой материи необходимых размеров, чтобы прикрыть им курган. Обмакните материю в клей и осторожно зафиксируйте.

**7** Разместите вокруг подножия холма глиняные валуны. Когда вас удовлетворит их расположение, зафиксируйте их клеем.

# Неолитические поселения

КОГДА ЛЮДИ восприняли земледелие как образ жизни, это означало, что они должны были оставаться на одном месте в течение длительного времени. В некоторых районах земледельцы практиковали вырубку и выжигание леса. Это значит, что они очищали землю, но снимались с места и двигались дальше после нескольких лет, когда их посевы истощали землю. В других местах древние земледельческие поселения вырастали в деревни, в пять-десять раз большие, чем стойбища первобытных охотников-собирателей. Поначалу земледельцы продолжали охотиться на диких животных и собирать пищу в лесу, но скоро их стада и урожаи стали покрывать большую часть их потребностей. Они жили в деревнях, состоявших из прямоугольных или полукруглых одноэтажных домов, сделанных из камня, кирпича-сырца или древесины и соломы. К домам примыкали узкие улочки или дворы. Большинство деревень располагалось в низинах, вблизи хорошо орошаемых, легко обрабатываемых земель. Используя ирригацию и севооборот, поздние земледельцы смогли оставаться на одном месте длительное время.

### ВНУТРИ ДЛИННОГО ДОМА
Внутреннее помещение длинного дома было как местом работы, так и служило укрытием для семьи и ее животных. Вокруг очага этого реконструированного жилища стоят корзины, сплетенные из тростника, и расстелены на полу шкуры. По стенам складированы орудия труда.

### ДЛИННЫЙ ДОМ
Это реконструкция типичного длинного дома в раннеземледельческой деревне в Европе. Деревня относится примерно к 4500 г. до н. э.

## ГОРОДСКОЙ ДОМ

На этом рисунке показано, как, возможно, выглядел дом в городище Чатал-Хююк в Турции. Стены были сделаны из сырцового кирпича, а жерди крыши покрыты тростником и илом. Все дома примыкали друг к другу, и между ними не было улиц. Жители ходили по округе, перелезая по крышам, а домой попадали по лестнице через крышу. В главном помещении каждого дома имелись возвышения, на которых сидели и спали. В Чатал-Хююке таким образом располагалось более тысячи жилых построек.

## ПЕЧЬ

Во многих жилищах были печи, в которых пекли хлеб и обжигали изделия из глины. В печи удавалось добиться более высокой температуры, чем на открытом очаге, а потому и более качественного обжига. В каждой деревне, вероятно, занимались производством своих собственных изделий из глины.

## КАМЕННЫЕ СТЕНЫ

Это остатки стен жилища в раннеземледельческой деревушке в Иордании. Оно было построено около 7 тыс. лет до н. э. Стены сделаны из камня, собранного в прилегающей местности. Первые земледельческие городища и деревни появились на Ближнем Востоке. Большинство из них строилось из кирпича-сырца, и за сотни лет такие поселения нередко многократно отстраивались заново на том же месте.

# Конец эпохи

О КОНЧАНИЕ КАМЕННОГО ВЕКА было ознаменовано ростом мелких и крупных городов. Самым первым городом был, вероятно, Иерихон на Ближнем Востоке. Примерно в 8000 г. до н. э. здесь, на месте раннего поселения, была построена земледельческая деревня. Примерно к 7500 г. до н. э. в Иерихоне проживало почти 2700 человек. Чатал-Хююк в Турции был местом другого, более крупного города, датирующегося примерно 6500 г. до н. э. и имевшего население около 5000 человек. Люди, жившие в этих городах, были не только земледельцами. Тут были также ремесленники, жрецы и торговцы. С распространением обработки металла более эффективные орудия труда позволили людям получать больше еды. Изменение условий земледелия привело к появлению первых цивилизаций – с хорошо организованной рабочей силой, армиями и правительствами, управлявшимися царями и жрецами. Эти цивилизации возникли в плодородных районах Ирака, Египта, Индии и Китая, возвещая об окончании каменного века.

## СТРОЙНАЯ ФИГУРКА
Эта женская фигурка были сделана около 2 тыс. лет до н. э. на греческих островах Киклады. Ее изящные формы составляют резкий контраст полным фигурам более древних женских статуэток. Возможно, она стала продолжением традиции фигурок плодородия – символического изображения богини-матери – в новых обществах городского типа.

## ИЕРИХОН
Около 8 тыс. лет до н. э. земледельцы создали поселение в Иерихоне на Ближнем Востоке. Оно было окружено рвом и массивными каменными стенами. Стены замыкала огромная круглая башня, руины которой запечатлены на фото. Жители Иерихона вели торговлю с группами кочевых охотников-собирателей.

## СДЕЛАЙТЕ ФИГУРКУ
*Вам потребуется: разделочная доска, терракотовая самовысыхающая глина, пластмассовый нож, стакан, клей ПВА (смешанный с водой для блеска) и кисть.*

**1** Для начала сделайте из глины треугольную форму, чтобы получить туловище. Затем раскатайте плоскую «колбаску» для рук и ног.

**2** Отрежьте от «колбаски» два кусочка для рук. Затем оставшуюся глину разрежьте на два кусочка для ног.

**3** Прикрепите руки к туловищу, разгладьте место стыка и слегка обозначьте область плеч пластмассовым ножом.

## Саргон аккадский

Эта шумерская резная скульптура датируется примерно 2300 г. до н. э. и изображает Саргона – царя Аккада. Шумер был первой цивилизацией в мире. Он возник в южной Месопотамии (современный Ирак) около 3200 г. до н. э. Шумеры были великими торговцами.

## Утонченная керамика

Этот красивый глиняный кувшин относится к периоду Дзёмон в Японии и был изготовлен около 3 тыс. лет до н. э. Японцы изготавливали керамику уже 10,5 тыс. лет до н. э., и их культура Дзёмон процветала вплоть до конца 3 в. до н. э. Глина продолжала быть и остается по-прежнему важным материалом для производства керамики.

*Доисторическая глиняная фигурка, похожая на эту, была прозвана «Мыслителем». Она была изготовлена в Румынии около 5200 г. до н. э.*

## Меры веса

С развитием торговли люди стали нуждаться в справедливой системе измерений веса. Эти гири и весы имеют своим происхождением городище Мохенджо-Даро, центр Хараппской цивилизации в Пакистане.

**4** Раскатайте кусок глины для шеи и шарик для головы. Вылепите лицо. Прикрепите к туловищу голову и шею.

**5** Прислоните фигурку к стакану в качестве опоры. Прикрепите ноги и обозначьте ступни, сплющив, как показано, концы.

**6** Поочередно согните каждую руку и расположите их так, чтобы ладони поддерживали голову фигурки, а локти упирались в колени.

**7** Оставьте глину высохнуть, после чего осторожно уберите стакан. Нанесите немного лака на фигурку и снова дайте ей высохнуть.

# Каменный век сегодня

РАСПРОСТРАНЕНИЕ металлообработки и земледелия изменяло уклад жизни людей, но только очень медленно. Огромные территории мира продолжали жить в каменном веке. Во многих районах люди по-прежнему вели образ жизни охотников-собирателей, даже когда узнали о способах обработки земли. Кроме того, до совсем недавнего времени крупные регионы мира оставались изолированными друг от друга. Не пользуясь металлом, люди каменного века развивали собственные сложные и хорошо организованные общества. Невероятно, но к 1000 г. до н. э. народы Юго-Восточной Азии колонизировали многие из тихоокеанских островов, пересекая до 600 км открытого водного пространства. На такие расстояния люди в других частях мира не осмеливались путешествовать вдали от суши.

Общества каменного века дожили вплоть до двадцатого столетия. Эскимосы Крайнего Севера, аборигены Австралии и охотники-собиратели сан Южной Африки продолжают вести образ жизни, который сохраняется многие тысячи лет.

## НАРОДЫ КРАЙНЕГО СЕВЕРА

Это российский ненец из Сибири. Ненцы, как и эскимосы Северной Америки (инуиты), придерживаются традиционного образа жизни. Сегодня большинство из них проживает в небольших поселках или городах, однако они очень гордятся своей культурой. Они сохраняют свой язык, искусство и песни и считают охоту необходимой частью своего жизненного уклада.

## ПАПУА – НОВАЯ ГВИНЕЯ

Эти мужчины участвуют в одном из зрелищных традиционных танцев Папуа – Новой Гвинеи. Высокогорные районы Папуа – Новой Гвинеи образуют естественную преграду между разными группами населения. Это помогло сохранить богатое разнообразие культур и языков. Многие люди в небольших деревушках продолжают выращивать собственную еду и охотиться на животных в густых лесах.

## АБОРИГЕНЫ-АВСТРАЛИЙЦЫ

В сегодняшней Австралии, 200 лет спустя после прибытия европейцев, некоторые аборигены пытаются сохранить традиционный уклад жизни. Тысячи лет назад их предки, очевидно, хорошо знали, как выращивать растения вроде ямса, однако предпочли следовать своему образу жизни охотников-собирателей. Живя в согласии с окружающей их природой, они имели в своем распоряжении большое разнообразие дичи и пищевых растений, что делало земледелие излишним и более хлопотным занятием.

## ЧУДЕСА ИЗ КАМНЯ

Между 1100 и 1600 гг. н. э. на острове Пасхи были воздвигнуты вырезанные из вулканической породы гигантские каменные головы высотой до 12 м. Остров Пасхи – один из отдаленнейших островов в Тихом океане.

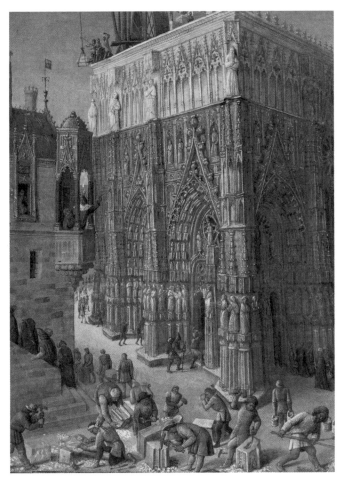

## КАМЕНЩИКИ

Это часть иллюстрации, датирующейся 15 в. н. э., на которой запечатлены за работой средневековые каменщики. Большая армия рабочей силы и металлические орудия труда способствовали тому, что камень обрел новое значение в качестве строительного материала. По всему миру было возведено множество внушительных каменных сооружений, некоторые из них стоят тысячелетия.

# Глоссарий

## А

**Австралопитек** («южная обезьяна») Обезьяноподобный предок человека, который был первым гоминидом, ходившим прямо.

**Археология** Наука о прошлом, изучающая предметы материальной культуры человека, такие, как орудия труда.

## Б

**Ближний восток** Регион, включающий страны восточного Средиземноморья.

**Богиня плодородия** Богиня, дарующая, как считалось, жизнь всем растениям, животным и людям.

## В

**Вид** Группа животных (или растений) одного типа, способных скрещиваться и производить потомство.

**Вымирание** Полное исчезновение – или гибель – целого вида животных или растений.

## Г

**Гарпун** Оружие наподобие копья с отделяемым наконечником, привязанным к веревке.

*Костяные гарпуны*

**Гоминид** Люди и их ближайшие предки.

**Homo erectus** (*гомо эректус*, «человек прямоходящий») Первые люди, которые пользовались огнем и укрытием и жили в более прохладном климате.

**Homo habilis** (*гомо хабилис*, «человек умелый») Первые люди, которые изготавливали орудия.

**Homo sapiens** (*гомо сапиенс*, «человек разумный») Вид, к которому относятся все современные люди и неандертальцы.

*Дольмен*

## Д

**Доисторический** Относящийся ко времени до появления письменных свидетельств.

**Дольмен** Остатки гробницы, состоявшей из большой каменной плиты, положенной поверх нескольких вертикальных камней.

## Ж

**Жила** Сухожилие животного, крепящее мышцу к кости. Жилы использовались доисторическими людьми в качестве швейных ниток.

## З

**Земляной вал** Насыпь, которую возводили в виде защитной стены вокруг поселения.

## К

**Клинопись** Первая система письма. Была изобретена шумерами Месопотамии.

**Копьеметалка** Орудие, служившее продолжением руки и выступавшее в роли дополнительного рычага для метания копий.

**Коракл** Небольшая круглая лодка, сплетенная из прутьев и обтянутая водонепроницаемым материалом.

**Кремень** Твердый камень. Легко расслаивается, оставляя острые края, которые использовались для изготовления орудий труда и боевого оружия.

*Кремневый наконечник копья*

## Кроманьонцы
**Кроманьонцы** Первые современные люди, жившие в Европе.

## Л

**Ледниковый период** Период в истории Земли, когда большие территории суши были покрыты льдом; гляциальный период.

**Лен** Растение, из стеблей которого получают прядильное волокно, идущее на изготовление льняной ткани.

**Личинка Уитчетти** Гусеница древоточца пахучего, употребляемая в пищу аборигенами-австралийцами.

**Лодка-долбленка** Челнок вроде каноэ, выдолбленный из ствола дерева.

**Лучковая дрель** Орудие, использовавшееся для просверливания отверстий в костях и раковинах, а также для разведения огня путем нагревания при трении.

## М

**Мамонт** Вымершее животное, очень похожее на слона.

*Мамонт*

**Мегалиты** Большой каменный монумент.

**Мезолит** (среднекаменный век) Период, начавшийся около 12 тыс. лет тому назад и завершившийся с распространением земледелия.

**Мена** Обмен товарами одного на другой.

**Месопотамия** Плодородный район между реками Тигр и Евфрат, в котором возникли первые города мира.

*Неандертальская женщина*

## Н

**НЕАНДЕРТАЛЬЦЫ** Подвид *Homo sapiens*, первые люди, которые погребали своих мертвых.

**НЕОЛИТ** (новокаменный век) Период, начавшийся около 10 тыс. лет тому назад и продлившийся до широкого распространения металлообработки.

**НОМАДЫ** Группа людей, кочующая с места на место; кочевники.

## О

**ОХОТНИК-СОБИРАТЕЛЬ** Человек, который живет охотой на диких животных и собиранием растительной пищи.

**ОХРА** Разновидность желтой или красной почвы, используемая в качестве пигмента (красителя) для изготовления краски.

## П

**ПАЛЕОЛИТ** (древнекаменный век) Период, начавшийся около 2 млн лет тому назад, когда были изготовлены первые каменные орудия.

**ПАЛОЧКА-КАЛЕНДАРЬ** Кусок древесины или кости, на котором делали насечки (зарубки), чтобы вести счет предметам или дням.

**ПЛЕМЯ** Группа людей, имеющих общий язык и образ жизни.

**ПРЕДОК** Член той же семьи, давно умерший.

**ПРОХОДНОЙ МОГИЛЬНИК** Общинное захоронение, состоящее из могильного холма; к находящейся внутри погребальной камере ведет длинный проход (галерея).

## Р

**РАДИОКАРБОННОЕ ДАТИРОВАНИЕ** Весьма точный метод датирования предметов; радиоуглеродное датирование.

**РЕЗЕЦ** Кремневое орудие наподобие зубила.

**РОД** Группа людей, связанных между собой родством или браком.

**РУЧНОЙ ТОПОР** Тяжелое орудие, которое вкладывалось в руку.

*Ручной топор*

## С

**СЕРП** Орудие с изогнутым лезвием, которым жали колосья.

**СИМВОЛ** Знак на рисунке или на камне, имеющий особое значение.

**СУХОПУТНЫЙ МОСТ** Полоса суши, которая связывает между собой два массива суши.

## Т

**ТЕСЛО** Орудие для обстругивания древесины, с лезвием, расположенным под прямым углом к рукоятке.

**ТИПИ** Коническая палатка (разновидность вигвама), жилище кочевых североамериканских индейцев.

**ТОПОРИЩЕ** Рукоятка топора.

*Палочка-календарь*

**ТРАВУА** Платформа для груза, сделанная из связанных между собой жердей. Ее тащил человек или привязывали к спине собаки или лошади.

**ТРЕПАНАЦИЯ** Проделывание отверстия в черепной коробке человека. Практиковалась в доисторические времена с целью выпустить болезнь из тела.

**ТРУТ** Сухой материал, быстро воспламеняющийся при попадании искры.

**ТУНДРА** Безлесный район вечной мерзлоты. Суровые зимы сменяются коротким летним периодом растительности.

## У

**УМИАК** Гребная лодка из китового уса, обтянутая шкурой моржа и обработанная тюленьим жиром для придания водонепроницаемости. Имела один-единственный парус и использовалась эскимосами для охоты на китов.

## Ф

**ФИГУРКА ВЕНЕРЫ** Небольшая статуэтка женщины. Обычно изображается с большими бедрами, грудями и ягодицами и округлым животом. Этим фигуркам, вероятно, поклонялись как символам плодородия или изобилия, или носили их в качестве амулета для привлечения удачи.

*Фигурка Венеры*

## Х

**ХЕНДЖ** Полукруглый монумент, возведенный из древесины или камня.

## Ш

**ШАМАН** Знахарь, наделенный властью исцелять и общаться с духами.

**ШЕРСТИСТЫЙ НОСОРОГ** Вымершее доисторическое млекопитающее.

**ШИЛО** Небольшое заостренное орудие, используемое для прокалывания отверстий в шкурах.

## Э

**ЭВОЛЮЦИЯ** Изменения, которые происходят у животного или растительного вида за миллионы лет, по мере его усложнения.

# Древний
# Египет

ЕГИПЕТСКАЯ ЦИВИЛИЗАЦИЯ, СФОРМИРОВАВШАЯСЯ 5 ТЫС. ЛЕТ
ТОМУ НАЗАД ВДОЛЬ ПЛОДОРОДНЫХ БЕРЕГОВ РЕКИ НИЛ, БЫЛА
ОДНОЙ ИЗ САМЫХ БОГАТЫХ И ИЗОБРЕТАТЕЛЬНЫХ В ИСТОРИИ.
ЭТО БЫЛА ЯРКАЯ ЦИВИЛИЗАЦИЯ, ЧЕЙ БЛЕСК ОПРЕДЕЛЯЛСЯ БУРНОЙ
ТОРГОВЛЕЙ, ГОРДОСТЬЮ И СИЛОЙ ФАРАОНОВ, И РЕЛИГИЕЙ, НАСЕЛЕННОЙ
БОГАМИ В ОБЛИКЕ ЖИВОТНЫХ. НЕВИДАННЫЕ СКАЧКИ ВПЕРЕД БЫЛИ
СДЕЛАНЫ В МЕТОДАХ СТРОИТЕЛЬСТВА, В РЕМЕСЛЕННОЙ ОБРАБОТКЕ
ДРАГОЦЕННЫХ МЕТАЛЛОВ И КАМНЕЙ, ИСКУССТВЕ И ПИСЬМЕННОСТИ.
БЫЛИ ПОСТРОЕНЫ ОГРОМНЫЕ ГРОБНИЦЫ И ПИРАМИДЫ,
ПОТРЕБОВАВШИЕ НЕИМОВЕРНОЙ ЦЕНЫ И ВМЕСТИВШИЕ
БЕСЦЕННЫЕ СОКРОВИЩА И СЛОЖНО ЗАБАЛЬЗАМИРОВАННЫЕ
МУМИИ. ВЕЛИКОЛЕПИЕ ДРЕВНЕГО ЕГИПТА
ПРОДЛИЛОСЬ СВЫШЕ 3 ТЫС. ЛЕТ.

# Царство на берегах Нила

**Е**ГИПЕТ – СТРАНА на перекрестке Африки, Европы и Азии. Если бы мы могли вернуться на 5 тыс. лет назад, мы обнаружили бы удивительную цивилизацию – царство древних египтян.

Большая часть Египта состоит из знойных песчаных пустынь. Их пересекает река Нил, которая, извиваясь, держит путь на север к Средиземному морю. Каждый год паводки покрывают берега Нила илом. Растения хорошо растут в этой богатой почве, и 8 тыс. лет назад здесь сажали посевы первые земледельцы. Богатство, полученное от земледелия, привело к занятию торговлей и строительству городов. К 3100 г. до н. э. в Египте возникла мощная держава, во главе которой стояла царская династия.

Древний Египет просуществовал более 3 тыс. лет, дольше даже, чем Римская империя. От этого периода до нас дошли пирамиды, храмы и памятники материальной культуры, которые рассказывают нам о том, какой была жизнь в стране фараонов.

## Око Гора

Этот символ можно увидеть на многих памятниках египетской культуры. Это око бога Гора (Хора).

## Удивительные находки

В 1922 году английский археолог Говард Картер сделал поразительное открытие. Он нашел гробницу юного фараона Тутанхамона. Ни одна находка в Египте не дала столько исторических свидетельств, сколько дало обнаружение этой хорошо сохранившейся гробницы.

## Жизнь на берегах Нила

Рисунки из гробницы рассказывают нам о том, как протекала жизнь в Древнем Египте. На этих рисунках люди поливают и собирают свой урожай, используя воду из Нила.

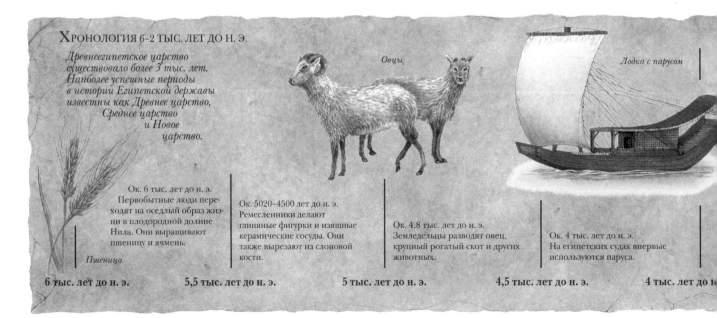

## Хронология 6–2 тыс. лет до н. э.

*Древнеегипетское царство существовало более 3 тыс. лет. Наиболее успешные периоды в истории Египетской державы известны как Древнее царство, Среднее царство и Новое царство.*

*Овцы*

*Лодка с парусом*

Ок. 6 тыс. лет до н. э. Первобытные люди переходят на оседлый образ жизни в плодородной долине Нила. Они выращивают пшеницу и ячмень.

*Пшеница*

Ок. 5020–4500 лет до н. э. Ремесленники делают глиняные фигурки и изящные керамические сосуды. Они также вырезают из слоновой кости.

Ок. 4,8 тыс. лет до н. э. Земледельцы разводят овец, крупный рогатый скот и других животных.

Ок. 4 тыс. лет до н. э. На египетских судах впервые используются паруса.

6 тыс. лет до н. э.　　5,5 тыс. лет до н. э.　　5 тыс. лет до н. э.　　4,5 тыс. лет до н. э.　　4 тыс. лет до н

## ЕГИПЕТСКАЯ ДЕРЖАВА

Эта карта сегодняшнего Египта показывает, где были важные города и стоянки в древние времена. Древние египтяне жили преимущественно вдоль берегов реки Нил и на зеленых плодородных землях Дельты. В течение веков египтяне построили множество внушительных храмов в честь своих богов и загадочные гробницы для своих мертвых. Большинство этих храмов и гробниц были построены поблизости от важнейших городов – Мемфиса и Фив.

## ПАМЯТНИКИ ПУСТЫНИ

На нас смотрит лицо великого фараона Рамсеса II. Гигантские статуи Рамсеса были частью храма, высеченного в горной породе в Абу-Симбеле в 1269 г. до н. э. В 1960-х годах статуи пришлось приподнять, – новая плотина в Асуане превратила эту часть Нила в водохранилище. Храмы, гробницы и статуи, вроде тех, что находятся в Абу-Симбеле, стоят в сухой и жаркой пустыне уже тысячи лет. С недавнего времени многие памятники начали разрушаться вследствие загрязнения воздуха вокруг современных городов, таких, как Луксор.

---

Ок. 4–3,5 тыс. лет до н. э. Возводятся тростниковые усыпальницы.

Из камня-сырца сооружаются первые здания.

Ремесленники расписывают первые стены и изготавливают каменные статуи.

*Один из более чем 750 иероглифических символов египетской системы письма*

Ок. 3,4 тыс. лет до н. э. В Египте возводятся обнесенные стенами города.

3,1 тыс. лет до н. э. В Египте правит первая из великих царских династий. Начинается Ранний династический период.

Царь Нармер объединяет Египет. Он создает столицу в Мемфисе.

Египтяне используют иероглифы.

*Ступенчатая пирамида*

2686 г. до н. э. Период Древнего Царства.

2667 г. до н. э. Джосер становится фараоном.

2650 г. до н. э. В Саккара построена ступенчатая пирамида.

2600 г. до н. э. Пирамида построена в Майдуме.

2589 г. до н. э. Хуфу (Хеопс) становится фараоном. Позднее он строит Великую пирамиду в Гизе.

*Большой сфинкс*

Ок. 2500 г. до н. э. Умирает Хафра (Хефрен), сын Хуфу. Во времена его правления в Гизе был построен Большой сфинкс.

2181 г. до н. э. Древнее царство завершается.

Начинается Переходный период. У власти мелкие цари.

тыс. лет до н. э. | 3,5 тыс. лет до н. э. | 3 тыс. лет до н. э. | 2,5 тыс. лет до н. э. | 2 тыс. лет до н. э.

75

# Великая цивилизация

ИСТОРИЯ ДРЕВНЕГО ЕГИПТА началась примерно 8 тыс. лет назад, когда земледельцы стали выращивать урожаи и разводить животных в долине Нила. Примерно к 3400 г. до н. э. египтяне строили обнесенные стенами города. Вскоре после этого северная часть страны (Нижний Египет) была объединена с землями вверх по течению (Верхний Египет), образовав с ними одно государство под властью единого царя. Столицей этого нового царства стал Мемфис.

Первый великий период египетской цивилиазции называется Древним царством. Он длился с 2686 г. до н. э. по 2181 г. до н. э. Именно в этот период фараоны построили большие пирамиды, массивные островерхие гробницы, которые возвышаются в пустыне и поныне.

Во времена Среднего царства (2050–1786 гг. до н. э.) столица была перенесена в южный город Фивы. Египтяне захватили контроль над Нубией и расширили район обрабатываемых земель. Несмотря на этот период успеха, правление царских династий Древнего Египта прерывалось иногда смутными временами. В 1663 г. до н. э. власть над страной перешла в руки иноземцев. Гиксосы – союз азиатских племен – правили Египтом почти 100 лет.

В 1567 г. до н. э. гиксосы были изгнаны правителями Фив. Фиванцы создали Новое царство. Это был высочайший момент в истории египетской цивилизации. Торговцы и воины путешествовали в Африку, Азию и страны Средиземноморья. Однако к 525 г. до н. э. могущество египтян окончилось, и Египет стал частью Персидской державы. В 332 г. до н. э. власть перешла к грекам. Наконец, в 30 г. до н. э. покорение стало полным, когда Египет оказался под властью Римской империи.

АФРИКА

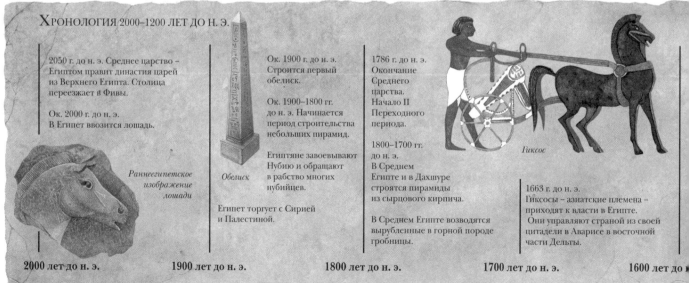

ХРОНОЛОГИЯ 2000–1200 ЛЕТ ДО Н. Э.

2050 г. до н. э. Среднее царство – Египтом правит династия царей из Верхнего Египта. Столица переезжает в Фивы.

Ок. 2000 г. до н. э. В Египет ввозится лошадь.

*Раннеегипетское изображение лошади*

Ок. 1900 г. до н. э. Строится первый обелиск.

Ок. 1900–1800 гг. до н. э. Начинается период строительства небольших пирамид.

Египтяне завоевывают Нубию и обращают в рабство многих нубийцев.

Египет торгует с Сирией и Палестиной.

*Обелиск*

1786 г. до н. э. Окончание Среднего царства. Начало II Переходного периода.

1800–1700 гг. до н. э. В Среднем Египте и в Дахшуре строятся пирамиды из сырцового кирпича.

В Среднем Египте возводятся вырубленные в горной породе гробницы.

*Гиксос*

1663 г. до н. э. Гиксосы – азиатские племена – приходят к власти в Египте. Они управляют страной из своей цитадели в Аварисе в восточной части Дельты.

2000 лет до н. э.     1900 лет до н. э.     1800 лет до н. э.     1700 лет до н. э.     1600 лет до н

ЕВРОПА

Микенское царство

Хеттское царство

*Битва при Кадеше*

Минойский Крит

Средиземное море

Библ.

ЛЕВАНТ

Мегиддо.

СИРИЯ

Иерусалим.

Аварис

ПАЛЕСТИНА

Нижний Египет

Мемфис

Синайский п-ов

АЗИЯ

МЕСОПОТАМИЯ

Египет

Нил

Западная пустыня

Фивы.

Верхний Египет

Красное море

Аравия

СЕВЕР

**КАРТА БЛИЖНЕГО ВОСТОКА**
В 1279 г. до н. э., в период расцвета Нового царства, Египет был ведущей державой на Ближнем Востоке. Страна была процветающей и богатой, торговала с Минойским Критом, Сирией, Левантом и Нубией. Тем не менее ей приходилось отражать угрозы врагов, таких, как хетты.

НУБИЯ.

Ок. 1567 г. до н. э. Гиксосы повержены египетскими правителями из южного города Фивы.

1550 г. до н. э. Основание Нового царства. В Долине царей строятся царские гробницы.

1525 г. до н. э. Аменхотеп становится фараоном.

1500 г. до н. э. Возникновение поселения в Дейр-эль-Медина, неподалеку от Долины царей.

*Тутмос III*

1498 г. до н. э. Царица Хатшепсут правит вместе с царем-ребенком Тутмосом III.

1483 г. до н. э. Смерть Хатшепсут.

1478 г. до н. э. Непокорный правитель Кадеша повержен Тутмосом III в битве при Мегиддо на Ближнем Востоке.

*картуш Тутанхамона*

*Эхнатон*

1379 г. до н. э. Эхнатон вводит поклонение солнечному богу Атону в качестве единственной религии. Новой столицей становится Эль-Амарна.

Ок. 1334 г. до н. э. Сменхкара, преемник Эхнатона, переводит столицу обратно в Мемфис.

1325 г. до н. э. В Долине царей погребают Тутанхамона.

1291 г. до н. э. К власти приходит Сети I. Он строит Гипостильный зал в Карнаке.

*Рамсес II*

1279 г. до н. э. Рамсес II становится фараоном.

1274 г. до н. э. Рамсес II повергает хеттов в битве при Кадеше.

600 лет до н. э.    1500 лет до н. э.    1400 лет до н. э.    1300 лет до н. э.    1,2 тыс. лет до н. э.

# Знаменитые фараоны

На ПРОТЯЖЕНИИ ТЫСЯЧЕЛЕТИЙ в Древнем Египте правили царские династии. Нам многое известно о фараонах и царицах из этих великих династий по их пышным гробницам и памятникам, воздвигнутым в их честь.

Первым правителем Египта был царь Нармер, который объединил страну около 3100 г. до н. э. Поздние фараоны, как, например, Джосер и Хуфу, вошли в историю благодаря великим пирамидам, которые они выстроили в качестве своих гробниц.

Фараоны обычно наследовали трон благодаря царскому происхождению. Однако в некоторых случаях к власти приходили военачальники, как например, Хоремхеб. И хотя правителями Египта традиционно были мужчины, несколько могущественных женщин были сделаны фараонами. Наиболее знаменитая из них – греческая царица Клеопатра, которая правила Египтом в 51 г. до н. э.

### ХАФРА
(правил 2558–2532 гг. до н. э.)
Хафра (Хефрен) – сын фараона Хуфу. Он остался в истории благодаря своей великолепной гробнице, пирамиде в Гизе и Большому сфинксу, который ее охраняет.

### АМЕНХОТЕП I
(правил 1525–1504 гг. до н. э.)
Фараон Аменхотеп возглавлял египетскую армию в походах в Нубию. Он также основал деревню работников в Дейр-эль-Медина.

### ХАТШЕПСУТ
(правила 1498–1483 гг. до н. э.)
Хатшепсут была единокровной сестрой и женой Тутмоса II. Когда ее муж умер, ее назначили править Египтом до достижения зрелого возраста ее малолетним пасынком Тутмосом III. Однако царица Хатшепсут была честолюбивой и короновалась сама, сделавшись фараоном. Хатшепсут знаменита своими торговыми экспедициями в страну Пунт. Стены ее храма в Дейр-эль-Бахри повествуют об этих экзотических путешествиях.

## ХРОНОЛОГИЯ 1200 Г. ДО Н. Э. – 1960 Г. Н. Э.

1198 г. до н. э. На Египет нападают народы Средиземноморья.

1182 г. до н. э. К власти приходит Рамсес III, последний великий фараон-воин. Он наносит поражение народам Средиземноморья.

1151 г. до н. э. Смерть последнего великого фараона Рамсеса III.

Ок. 1070 г. до н. э. Окончание Нового царства. Начало III Переходного периода.

*Рамсес III*

900–700 гг. до н. э. Краткие периоды спокойствия между завоеваниями иноземными армиями.

671 г. до н. э. Ассирийцы завоевывают Египет вплоть до Мемфиса.

*Дарий I*

525 г. до н. э. Начало Последнего династического периода.

525 г. до н. э. Египет становится частью Персидской державы.

332 г. до н. э. Египет завоевывается Александром Македонским и оказывается под властью греческих царей. Строится Александрия.

305 г. до н. э. Птолемей I, полководец в армии Александра Македонского, берет власть после его смерти.

51 г. до н. э. В Египте правит Клеопатра VII, дочь Птолемея XII.

*Клеопатра VII*

*Александр Македонский*

30 г. до н. э. Египет становится частью Римской империи при императоре Августе.

1200 лет до н. э.    900 лет до н. э.    600 лет до н. э.    300 лет до н. э.    0 г. н. э.

## ТУТАНХАМОН
(правил 1334–1325 гг. до н. э.)
Этот фараон взошел на трон, когда ему было всего девять лет. Он умер в возрасте 18 лет. Тутанхамон остался в истории благодаря своей гробнице в Долине царей, которая содержала удивительные сокровища.

## ТУТМОС III
(правил 1479–1425 гг. до н. э.)
Тутмос III остался в истории как храбрый царь-воин. Он вел многочисленные военные кампании против Сирии на Ближнем Востоке. Летописи того времени повествуют о том, что Тутмос бесстрашно шел в бой во главе своей армии, не заботясь о собственной безопасности. Он одержал знаменитую победу при Мегиддо, а после при Кадеше. Тутмос III был погребен в Долине царей.

## ЭХНАТОН
(правил 1379–1334 гг. до н. э.)
Египтяне верили во многих богов. Однако когда к власти пришел Эхнатон, он ввел поклонение одному богу – солнечному диску Атону. Он перевел столицу из Мемфиса в Ахетатон (ныне известный как Эль-Амарна). Его главной женой была красавица царица Нефертити.

## РАМСЕС II
(правил 1279–1212 гг. до н. э.)
Один из самых знаменитых фараонов, Рамсес II был сыном Сети I. Он выстроил множество прекрасных храмов и нанес поражение хеттам в Кадешской битве в 1274 г. до н. э. Главной женой Рамсеса была Нефертари. Рельефы с изображением этой изящной царицы можно увидеть на храме Рамсеса II в Абу-Симбеле. Рамсес прожил долгую жизнь и умер в возрасте 92 лет. Он был погребен в Долине царей.

Римские солдаты

324 г. н. э. Египет официально обращается к христианству, заменяя все храмы коптскими церквями и монастырями.

395 г. н. э. Окончание Римского периода в Египте. Христианство распространяется по всей стране.

Христианский крест

641 г. н. э. Арабские захватчики приносят в Египет ислам.

641 г. н. э. Ислам становится государственной религией, а арабский язык – официальным языком. Новый город аль-Кахира становится столицей Каиром.

1517 г. н. э. Египет завоевывают турки. Вплоть до 1960-х годов страной управляют неегиптяне.

Мечеть Куббет-ас-Сахра («Купол над скалой») в Иерусалиме, важный центр исламской религии

| 0 г. н. э. | 300 лет н. э. | 600 лет н. э. | 1000 лет н. э. | 1960 г. н. э. |

# Страна богов

## Гор

Гор – бог-сокол – был сыном Исиды. Он являлся небесным божеством и покровителем царствующего фараона. Имя Гора означало «Тот, кто далеко вверху». Здесь он держит «анх», символ жизни. Держащий «анх» имел власть даровать или отбирать жизнь. Этот символ позволялось носить только фараонам и богам.

Древние египтяне верили, что упорядоченный мир, в котором они жили, был создан из ничего. Хаос и тьма могли вернуться в любой момент, если не соблюдать надлежащие религиозные обряды. Дух богов обитал в фараонах, которых почитали царями-богами. Они присматривали за повседневным миром вместо богов. В Древнем Египте поклонялись более 2000 богов. Многие божества были связаны с определенной местностью. Могущественный Амон был божеством Фив. Некоторые божества выступали в облике животных – так, бог водной пучины Себек был крокодилом. Боги были также связаны с ремеслами и занятиями. Богиня-гиппопотам Таварет отвечала за младенцев и роды.

Многие рядовые египтяне мало что понимали в религии двора и знати. Они верили в магию, местных духов и суеверия.

## Цветок лотоса

Лотос был очень важным цветком для египтян. Этот священный символ служил олицетворением Верхнего Египта.

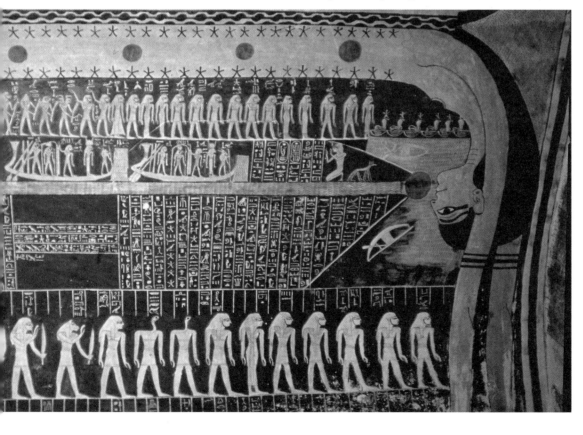

## Богиня Нут

Нут, покрытая звездами, была богиней небесного свода. Она нередко изображается перекинувшейся через небосвод. Египтяне считали, что каждый вечер Нут проглатывала солнце и рождала его на следующее утро. Она была женой Геба, бога земного начала, и родила богов Исиду и Осириса.

## ФИВАНСКИЙ БОГ АМОН

Изначально Амон был божеством города Фивы. Позднее он стал популярным во всем Египте как бог-творец. Ко времени Нового царства Амон был объединен с другими могущественными богами, как, например, Ра, солнечным божеством, и сделался известным под именем Амона-Ра. Он считался самым могущественным богом из всех. Иногда Амон изображается в виде барана.

## СВЯЩЕННЫЕ ЖУКИ

Скарабеи – жуки, считавшиеся древними египтянами священными. Глиняные или каменные скарабеи использовались в качестве амулетов, печатей или украшений для перстней. На основании таких скарабеев были нередко выгравированы истории, повествующие о каком-то великом событии.

## ОСИРИС, ЦАРЬ ПОДЗЕМНОГО МИРА

Великий бог Осирис стоит в царском облачении. Он был одним из важнейших богов в Древнем Египте, хозяином жизни и загробного мира. Он также был божеством земледелия. Египетские легенды повествуют о том, что Осирис был умерщвлен и разрезан на куски его братом Сетхом, богом хаоса. Анубис, бог бальзамирования с головой шакала, собрал куски, а его сестра Исида вернула Осириса к жизни.

## МУМИИ КОШЕК

Начиная с Древнего царства и дальше египтяне поклонялись богам в образе животных. Считалось, что богиня-кошка Баст была дочерью великого солнечного бога Ра. Кошки были настолько священными для египтян, что в какой-то период многих из них бальзамировали, заворачивали в льняные бинты и хранили в виде мумий. Полагают, что бронзовые фигурки кошек и эти мумифицированные кошки были оставлены в качестве приношений Баст в посвященном ей храме.

## КОШКА-МИУ

Кошки были священными животными в Древнем Египте. У них даже было собственное божество! Любовь египтян к кошкам восходит к первобытным земледельцам, которые приручили кошек для защиты урожаев зерна от мышей. Кошки скоро сделались популярными домашними животными. Египетским словом для обозначения кошки было слово «миу», что очень похоже на наше «мяу»!

# Жрец, правитель и бог

### КРЮК И КНУТ
Эти эмблемы бога Осириса сделались атрибутами царской власти. Крюк олицетворял царский сан, а кнут – плодородие страны.

*Кнут*

*Крюк*

**С**ЛОВО ФАРАОН происходит от египетского «пер-о», что означало «великий дом» или «дворец». Позднее оно стало обозначать человека, который жил во дворце, правителя. Рисунки и статуи изображают фараонов с особыми атрибутами царской власти, такими, как короны, головные платки, накладные бороды, скипетры и крюк с кнутом, которые держатся в каждой руке.

Фараон был самым важным человеком в Египте. В качестве правителя-бога он являлся посредником между народом и его богами. Поэтому его нужно было защищать и оберегать. У фараона было много дел. Он был верховным жрецом, главным законодателем, главнокомандующим армии и распорядителем богатства страны.

К тому же ему приходилось быть ловким политиком. Древние египтяне верили, что после своей смерти фараон становился собственно богом.

Фараонами были обычно мужчины, однако царицы иногда правили Египтом, если фараон был слишком мал. Фараон мог иметь несколько жен. В царских семьях были нередки браки отца с дочерью и брата с сестрой. Иногда фараоны брали себе в жены иноземных цариц, чтобы заключить союз с другой страной.

## БОЖЕСТВЕННАЯ МАТЬ ФАРАОНОВ
Хатхор почиталась божественной матерью каждого фараона. Здесь она изображается приветствующей фараона Хоремхеба в загробной жизни. Хоремхеб был вельможей, ставшим блестящим военачальником. В 1323 г. до н. э. он был провозглашен фараоном.

## СДЕЛАЙТЕ КОРОНУ

*Вам потребуется:* 2 листа картона формата А1 (красного и белого цвета), карандаш, линейка, ножницы, бумажный скотч, картонная катушка, бинт, клей ПВА и кисть, акриловая краска (белая, золотистая), кисточка, бусины, шпажка, емкость с водой и кисть.

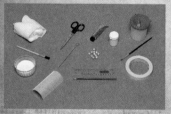

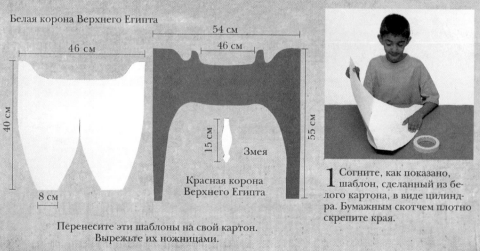

Белая корона Верхнего Египта

46 см

40 см

8 см

54 см

46 см

15 см

Змея

55 см

Красная корона Верхнего Египта

Перенесите эти шаблоны на свой картон. Вырежьте их ножницами.

**1** Согните, как показано, шаблон, сделанный из белого картона, в виде цилиндра. Бумажным скотчем плотно скрепите края.

## РАМСЕС ВСТРЕЧАЕТСЯ С БОГАМИ

На этой росписи изображается встреча умершего фараона Рамсеса I с богами Гором *(слева)* и Анубисом *(справа)*. Фараонам надлежало благополучно пройти через загробный мир, в противном случае оборвалась бы связь между богами и миром.

## ХРАМ ЦАРИЦЫ

Этот грандиозный храм *(внизу)* был построен в честь царицы Хатшепсут. Он стоит у подножия высоких скал в Дейр-эль-Бахри, на западном берегу Нила недалеко от Долины царей. По приказу царицы храм возводился в качестве места приготовления ее тела к погребению. Пирамиды, гробницы и храмы были важными символами власти в Египте. Строя этот храм, Хатшепсут хотела остаться в памяти людей как самостоятельный правитель.

## ХАТШЕПСУТ

Женщина-фараон была столь необычным явлением, что на изображениях царица Хатшепсут предстает со всеми знаками отличия мужчины-царя, включая накладную бороду! Здесь она облачена в царскую корону. Кобра на короне является эмблемой Нижнего Египта.

*Двойная корона, которую носили фараоны, называлась «пшентом». Она символизировала единство двух царств. Белая часть вверху («хеджет») олицетворяла Верхний Египет, а красная внизу («дешрет») означала Нижний Египет.*

**2** Вставьте в отверстие вверху картонную катушку и закрепите ее скотчем. В катушку вложите шарик из бинта. Закрепите бинт скотчем, а края приклейте.

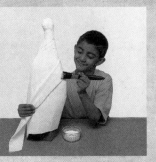

**3** Обмотайте белую часть короны бинтом. Нанесите на него смесь белой краски и клея в равных пропорциях. Оставьте корону для просушки в теплом месте.

**4** Теперь возьмите шаблон, сделанный из красного картона. Туго оберните им, как показано, белую часть и скрепите края скотчем.

**5** Теперь покрасьте змею золотистой краской, в качестве глаз приклеив бусины. Когда змея высохнет, прочертите линии поперек ее тела. Согните змею и приклейте, как показано, к короне.

# Двор и знать

**Е**ГИПЕТСКИЕ ДВОРЦЫ представляли собой обширные комплексы. Они включали великолепные общественные здания, где фараон встречал иностранных правителей и проводил важные церемонии. Члены царской семьи жили в роскоши в красивых особняках с расписными стенами и мозаичными полами недалеко от дворца.

Управляющие областями Египта также жили по-царски, и фараонам приходилось следить за тем, чтобы они не стали слишком богатыми и могущественными. Царский двор включал огромное число чиновников и царских советников. Тут были законоведы, архитекторы, податные чиновники, жрецы и военачальники. Самым важным придворным сановником из всех был везир, который исполнял за фараона многие его обязанности.

Чиновники и знать принадлежали к верхушке египетского общества. Однако большая часть тяжелой работы, благодаря которой функционировало государство, выполнялась купцами и ремесленниками, земледельцами, чернорабочими и рабами.

**ДАМЫ ИЗ ВЫСШЕГО СВЕТА**
Яхмос-Нефертари была женой Яхмоса I. Она держит в руках цветок лотоса и кнут. Цари могли брать много жен, и у них нередко также был гарем красивых женщин.

**САНОВНИК И ЕГО ЖЕНА**
Эта известняковая статуя изображает неизвестную чету из Фив. Мужчина, вероятно, имел уважаемую должность – врача, правительственного чиновника или инженера. Знатные женщины не работали, но были вполне независимыми. Любое имущество, которое жена приносила в брак, оставалось ее собственностью.

**ВЕЛИКОЛЕПИЕ ДВОРА**
Это тронный зал дворца Рамсеса III в Мединет-Абу, на западном берегу Нила недалеко от Фив. У фараонов нередко было много дворцов, и Мединет-Абу был не самым большим дворцом Рамсеса III. Сохранившиеся фрагменты изразцов и интерьера позволяют представить то великолепие, которое, очевидно, являл собой царский двор. Считается даже, что комната по одну из сторон от тронного зала представляет собой древний вариант душевой кабины!

## Отдых

Анхерхау *(вверху)*, богатый надсмотрщик за рабочими, отдыхает дома со своей женой. Они слушают арфиста. У тех, кто мог себе это позволить, жизнь была приятной. У царей и вельмож были танцоры, музыканты и акробаты, которые их развлекали. На кухнях у них повара готовили роскошные обеды. Обычные же люди довольствовались простой пищей, редко ели мясо, если не считать мелких животных, которых они ловили сами.

## Уход

ЗА ВОЛОСАМИ Царской семье прислуживала домашняя челядь, которая исполняла каждое их желание. Здесь *(слева)* личная служанка укладывает причёску молодой царице Кавит, жене фараона Ментухотепа II. И хотя многие служанки в богатых домах были рабами, немалое число слуг были свободными. Это означало, что они имели право в любой момент уйти от своего работодателя.

# Города, дома и сады

**В**ЕЛИКИЕ ГОРОДА Древнего Египта, вроде Мемфиса и Фив, строились вдоль берегов Нила. Вокруг них беспорядочным образом возникали небольшие города. Кроме того, вокруг погребальных мест и храмов возводились особые строительные городки, вроде Дейр-эль-Медина, в которых жили занятые на строительстве рабочие.

Египетские города защищали толстые стены, а улицы пересекались под прямым углом, образуя как бы решетку, и планировались на основе координатной сетки. Прямые грунтовые дороги имели идущий посредине каменный сток – отводную канаву. В одних частях города находились дома важных чиновников, в других – жилища ремесленников и бедняков.

Лишь храмы строились на века. Их возводили из камня. Для сооружения всех остальных построек – от царских дворцов до жилищ работников – использовался кирпич-сырец. В домах большинства египтян крышу подпирали пальмовые бревна, а полы были сделаны из утрамбованной земли. В домах состоятельных египтян стены иногда были оштукатурены и расписаны. Их жилища состояли из спален, гостиных, кухонь в крытых соломой дворах и мастерских. Обстановка домов включала кровати, стулья, скамьи и лавки. По вечерам, когда спускалась прохлада, люди сидели на плоских крышах или прогуливались и беседовали в прохладных затененных садах.

## Сад Нахта

Царский писец Нахт и его жена совершают вечернюю прогулку по своему саду. Спокойные воды пруда окружают деревья и кустарники. В египетских садах росли финиковые пальмы, гранаты, виноградные лозы, пунцовые маки, голубые и розовые цветы лотоса. Художники в Древнем Египте показывали предметы на одном и том же изображении с разных углов, потому деревья вокруг пруда Нахта выглядят плоскими.

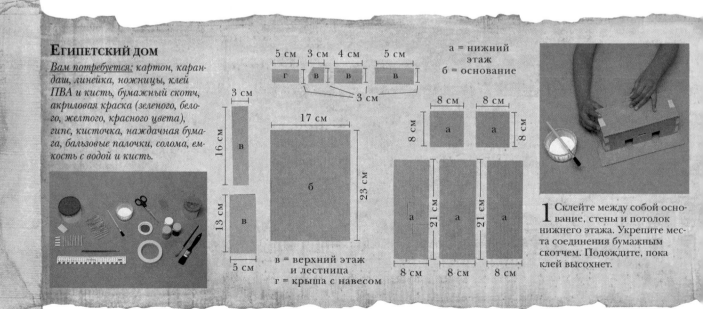

### Египетский дом

*Вам потребуется:* картон, карандаш, линейка, ножницы, клей ПВА и кисть, бумажный скотч, акриловая краска (зеленого, белого, желтого, красного цвета), гипс, кисточка, наждачная бумага, бальзовые палочки, солома, емкость с водой и кисть.

5 см   3 см   4 см   5 см

г   в   в   в

3 см

3 см

16 см — в

13 см — в

5 см

17 см

б — 23 см

в = верхний этаж и лестница
г = крыша с навесом

а = нижний этаж
б = основание

8 см   8 см

8 см — а   а — 8 см

21 см — а   а — 21 см   а — 21 см

8 см   8 см   8 см

**1** Склейте между собой основание, стены и потолок нижнего этажа. Укрепите места соединения бумажным скотчем. Подождите, пока клей высохнет.

## ВЫШЕ УРОВНЯ ПАВОДКА

Дома богатых людей нередко строились на платформах, чтобы сырость не просачивалась сквозь стены из сырцового кирпича. Это к тому же позволяло обезопасить свое жилище от любого наводнения.

## КИРПИЧ-СЫРЕЦ

Египтяне делали сырцовые кирпичи из густой глинистой почвы, остававшейся на берегах Нила после его разливов. Глину доставляли в кирпичную мастерскую и смешивали с водой, щебнем и рубленой соломой. Кирпич-сырец и по сей день используется в качестве материала для строительства домов в Египте и изготавливается тем же способом.

*Солома*

*Глинистый ил*

## ЗАУПОКОЙНЫЕ ДОМИКИ

Глиняные модели дают нам представление о том, как выглядели жилища небогатых египтян. Во времена Среднего царства эти заупокойные домики оставлялись в качестве поминального приношения. Египтяне клали еду во дворик домика, чтобы душа человека могла питаться после смерти.

## ПРОИЗВОДСТВО КИРПИЧЕЙ

Группа работников делает кирпичи. Сперва ил собирался в кожаные бурдюки и доставлялся на строительную площадку. Там он смешивался с соломой и щебнем. Под конец смесь выкладывали в форму. На этом этапе на кирпичах иногда делали оттиск с именем фараона или названием сооружения, для которого они изготовлялись. После чего их оставляли на несколько дней сушиться на солнцепеке, а затем переносили в клетках.

*В египетских домах было большое главное помещение, которое выходило прямо на улицу. Во многих жилищах лестница вела на крышу. Люди нередко спали там в жаркую погоду.*

**2** Теперь склейте верхний этаж и лестницу. Вновь укрепите места соединения бумажным скотчем. Когда верхний этаж высохнет, приклейте его к нижнему этажу.

**3** Вклейте бальзовые колонны в проем верхнего этажа. Когда дом высохнет, покройте его жидким гипсом. Покрасьте колонны красным или другим цветом на ваш выбор.

**4** Выкрасьте весь дом цветом высохшего ила. Затем нарисуйте зеленую полосу вдоль фасада. Чтобы добиться ровных краев, используйте бумажный скотч. Пройдитесь наждачной бумагой по всем шероховатым местам.

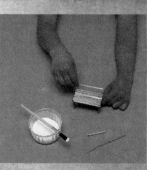

**5** Теперь сделайте навес для крыши. В качестве стойки для навеса используйте бальзовые подпорки. Сам навес можно сделать из картона, наклеив на него солому. Приклейте навес к крыше.

# Умелые мастеровые

В ДРЕВНЕМ ЕГИПТЕ квалифицированные мастеровые составляли средний класс, находившийся между бедными чернорабочими и богатыми чиновниками и вельможами. Настенные рисунки и модели изображают ремесленников вырезающими из камня или древесины, изготавливающими глиняную посуду или обрабатывающими драгоценные металлы. Были еще судостроители и изготовители колесниц.

Художники и ремесленники могли получать неплохое вознаграждение за свое умение, а некоторые приобретали известность своей работой. В 1912 году в Эль-Амарне в результате раскопок были извлечены на свет дом и мастерская скульптора по имени Тутмос. Он добился больших успехов в своей деятельности и был любимцем царской семьи.

Ремесленники часто жили в собственной части города. В Дейр-эль-Медина, недалеко от Фив, для строителей величественных, но секретных царских гробниц была построена специальная деревня. Среди сотни домов археологи нашли там накладные на товары, схемы и чертежи, нарисованные на глиняных черепках. Условия работы вряд ли были всегда хорошими, так как летописи показывают, что один раз рабочие устроили забастовку. Вполне возможно, что они-то и участвовали в разграблении гробниц, которые сами же построили.

## СТЕКЛО В ЗОЛОТОЙ ОПРАВЕ
Эта подвеска демонстрирует мастерство египетских ремесленников. Она сделана в виде грифа Нехбет, богини Верхнего Египта. Многоцветное стекло было оправлено в чистое золото с применением техники под названием «клуазоне». Подобно другим красивым артефактам этого рода, она была найдена в гробнице Тутанхамона.

## ЮВЕЛИРЫ ЗА РАБОТОЙ
На этой стенной росписи, относящейся к 1395 г. до н. э., изображены ювелиры за своими рабочими скамейками. Один делает орнаментальное ожерелье, а другие работают с драгоценными камнями или бусинами. Тетива лука используется для приведения в движение металлического бура.

## ДЕЙР-ЭЛЬ-МЕДИНА

Каменные фундаменты деревни Дейр-эль-Медина до сих пор можно увидеть на западном берегу Нила. Им около 3,5 тыс. лет. В свое время в Дейр-эль-Медина проживали мастеровые, которые строили и расписывали царские гробницы в Долине царей. Строители работали восемь дней из десяти. Поселение существовало четыре столетия и было крупным и процветающим. Однако в рабочем городке не было собственного источника воды, поэтому воду приходилось доставлять из других мест и хранить в охраняемом баке.

## ПРОМЫШЛЕННЫЙ УЛЕЙ

В мастерской кипит бурная работа. Столяры пилят и сверлят дерево, гончары раскрашивают глиняные сосуды, а каменотесы обтесывают камень. Бригадир надзирал за качеством каждого законченного изделия.

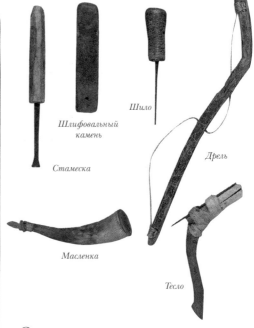

*Лучковая дрель*

*Шлифовальный камень*

*Шило*

*Стамеска*

*Дрель*

*Масленка*

*Тесло*

*Ножовка*

*Топор*

*Пила*

## УЧЕТ ЗЕМЕЛЬ

Чиновники протягивают веревку через поле, чтобы измерить его площадь. Такие служащие – землемеры – занимались государственным учетом земель.

## ОРУДИЯ РЕМЕСЛА

Набор инструментов столяра включал стамеску, пилу, киянку, топор и нож. Шило также использовалось для проделывания подготовительных отверстий перед сверлением. Инструменты обычно делались из древесины и меди. Столяры изготавливали с помощью этих сложных орудий изящные стулья, кровати, сундуки, ящики и красивые саркофаги.

# Искусства и ремесла

Д РЕВНИЕ ЕГИПТЯНЕ любили красивые предметы, и ремесленные поделки, дошедшие до наших дней, изумляют нас и сегодня. Тут встречаются сверкающие золотые кольца и подвески, ожерелья, инкрустированные стеклом, и ослепительно-синие керамические изделия, именуемые фаянсом. Почти в идеальном состоянии сохранились сосуды из гладкого белого камня алебастра, а также стулья и сундуки из кедра, импортировавшегося с Ближнего Востока.

Египтяне изготавливали красивые корзины и горшки. Некоторые керамические изделия делались из речной глины, однако самые изящные горшки изготавливались из меловой глины, найденной в местечке Кена. Горшки лепили вручную или, позднее, на гончарном круге. Некоторые из них полировали гладким камешком, пока их поверхность не начинала сверкать. Мы знаем так много о египетских ремеслах потому, что немало красивых изделий клалось в гробницы, с тем чтобы умерший мог пользоваться ими в загробном мире.

### ИЗДЕЛИЯ ИЗ АЛЕБАСТРА
Этот замысловатый сосуд находился среди сокровищ в гробнице Тутанхамона. В сосудах, подобных этому, обычно держали драгоценные масла и благовония.

### СТЕКЛЯННАЯ РЫБА
Эта красивая полосатая рыба выглядит так, словно является обитателем рифов Красного моря. На самом деле это стеклянный сосуд, использовавшийся для хранения ароматических масел. Стеклоделие вошло в обиход в Египте после 1500 г. до н. э. Стекло делали из песка и кристаллов соли. После чего его окрашивали металлами и формовали, пока оно еще было горячим.

### СДЕЛАЙТЕ ЛОТОСОВЫЙ ИЗРАЗЕЦ

*Вам потребуется: картон (2 листа), карандаш, линейка, ножницы, самовысыхающая глина, пластмассовый нож, наждачная бумага, акриловая краска (синяя, золотистая, зеленая, охристо-желтая), емкость с водой и кисть, скалка и разделочная доска.*

**1** Пользуясь заключительным изображением в качестве ориентира, перенесите обе изразцовые формы на картон. Вырежьте их. Перенесите на лист картона весь орнамент из изразцов и обрежьте его по краю.

**2** Раскатайте на доске глину с помощью скалки или бутылки. Положите контур поверх глины и аккуратно обрежьте края. Удалите лишнюю глину.

**3** Разметьте контуры изразцов, не выходя за границы общего контура. Прорежьте намеченные линии, но пока не разъединяйте детали.

## БОГАТСТВА ПУСТЫНИ

Обитатели зеленой Нильской долины боялись и не любили пустыню. Они называли ее «Красной землей». Однако пустыни обеспечивали их минеральными богатствами, в том числе сине-зеленой бирюзой, лиловым аметистом и синим агатом.

*Синий агат*  *Бирюза*  *Аметист*

## ЦАРСКИЕ ИЗРАЗЦЫ

Археологами было обнаружено множество красивых изразцов. Полагают, что они использовались для украшения мебели и полов во дворцах египетских фараонов.

## БОЕВОЙ СУНДУК ТУТАНХАМОНА

На этом расписном сундуке изображен сражающийся с сирийцами и нубийцами Тутанхамон. На крышке также изображен юный царь, охотящийся в пустыне. Невероятная детализация изображения свидетельствует о том, что это была работа очень искусного художника. Когда открыли гробницу Тутанхамона, в сундуке обнаружили детскую одежду. Воздух пустыни был настолько сухим, что ни древесина, ни кожа, ни ткань не сгнили.

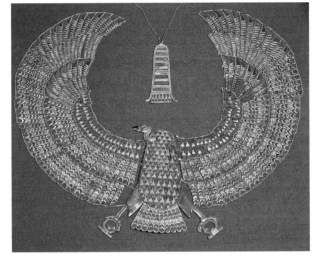

## ОЖЕРЕЛЬЕ НЕХБЕТ

Это великолепное ожерелье было одним из 17, найденных в гробнице Тутанхамона. Впечатляющие крылья богини-грифа Нехбет состоят из 250 деталей оперения, сделанных из крашеного стекла в золотой оправе. Клюв и глаз грифа сделаны из черного вулканического стекла, так называемого обсидиана. Этот и другие поразительные артефакты, найденные в гробнице юного царя, демонстрируют нам невероятное мастерство египетских ремесленников.

**4** Теперь с помощью пластмассового ножа нанесите, как показано, на поверхность мягкой глины узоры в виде листков и цветков. Разъедините детали и оставьте их сушиться.

**5** Когда изразцы высохнут с одной стороны, переверните их на другую сторону. Дайте высохнуть другой стороне. После этого обработайте края изразцов наждачной бумагой, пока они не станут гладкими.

**6** Теперь изразцы готовы к раскраске. Аккуратно раскрасьте узоры зеленым, охристо-желтым, золотистым и синим цветом. Оставьте их сушиться в теплом месте.

*Эти изразцы похожи на те, которые были найдены в царском дворце в Фивах. Узор весьма напоминает лотос, священный цветок Древнего Египта.*

# Строители пирамид

ПИРАМИДЫ представляли собой внушительного размера четырехгранные гробницы, выстроенные для фараонов Древнего царства. Все грани, образовывавшие подобие треугольника, сходились вверху, образуя остроконечную вершину. Первая египетская пирамида была построена в Саккара около 2650 г. до н. э. Самые внушительные пирамиды, построенные в Гизе спустя более 100 лет, имели плоские грани. Вершина каждой пирамиды была, вероятно, покрыта золотом. Внутри пирамид находились погребальные камеры и тайные галереи. Никто по-настоящему не знает, для чего египтяне строили эти гробницы в виде пирамид, но возможно, что в них видели лестницу на небо, помогающую фараону обрести вечную жизнь.

Пирамиды строились с поразительным умением и математической точностью группой архитекторов, инженеров и каменщиков. Они стоят и по сей день. В выполнении тяжелой физической работы были заняты не рабы, а около 100 тыс. обычных людей. Этим неквалифицированным рабочим ежегодно приходилось предлагать свои услуги, когда разливающийся Нил делал работу на полях невозможной.

## ИСТОЧЕННАЯ ВЕТРОМ
Эта пирамида в Дахшуре была построена для фараона Аменемхета III. После того как была растащена известняковая облицовка, ее стены из камня-сырца начали быстро разрушаться под действием суровых ветров пустыни. Пирамиды стали популярными заупокойными монументами после строительства первой пирамиды в Саккара. Такие пирамиды можно видеть в Майдуме, Дахшуре и Гизе. Однако пирамида Аменемхета является типичным примером пирамид, построенных в Среднее царство, когда использовались низкокачественные материалы.

## СТУПЕНЧАТАЯ ПИРАМИДА
Древнейшая ступенчатая пирамида была построена в Саккара для фараона Джосера. Гробница, вероятно, поначалу строилась как мастаба, более древний тип погребального сооружения, представлявший собой кирпичную постройку поверх подземной усыпальницы. Верхние уровни мастабы Джосера были перепланированы в пирамиду с шестью гигантскими ступенями. Она имела 60 м в высоту и вздымалась над песками пустыни. Она укрывала подземную усыпальницу фараона и включала 11 погребальных камер для других членов царской семьи.

## ЦАРСКИЙ АРХИТЕКТОР
Имхотеп был везиром, или верховным хранителем, при дворе великого фараона Джосера. Он создал огромную ступенчатую пирамиду в Саккара. Эта пирамида была первым крупным монументом, сделанным полностью из камня. Имхотеп, кроме того, был мудрецом и являл собой образец искусного писца, астронома, врача, жреца и архитектора в одном лице. В поздний период Египетской державы его почитали как бога врачевания.

## ЗАГАДОЧНЫЙ СФИНКС

Пирамиды Гизы сторожит гигантский сфинкс. Эта исполинская статуя имеет голову человека, которым может быть фараон Хафра. Большой сфинкс был, вероятно, построен по приказу Хафра. Он смотрит на восток, в направлении восходящего солнца. В течение большей части последних 4,5 тыс. лет он был покрыт песком. Надпись на Сфинксе, сделанная в 1419 г. до н. э., рассказывает историю царевича Тутмоса IV, который заснул между лап статуи. Во сне ему явился солнечный бог и сказал, что если он очистит Сфинкса от песка, то сделается царем. Так он и сделал, и после этого стал носить корону фараона!

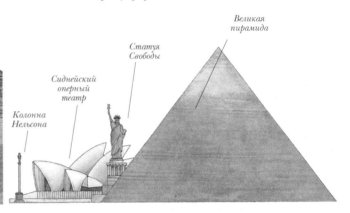

*Колонна Нельсона*

*Сиднейский оперный театр*

*Статуя Свободы*

*Великая пирамида*

## ПИРАМИДЫ В ГИЗЕ

Три пирамиды Гизы принадлежали фараону Хуфу, его сыну Хафра и фараону Менкаура (Микерину). Несмотря на то что пирамида Хафра в середине выглядит самой большой из трех, в действительности она построена на чуть более высоком месте. Самой большой является пирамида Хуфу *(справа)*, также известная как Великая пирамида. Перед большими пирамидами расположены три сооружения меньшего размера, которые были построены для жен Менкаура. Когда пирамиды были построены, они были облицованы ослепительно-белым известняком. Вокруг основания пирамид еще и сейчас можно увидеть отдельные блоки первоначальной каменной облицовки.

## В ОБЩЕМ МАСШТАБЕ

Пирамиды были – и остаются до сих пор – огромным достижением архитектурной и инженерной мысли. В своем изначальном варианте Великая пирамида была высотой 147 м. Даже при своей нынешней высоте в 137 м она выше многих более современных монументов.

*Третья пирамида*
*Изначальная высота: 70 м*

*Вторая пирамида*
*Изначальная высота: 136 м*

*Великая пирамида*
*Изначальная высота: 147 м*

# Чудо света

**У истоков туризма**
В 1800-х годах многочисленные туристы поднимались на вершину Великой пирамиды. Отсюда открывался прекрасный вид на комплекс Гизы. Правда, это было опасное восхождение, и многие туристы разбились насмерть.

В ТЕЧЕНИЕ МНОГИХ ЛЕТ Великая пирамида была крупнейшим сооружением в мире. Ее основание составляло около 230 кв. м, а ее изначальная высота равнялась 147 м. Она состоит из 2,3 млн массивных каменных блоков, весом около 2,5 т каждый. Это самое древнее из семи чудес света и единственное, которое стоит и поныне. Даже в древние времена туристы приезжали подивиться на размеры Великой пирамиды, и огромное число людей приезжает в Гизу и сегодня. Великая пирамида является уникальным сооружением как с точки зрения масштаба, так и с точки зрения возраста. Она была построена для фараона Хуфу, который умер в 2566 г. до н. э. Поблизости в его честь был возведен огромный храм. Назначение пирамиды было в том, чтобы уберечь тело Хуфу, пока он путешествует после смерти для встречи с богами. 47-метровый проход ведет к одной из трех погребальных камер внутри пирамиды, однако тело фараона так и не было обнаружено в пирамиде. Оно было похищено в давние времена.

**БОЛЬШАЯ ГАЛЕРЕЯ**
Этот крутой проход известен как Большая галерея. Она ведет вверх к погребальной камере в Великой пирамиде. После захоронения фараона Хуфу гранитные блоки были спущены вниз по галерее, запечатав камеру. Правда, древнеегипетским расхитителям гробниц все же удалось пробраться в камеру и похитить ее содержимое.

---

## СДЕЛАЙТЕ ПИРАМИДУ

*Вам потребуется:* картон, карандаш, линейка, ножницы, клей ПВА и кисть, бумажный скотч, акриловая краска (желтого, белого, золотистого цвета), гипс, наждачная бумага, емкость с водой и кисточка.

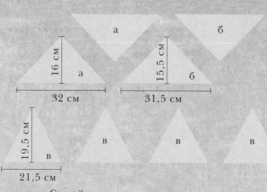

а      б

16 см   а

32 см

15,5 см   б

31,5 см

19,5 см   в

в    в    в

21,5 см

Сделайте пирамиду из двух половинок. Вырежьте один треугольник (*а*) для основания, один треугольник (*б*) для внутренней стороны и два треугольника (*в*) для граней каждой половины.

**1** Склейте половинку пирамиды и укрепите, как показано, стыки кусочками бумажного скотча. Теперь тем же образом сделайте вторую половинку пирамиды.

## ВНУТРИ ПИРАМИДЫ

Этот рисунок изображает Великую пирамиду в разрезе. Планировка интерьера несколько раз менялась во время строительства. Возможно, что подземная камера изначально планировалась как погребальное место Хуфу. Эта камера так и не была закончена. Вторая камера, известная как усыпальница царицы, также оказалась пустой. Фараон на самом деле был похоронен в царской усыпальнице. По окончании погребения гробницу надлежало запечатать изнутри. Каменные блоки были спущены вниз по Большой галерее. Рабочие вышли наружу через шахту и коридор, прежде чем камни заблокировали проход.

Вентиляционные шахты

Царская усыпальница

Большая галерея

Усыпальница царицы

Выпускная шахта для рабочих

Коридор

Незавершенная камера

## ЦАРСКАЯ УСЫПАЛЬНИЦА

Погребальная камера в Великой пирамиде известна как царская усыпальница. Это место упокоения саркофага с останками фараона Хуфу. Усыпальница построена из гранита. Каждая из девяти плит, поддерживающих крышу, весит 50 тонн. Удивительно, что только в единственном месте пирамиды – над крышей – видно имя Хуфу. Эту графическую надпись оставил рабочий при строительстве пирамиды.

**2** Смешайте желтую и белую краску с небольшим количеством гипса, чтобы добиться зернистой текстуры. Затем добавьте немного клея, чтобы смесь держалась на картоне. Покрасьте половинки пирамиды.

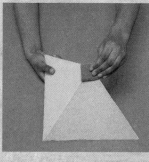

**3** Оставьте половинки в теплом месте для просушки. Когда они полностью высохнут, потрите верхушки наждачной бумагой, пока они не станут гладкими, а затем обклейте их бумажным скотчем.

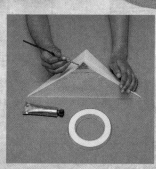

**4** Теперь покрасьте верхушки каждой половинки пирамиды золотистой краской и оставьте сушиться. В конце склейте между собой две половинки и выставьте свою пирамиду для демонстрации на песочное основание.

*Строительство Великой пирамиды, вероятно, заняло около 23 лет. Изначально пирамиды облицовывали светлым песчаником, отчего они, очевидно, выглядели ярко-белыми. Замковый камень на самой вершине пирамиды был, вероятно, покрыт золотом.*

# Долина царей

В 1550 г. до н. э. столица Египта переехала на юг в город Фивы. Это ознаменовало начало Нового царства. Древние египтяне больше не строили пирамиды, так как они были заметной мишенью для расхитителей гробниц. Народ по-прежнему возводил монументальные храмы в честь своих умерших правителей, однако теперь фараонов погребали в тайных подземных гробницах. Они были запрятаны в скалах у границы пустыни на западном берегу Нила, где ежевечерне заходило солнце. Именно отсюда фараон отправлялся после своей смерти в путешествие на встречу с солнечным богом.

Места погребений в окрестностях Фив включали Долину царей, Долину цариц и Долину вельмож. Гробницы содержали несметные сокровища. Предметы жизненной необходимости, в которых нуждался бы в загробной жизни фараон, тоже помещали в гробницы, как, например, еду, царские одеяния, позолоченную мебель, драгоценности, оружие и колесницы.

Гробницы охраняли тайные стражники и ловушки, предусмотренные строителями гробниц для непрошеных посетителей. Но несмотря на эти меры многие захоронения были разграблены в древние времена. К счастью, некоторые из них остались нетронутыми и дали археологам уникальную возможность заглянуть в мир Древнего Египта.

## Царство мёртвых

Долина царей раскинулась по другую сторону Нила от современного города Луксор, на краю Западной пустыни. До сих пор тут было найдено шестьдесят две гробницы времён Нового царства.

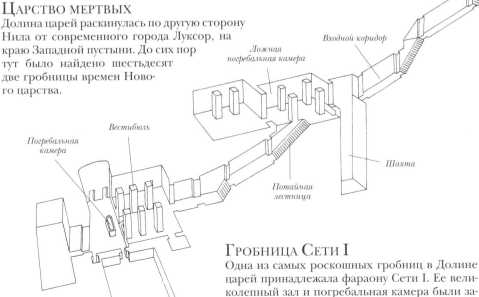

Входной коридор

Ложная погребальная камера

Вестибюль

Погребальная камера

Потайная лестница

Шахта

## Гробница Сети I

Одна из самых роскошных гробниц в Долине царей принадлежала фараону Сети I. Её великолепный зал и погребальная камера были защищены потайными шахтами и лестницами.

## Маска

Эта красивая маска была положена поверх лица мумии Тутанхамона. Она изображает фараона в облике солнечного бога Ра. Маска сделана из чистого золота и синего камня, называющегося лазуритом. Гробница Тутанхамона была самой впечатляющей находкой в Долине царей. Внутренние усыпальницы оставались непотревоженными свыше 3260 лет.

## ГРАБИТЕЛИ МОГИЛ

Когда Говард Картер вошел в гробницу Тутанхамона, он обнаружил, что грабители в древние времена добрались до ее внешних камер. Стражники Долины снова замуровали гробницу, но многие предметы остались лежать сваленными в кучу. На этой фотографии запечатлены две колесницы, две кровати, сундук, скамейки и продуктовые ящики.

## НЕСМЕТНЫЕ СОКРОВИЩА

Эта золотая шкатулка для благовоний была найдена в погребальной камере Тутанхамона. Овальные рамки на шкатулке называются картушами. Они содержат изображения фараона в детские годы.

## И СНОВА РАБОЧИЕ

Раскопки 1800-х и 1900-х годов снова привели артели египетских рабочих в Долину царей – впервые за тысячи лет. Они рыли траншеи в гробницы, выносили землю в корзинах и перетаскивали камни. Эта фотография была сделана в 1922 году во время раскопок Говарда Картера, открывших миру гробницу Тутанхамона.

# Мумии и саркофаги

**Д**РЕВНИЕ ЕГИПТЯНЕ обнаружили, что похороненные в пустыне нередко сохранялись в сухом песке. Их тела высыхали и мумифицировались. Со временем египтяне создали целую науку по сохранению тела путем его бальзамирования. Они верили, что умершему потребуется его тело в загробной жизни.

Методы мумификации менялись с течением времени. Весь процесс обычно занимал около 70 дней. Мозг извлекался крючками через ноздри, а другие органы удалялись и помещались в специальные сосуды. Только сердце оставлялось на месте, с тем чтобы оно могло быть взвешено в загробной жизни. Бальзамирование состояло в высушивании тела с помощью соляных кристаллов натрона. После чего его заполняли и натирали маслами и составами, а затем заворачивали в бинты. После этого мумию клали во вставляющиеся один в другой саркофаги, изготовленные в форме человеческого тела.

### Футляр мумии

В этом красивом золотом футляре находится мумия жрицы. После того как забальзамированное тело заворачивали в бинты, его помещали в богато украшенный саркофаг. Как изнутри, так и снаружи саркофаг покрывался магическими заклинаниями, которые должны были помочь умершему в загробном мире. Иногда использовали более одного саркофага. Внутренние саркофаги делались из ярко раскрашенной или позолоченной древесины *(как слева)*, а внешний саркофаг был каменным.

### Канопы

Для хранения органов умершего использовались специальные сосуды (канопы). В сосуде с человеческой головой хранилась печень. В сосуде с головой павиана находились легкие. Желудок помещался в сосуд с головой шакала, а кишки – в сосуд с головой сокола.

---

### Сделайте канопы

*Вам потребуется:*
*самовысыхающая глина, скалка и разделочная доска, линейка, пластмассовый нож, наждачная бумага, бумажный скотч, акриловая краска (белая, синяя, зеленая, желтая, черная), емкость с водой и кисть.*

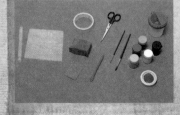

**1** Раскатайте из глины и вырежьте круг около 7 см в диаметре. Это основание сосуда. Теперь раскатайте тонкие полоски глины. Сворачивайте их кольцами, идя от основания вверх, чтобы сделать стенки.

**2** Аккуратно сплющите кольца, чтобы стенки стали ровными и гладкими. В конце подравняйте верхушку сосуда пластмассовым ножом.

**3** Теперь сделайте крышку для сосуда. Определите размер и вырежьте круг из оставшейся глины. Придайте ей форму купола. Приделайте к крышке голову павиана.

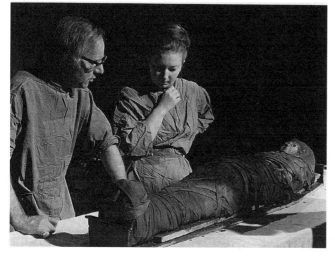

## Под бинтами

Разворачивание мумии – деликатная операция. Сегодня археологи могут применять сканирование или рентген для обследования тел мумий. С помощью такого оборудования возможно определить, что они когда-то ели, какую работу выполняли и какими болезнями страдали. Рентген также показывает то, чем были заменены внутренние органы.

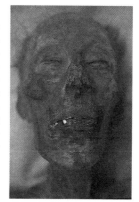

## Рамсес II

Это освобожденная от бинтов голова мумии Рамсеса II. В его глазницы были вставлены шарики, чтобы натрон (консервирующие соли) не разрушал черты его лица.

## Церемония размыкания уст

Последний ритуал перед погребением проводился жрецом, облаченным в маску бога Анубиса. Саркофаг в виде человека ставился вертикально, и до его лица дотрагивались магическими инструментами. Эта церемония позволяла мумии говорить, видеть и слышать в загробном мире.

*Египтяне верили, что любая часть тела человека могла быть использована ему во вред. По этой причине органы умершего удалялись и хранились в канопах. Заклинания, написанные на сосудах, охраняли их.*

**4** Павиан Хапи охранял легкие мумии. Пользуясь пластмассовым ножом, сделайте глаза и длинный нос павиана. Оставьте крышку сохнуть в теплом месте.

**5** Когда и сосуд и крышка высохнут, потрите их наждачной бумагой, пока они не станут гладкими. Крышка должна плотно прилегать к сосуду.

**6** Теперь пора раскрасить ваш сосуд. Воспользуйтесь бумажным скотчем, чтобы уберечь лицо павиана и нарисовать полосы прямыми. Возьмите за образец цвета на фото вверху.

**7** Нарисуйте, как показано, на сосуде спереди иероглифы. Воспользуйтесь символами на изображении вверху. Теперь канопа готова к погребальному ритуалу.

# Погребальные ритуалы

**К**ОГДА ФАРАОН умирал, делалось все возможное, чтобы он благополучно завершил свое странствие к богам. Во времена Нового царства гроб правителя, в котором находилась его мумия, погружался на ладью и переправлялся из Фив на западный берег Нила. Там его помещали в раку и везли на повозке, запряженной волами, в Долину царей. Похоронная процессия была зрелищной. Жрецы кропили молоком и курили ладан. Женщины играли роль официальных плакальщиц, вопили и причитали. Перед гробницей устраивались ритуальные танцы и жрец читал заклинания. После церемонии и поминального застолья гроб помещался в гробницу вместе с едой, питьем и сокровищами. После чего гробница замуровывалась.

## ФИГУРКИ УШЕБТИ
Ушебти представляли собой фигурки людей, которые клали в гробницу. Они должны были трудиться на умершего в загробном мире, исполняя роль слуг или работников. Их вызывали к жизни с помощью заклинания.

## ЖИЗНЬ ПОСЛЕ СМЕРТИ
Над мумией витает «ба» – или душа – умершего. Она похожа на птицу. Ее задача – помочь телу соединиться с его духовным двойником – или «ка», – с тем чтобы оно могло ожить в загробном мире. Это изображение взято из папируса, называющегося «Книгой мертвых». Эта книга выполняла для умершего функцию путеводителя по загробной жизни. В ней содержались заклинания, обеспечивавшие благополучное путешествие через преисподнюю. Жрецы читали ее во время похорон, после чего ее погребли вместе с мумией покойного.

## СДЕЛАЙТЕ ОКО-УДЖАТ

*Вам потребуется:*
*самовысыхающая глина, пластмассовый нож, наждачная бумага, акриловая краска (красная, голубая, черная, белая), емкость с водой и кисть, скалка и разделочная доска.*

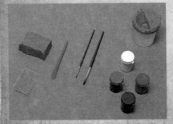

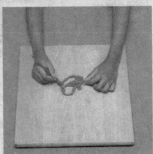

**1** Для начала раскатайте на разделочной доске глину. Пластмассовым ножом прорежьте контуры деталей ока. Форму деталей смотрите в шаге 2.

**2** Удалите всю лишнюю глину и разложите детали ока на доске. Око-уджат олицетворяло око бога Гора, изображавшегося с соколиной головой.

**3** После этого соедините между собой детали, пока у вас не получится законченная форма глаза. При необходимости используйте пластмассовый нож. Теперь оставьте око высохнуть.

## ПОХОРОННАЯ ПРОЦЕССИЯ

Гроб лежит на повозке в усыпальнице, сделанной в виде ладьи. Жрецы, напевая и молясь, принимаются тащить повозку вверх к месту погребения. Погребальный участок, вроде Долины царей, называется некрополем, что значит «город мертвых». Гроб доставлялся в гробницу по глубокому коридору к месту своего последнего пристанища. В погребальной камере его помещали в окружение красивых предметов и драгоценностей.

## ПОГРЕБАЛЬНАЯ ЛАДЬЯ

Эта красивая модель ладьи была положена в гробницу Тутанхамона. Она сделана из алебастра и изображает двух плакальщиц, которые олицетворяют собой богиню Исиду и ее сестру Нефтис. Они оплакивают смерть умерщвленного бога Осириса. Между ними находится пустой саркофаг, который когда-то, возможно, использовался для хранения масел. В гробнице были найдены и другие ладьи. Они должны были переправить фараона после его смерти, точно так же как переправился на ладье солнечный бог Ра, через «дуат», преисподнюю.

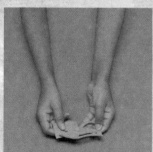

*Когда Гор потерял свой глаз, он был исцелен богиней Хатхор. «Уджат» означает «исцеляющий». Амулеты вроде этого заворачивались вместе с мумиями, чтобы оберегать их в загробной жизни.*

**4** Отполируйте поверхность мелкой шкуркой. Теперь око Гора готово к раскраске. По легенде Гор потерял глаз в битве с Сетхом, богом хаоса.

**5** Нарисуйте белок и добавьте черную бровь и зрачок. Затем нарисуйте красный ободок. В конце раскрасьте остальную часть ока нежно-голубым цветом и оставьте сушиться.

# Жрецы, храмы и праздники

**В**НУШИТЕЛЬНЫЕ ХРАМЫ строились в честь египетских богов. Многие из них можно увидеть и сегодня. Они имели огромные колонны и массивные ворота, портики и аллеи статуй. Когда-то они вели в святилище, в котором, как считалось, обитало божество.

Обыкновенные люди не собирались для поклонения в египетских храмах, как они могли бы это делать сегодня в церкви. Только жрецам было позволено находиться в храмах. Они совершали обряды от имени фараона, раздавали приношения, возжигали курения, играли на музыкальных инструментах и пели. Они исполняли предписания, мыли и брили голову, а некоторые должны были носить специальную одежду, вроде леопардовых шкур. Знатные женщины выступали в роли жриц во время некоторых церемоний. Многие жрецы не обладали большими знаниями о религии и просто служили в храме в течение трех месяцев, после чего возвращались к своей обычной работе. Другие жрецы изучали звезды и заклинания.

Существовало немало религиозных праздников, когда устраивалась большая процессия, во время которой алтарь бога переносился в другие храмы. Именно в такие моменты к отправлению культа допускались рядовые египтяне. Приношения богам в виде еды раздавались народу для общего пиршества.

## СВЯЩЕННЫЕ ОБРЯДЫ

Жрец, совершающий религиозный обряд, облачен в леопардовую шкуру. Он несет сосуд, наполненный священной водой из святого храмового озера. Во время ритуалов этой водой окроплялись столы для подношений, чтобы гарантировать чистоту приносимых богам даров. Для очищения воздуха в храме также возжигали курения.

## КАРНАК

На картине Дэвида Робертса изображен внушительный храм в Карнаке, увиденный глазами очевидца в 1850 году. Он и поныне стоит в окрестностях современного города Луксор. Важнейшим божеством храма был Амон-Ра. В комплекс также входят портики и сооружения, посвященные другим богам и богиням, в том числе Мут (богиня-гриф, супруга Амона) и Хонсу (лунный бог, сын Амона). Большой храм расширялся и перестраивался в течение примерно 2 тыс. лет.

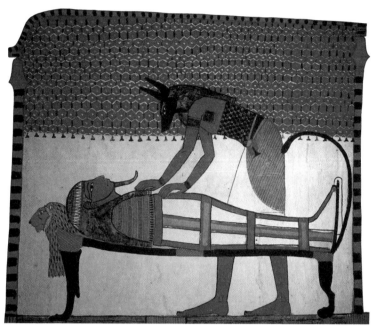

## ХРАМ ГОРА

Статуя Гора, бога-сокола, охраняет храм в Идфу. На этом месте во времена Нового царства был храм. Та же постройка, что стоит и поныне, относится к периоду греческого правления. Этот храм был посвящен Гору и его жене, богине-корове Хатхор. Внутри храма имеются каменные рельефы с изображением борьбы Гора с врагами Осириса, его отца.

## БАЛЬЗАМИРОВЩИК АНУБИС

Жрец в маске Анубиса бальзамирует тело. По преданию, этот бог с головой шакала готовил к погребению тело бога Осириса. Он и его жрецы были тесно связаны с мумиями и практикой бальзамирования.

## ХРАМ В КАЛАБША

Храм в Калабша был одним из крупнейших храмов в Нижней Нубии. В 1960-х годах была построена Асуанская плотина, и Нижняя Нубия была затоплена. Многие памятники, как, например, храмы в Абу-Симбеле и Филе, пришлось переносить. Храм в Калабша был разобран, а 13 тысяч его каменных блоков были перевезены в Новый Калабша, где он был отстроен заново.

## ВХОД К ИСИДЕ

Храм в Филе (вверху) был построен в честь богини Исиды, богини-матери. Исида почиталась во всем Египте, а также и во многих других странах. Храм в Филе охраняют массивные пилоны. Пилоны образуют вход во многие египетские храмы и использовались для особых церемоний.

# Работники и рабы

**Ф**АРАОНЫ, может быть, и считали, что именно их связь с богами обеспечивала процветание Египта, но в действительности это обеспечивалось тяжким трудом обыкновенного народа. Именно простые люди рыли землю, работали в рудниках и каменоломнях, водили корабли по Нилу, совершали походы с армией в Сирию или Нубию, готовили еду и растили детей.

Рабство было не очень значительным явлением в Древнем Египте, но оно существовало. Большинство рабов были пленниками, захваченными во время войн, ведшихся Египтом против своих соседей на Ближнем Востоке. С рабами обычно хорошо обращались, им позволяли владеть собственностью.

Многие египетские работники были крепостными. Это значит, что их свобода была ограничена. Их могли покупать и продавать вместе с поместьями, где они работали. Земледельцы были обязаны вставать на государственный учет. Они должны были продавать урожай по фиксированной цене и платить налоги в натуральном виде. Во время сезона разлива Нила, когда поля лежали под водой, многих работников привлекали на общественные строительные работы. Уклонявшихся нещадно наказывали.

## ПАХАРЬ С ВОЛАМИ

Эта фигурная группа из гробницы изображает пахаря с волами. Повседневный труд египетских земледельцев был нелегким. Простые крестьяне не имели своей земли и получали мало за свой труд.

## ТРАНСПОРТИРОВКА СТАТУИ

Эти рабочие перемещают за веревки гигантскую каменную статую на деревянной повозке. Многие крестьяне были вынуждены трудиться на крупных общественных стройках, возводя дамбы или пирамиды, каждое лето и каждую осень. За это они получали кров и еду, но не получали заработной платы. От этой обязанности освобождались только чиновники, однако любой, кто был достаточно богат, мог откупиться от этих работ. На самых тяжелых работах, вроде работы в рудниках и каменоломнях, использовали рабов.

## ПЕРЕСЧЕТ ГУСЕЙ

На этой настенной росписи пересчитываются гуси земледельца. Через каждый год правительственные чиновники посещали каждое хозяйство. Они подсчитывали животных, чтобы выяснить, какой налог должен быть уплачен фараону. Налоги (подати) платились скорее в виде продуктов, нежели денег. Писец слева записывает сведения. Писцы принадлежали к классу чиновников, а потому имели более высокое положение, чем другие работники.

## ВЫПЕЧКА ХЛЕБА

Женщина несет на голове лоток с хлебом. В больших домах и дворцах готовили в основном слуги-мужчины, но выпечка хлеба была занятием женщин. Это была одна из немногих работ в обществе, доступных женщинам.

## ИЗМЕЛЬЧЕНИЕ ЗЕРНА

Эта скульптурная модель, относящаяся к 2325 г. до н. э., изображает служанку, измельчающую в муку пшеницу или ячмень. Она использует каменную ручную мельницу, так называемый кверн.

## ВЫПОРОТЬ ЭТОГО ЧЕЛОВЕКА

На этом гробничном рисунке изображен чиновник, надзирающий за работой в полях. Простые работники-крестьяне были приписаны к поместью, принадлежавшему фараону, храму или богатому землевладельцу. Земледельцы, которые не могли или не желали отдавать большую долю своего урожая в виде ренты и налогов фараону, подвергались суровым наказаниям. Им могли устроить порку, а их орудия или их дом могли отобрать в качестве уплаты. Для наказания сборщиков налогов, которые брали взятки, существовали суды, местные магистраты и судья.

# Земледельцы и посевы

**Д**РЕВНИЕ ЕГИПТЯНЕ называли берега Нила «Черной землей» из-за ила, который каждый год в июне намывался течением реки из Центральной Африки. К ноябрю земля была готова к пахоте и севу. Семена разбрасывались поверх почвы и втаптывались копытами овец или коз. Успешность этого земледельческого цикла имела жизненно важное значение. Годы малого разлива или засухи могли обернуться голодом.

Основу животноводства создавали утки, гуси, свиньи, овцы и козы. Коровы паслись на границах с пустыней или в пастбищных районах Дельты. Волы использовались в качестве тягловых животных при пахоте, а при перевозке грузов широко применялись ослы.

### Праздник урожая
Жрица приносит дары урожая в гробнице Нахта. На этом рисунке изображены некоторые из нежных фруктов, произраставших в Египте. Среди них были инжир, виноград и гранаты.

### Земледельческие орудия
Мотыги использовались для распахивания земли, которая была слишком тяжелой для плугов. Их также использовали для рыхления почвы. Острый серп применялся для жатвы, им срезали спелые колосья.

*Серп*        *Мотыги*

### Работа в поле
Зерновые культуры обычно убирались в марте или апреле, до того как начиналась сильная жара. Колосья пшеницы или ячменя срезались серпом, сделанным из дерева и заостренного кремня. В некоторых хорошо орошаемых районах позднее летом собирался второй урожай.

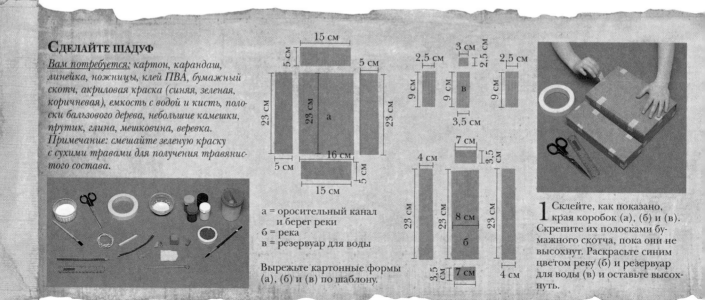

### Сделайте шадуф
*Вам потребуется: картон, карандаш, линейка, ножницы, клей ПВА, бумажный скотч, акриловая краска (синяя, зеленая, коричневая), емкость с водой и кисть, полоски бальзового дерева, небольшие камешки, прутик, глина, мешковина, веревка. Примечание: смешайте зеленую краску с сухими травами для получения травянистого состава.*

15 см
5 см        5 см
23 см   23 см   23 см
а
5 см    16 см    5 см
15 см

2,5 см   3 см   2,5 см
2,5 см
9 см   9 см   9 см
в
3,5 см

7 см
4 см   3,5 см
23 см   23 см   23 см
8 см
б

3,5 см   7 см   4 см

а = оросительный канал и берег реки
б = река
в = резервуар для воды

Вырежьте картонные формы (а), (б) и (в) по шаблону.

**1** Склейте, как показано, края коробок (а), (б) и (в). Скрепите их полосками бумажного скотча, пока они не высохнут. Раскрасьте синим цветом реку (б) и резервуар для воды (в) и оставьте высохнуть.

## ВЫПАС ВОЛОВ

На этой настенной росписи времен Нового царства изображены волы, которых гонят перед правительственным чиновником. Уже в те времена, когда еще не существовало фараонов, на берегах Нила разводили крупный рогатый скот. Он давал молоко, мясо и шкуру. Его запрягали в деревянные плуги и приносили в жертву богам в храмах.

## ВОДОПОДЪЕМНИК

Шадуф имеет бадью на одном конце и тяжелый груз на другом. Груз сперва толкают вверх, опуская бадью в реку. Когда груз опускается, он поднимает наполненную бадью.

### НИЛЬСКИЕ КУЛЬТУРЫ

Главными культурами были ячмень и пшеница, которые использовались для приготовления пива и хлеба. Наряду с фасолью и чечевицей выращивались лук-порей, репчатый лук, капуста, редис, салат-латук и огурцы. В оазисах могли произрастать сочные дыни, финики и инжир. В виноградниках собирали виноград.

*Лук-порей*

*Репчатый лук*

*Это механическое подъемное устройство, называющееся шадуфом, было изобретено на Среднем Востоке. Оно было принесено в Египет около 3,5 тыс. лет тому назад.*

**2** Покрасьте берег реки сверху зеленой травянистой смесью, по бокам коричневой краской, а оросительный канал синей. Затем возьмите бальзовые полоски, чтобы сделать каркас шадуфа.

**3** Склейте между собой полоски, прикрепив их бумажным скотчем к картону. Когда они высохнут, покрасьте каркас коричневым цветом. Обклейте резервуар для воды камешками.

**4** Используйте прутик в качестве шеста шадуфа. Сделайте груз из глины, завернутой в мешковину. Привяжите его к одному концу шеста. Сделайте из глины бадью, оставив два отверстия для веревки.

**5** Проденьте веревку через отверстия бадьи и привяжите ее к шесту. Привяжите шест (вместе с грузом и бадьей) к каркасу шадуфа. В конце приклейте каркас к берегу.

# Еда и пиршества

**КРАСИВЫЕ БЛЮДА**
Тарелки и блюда нередко делались из фаянса, глазурованной глины. Обычным цветом для этой роскошной посуды был сине-зеленый или бирюзовый цвет.

**Р**АБОЧИЕ ЛЮДИ в Египте зачастую получали оплату в виде еды. Они ели хлеб, лук и соленую рыбу, запивая сладким пивом из зерна. Мука часто содержала песок, и зубы у многих мумий сильно сточены. Тесто мяли ногами или вручную, а кондитеры пекли пироги и булки всевозможного рода.

Большое пиршество в честь фараона было значительным событием, гости облачались в свои лучшие одежды. Царское меню могло включать жареного гуся или рагу из говядины, почек, дикой утки или нежной газели. Баранину не ели по религиозным праздникам, а в некоторых районах были также запрещены некоторые виды рыбы. Овощи, вроде лука-порея, тушили с молоком и сыром. Египетские кулинары владели умением тушить, жарить и запекать.

На пиршествах подавали красные и белые вина. Их хранили в глиняных сосудах, на которых были помечены год урожая и виноградник, точно так же, как это делается на этикетках современных винных бутылок.

## ЦАРСКИЙ ПИР
Вельможи Нового царства обмениваются сплетнями на званом обеде. Они щеголяют своими драгоценностями и своими лучшими нарядами. Египтяне любили попить и поесть. Во время пиршественной трапезы их развлекали музыканты, танцоры и акробаты.

### СДЕЛАЙТЕ БУЛОЧКУ

*Вам потребуется:* 200 г муки грубого помола, ½ чайной ложки соли, 1 чайная ложка пищевой соды, 75 г сливочного масла, 60 г меда, 3 чайные ложки молока, тмин, миска, деревянная ложка, посыпанная мукой доска, противень.

**1** Для начала смешайте в миске муку, соль и соду. Затем отрежьте масло и добавьте его в смесь.

**2** Пальцами, как показано, вотрите масло в смесь. Когда вы закончите, ваша смесь должна выглядеть как мелкие хлебные крошки.

**3** Теперь добавьте 40 г вашего меда. Смешайте его с остальными ингредиентами. Он подсластит ваши булочки. Древние египтяне не имели сахара.

## ЖЕНЩИНА, ДЕЛАЮЩАЯ ПИВО

Эта деревянная гробничная скульптурка женщины, делающей пиво, восходит к 2400 г. до н. э. Пиво изготавливали, разминая в воде ячменный хлеб. Когда смесь начинала бродить, выделяя алкоголь, жидкость процеживали и переливали в деревянную кадку. Существовали разные виды пива, однако все они пользовались большой популярностью. Согласно легенде, пиво в землю египетскую принес бог Осирис.

## ПИТЕЙНЫЙ СОСУД

Этот красивый фаянсовый бокал мог использоваться для вина, воды или пива. Он украшен орнаментом в виде цветков лотоса.

## ДЕСЕРТ ДРЕВНИХ

Египетская трапеза могла завершаться орехами, вроде миндаля, или сладкими фруктами – сочными винными ягодами, финиками, виноградом, гранатами или дынями. Сахар был по-прежнему неизвестен, а потому кондитерские изделия подслащивали медом.

*Гранаты*

*Финики*

## ДВОРЦОВАЯ ПЕКАРНЯ

В некоторых гробницах оставлялись целые артели глиняных поваров и пекарей. Это делалось для того, чтобы фараон мог устроить богатое пиршество для своих гостей в загробном мире. Фигурки просеивают муку, раскатывают тесто и пекут кондитерские изделия. Немалой частью наших знаний о египетской пище и кухне мы обязаны продуктовым ящикам и приношениям, оставленным в гробницах.

*Египетские кондитерские изделия нередко имели форму спиралей. Другой популярной формой были кольца, наподобие пончиков, и пирамиды. Некоторые сдобы имели форму крокодилов!*

**4** Добавьте молоко и перемешайте вашу массу, пока она не превратится в тесто. Скатайте тесто в шар и выложите его на посыпанную мукой доску. Разделите тесто на три части.

**5** Раскатайте тесто, как показано, на длинные полоски. Возьмите полоски и сверните их спиралью для получения одной булочки. Тем же способом сделайте другие булочки.

**6** Теперь посыпьте каждую булочку тмином и выложите их на смазанный противень. Под конец аккуратно полейте их оставшимся медом.

**7** Попросите взрослого поставить их на 20 минут в духовку, разогретую до 180°C (деление 4). Когда они будут готовы, выньте их и оставьте на противне остудиться.

109

# Египетская одежда

Наиболее распространенной тканью в Египте был лен. Он был преимущественно чисто-белый. Красители, вроде железа (красный), индиго (синий) и шафрана (желтый), иногда использовались, но крашеная и узорная одежда была все-таки отличительной чертой иноземца. Впрочем, египтяне украшали свою одежду бисером и красивыми перьями. Шерсть не применялась для ткачества в Древнем Египте. Шелк и хлопок появились не раньше чем к власти в Египте пришли иноземные правители, примерно после 1000 г. до н. э.

Основу одежды мужчин составляли простая юбка наподобие килта, набедренная повязка или туника. Женщины носили длинные облегающие платья из тонкой материи. Мода как для мужчин, так и для женщин менялась в течение столетий, отражаясь на форме ремешков, складок и плиссе.

Несмотря на то что в период Нового царства появились более изощренные стили одежды, одежда была относительно простой, с использованием пышных париков, драгоценных украшений и подводки глаз для большей выразительности.

## Браслет удачи

На браслете *(вверху)* изображено око-уджат: считалось, что этот амулет в виде глаза оберегал тех, кто его носит. Многие драгоценности делались, таким образом, как в декоративных, так и в магических целях. Некоторые ожерелья и серьги изготавливались в виде амулетов, уберегающих от змеиных укусов или других напастей.

## Позолоченные сандалии

Эти сандалии из золота были найдены в гробнице Шешонка II. Сандалии для богатых обычно делались из тонкой кожи, тогда как бедные пользовались сандалиями из папируса или сплетенной травы.

110

## ТКАНЬ

Льняная ткань изготавливалась из волокон льна. Его стебли мочили, мяли и трепали. Волокно наматывали вручную на веретено в виде нити, постоянно смачивая ее слюной. После этого ткали полотно. Первые египетские ткацкие станки были плоскими, однако в период гиксосского господства в стране появились вертикальные ткацкие станки.

*Лен*

## ЦАРСКИЙ НАРЯД

На этой филенке от золоченого трона изображены Тутанхамон и его супруга Анхесенамон, находящиеся в своем дворце. Изображения сделаны из стекла, серебра, драгоценных камней и фаянса (глазурованной обожженной глины). Царица одета в длинное плиссированное платье, а фараон – в плиссированную юбку-килт. Одежду скорее драпировали на теле, чем шили, и начиная со Среднего царства очень популярным было плиссе. И на Тутанхамоне, и на его жене надеты сандалии, браслеты, массивные ожерелья и красивые головные уборы или короны. Царица предлагает своему супругу сосуд с благовониями или притираниями.

## ИСТОКИ МОДЫ

Эта блузка была найдена в гробнице Тархана. Она была сделана почти 5 тыс. лет тому назад во времена царствования фараона Джета. Материал – лен, на плечах складки.

## РАЗНОЦВЕТНЫЕ ОЖЕРЕЛЬЯ

Массивные, яркие разноцветные ожерелья делались из стеклянных бусин, цветков, ягод и листьев. Их надевали на пиршества и по особым случаям. Среди ожерелий, найденных в гробнице Тутанхамона, были ожерелья, сделанные из листьев оливкового дерева и василька. Изучая подобные растения, археологи могут почерпнуть немало сведений о садоводстве, земледелии, климате и представителях насекомого мира в Древнем Египте.

# Секреты красоты

И ЕГИПЕТСКИЕ МУЖЧИНЫ, и женщины пользовались космети-
кой. Их макияж состоял из зеленых
теней, сделанных из минерала мала-
хита, и черной подводки для глаз,
сделанной из галенита, так называемого свинцового блеска. Губная помада и румяна делались из красной охры, к тому же
древние египтяне любили татуировки.

Большинство египетских мужчин
брили лицо начисто. Жрецы также
брили голову, а короткая стрижка фараона неизменно прикрывалась на пуб-
лике. Парики носили как мужчины, так
и женщины, даже те, у кого было достаточно своих волос. Седые волосы красили, и существовали разнообразные способы борьбы с облысением. Одним из таких спосо-
бов была мазь, готовившаяся из ослиного копыта,
собачьей лапы, финиковых косточек и масла!

## КРАСОТА, НЕПОДВЛАСТНАЯ ВРЕМЕНИ
Эта скульптурная голова из известняка принадлежит царице Нефертити, жене фараона Эхнатона, поклонявшегося
Солнцу. Она является как бы воплощением идеала египетской красоты. На ней надет головной убор и ожерелье. Камень раскрашен, и на ее лице можно также увидеть следы
макияжа.

## СВЕТ МОЙ, ЗЕРКАЛЬЦЕ
Зеркала делались из
полированной меди
или бронзы, наса-
женных на ручки из
дерева или слоно-
вой кости. Это
бронзовое зеркало
относится к 1900 г.
до н. э. Богатыми
зеркала использова-
лись для того, что-
бы проверять при-
ческу, накладывать
макияж или попрос-
ту любоваться сво-
им цветущим ви-
дом! Бедным же
приходилось обхо-
диться разглядыва-
нием своего отра-
жения в воде.

## СДЕЛАЙТЕ ЗЕРКАЛО

*Вам потребуется: зеркальный
картон, карандаш, ножницы,
самовысыхающая глина,
пластмассовый нож, скалка
и разделочная доска, небольшой
кусочек картона или наждачной
бумаги, золотистая краска, клей
ПВА и кисть, емкость с водой
и кисточка.*

1 Сперва нарисуйте, как показано, контур зеркальца
на белой стороне зеркального
картона. Аккуратно вырежьте
форму. Отложите картон в
сторону.

2 Возьмите глину и раскатайте ее в трубочку. Затем придайте ей, как показано, форму
рукоятки. Украсьте ручку вашего зеркала цветком лотоса
или папируса либо другим орнаментом.

3 Теперь проделайте щель в
ручке с помощью квадрат-
ного кусочка картона или наждачной бумаги, как это показано на фото. Именно в этом месте зеркало будет вставляться
в ручку.

## БОЛЬШИЕ ПАРИКИ И ВОСКОВЫЕ КОНУСЫ

На многих рисунках вельможи на пиршествах изображаются с конусом благовонного жира на голове. Вероятно, конусы источали аромат, тая на жаре. Впрочем, некоторые специалисты полагают, что конусы рисовались художниками для того, чтобы показать, что на человеке был надет благоухающий парик. Накладные волосы и парики были очень популярны в Египте. Короткие волосы были обычным явлением, хотя некоторые люди все же носили длинные волосы, которые они укладывали замысловатым образом.

## КОСМЕТИКА

В ранний период Египетской державы черная краска для век (сурьма) делалась из галенита, разновидности ядовитого свинца! Позднее стали пользоваться сажей. Хной красили ногти и подошвы ног, чтобы придать им красный цвет. Популярными косметическими средствами были пемза, для полировки грубой кожи, и зольные маски для лица.

*Маска для лица*     *Пемза*     *Сурьма*     *Хна*

## КОСМЕТИЧЕСКАЯ ЧАШКА

Косметические средства, масла и примочки готовили и хранили в сосудах и чашках, а также в полых тростниковых стволах или трубках. Эти емкости делались из камня, обожженной глины и стекла. Минеральные вещества растирали в порошок, а затем смешивали с водой в косметических чашках для получения пастообразной массы. Макияж наносили пальцами или специальной деревянной лопаточкой. Для подводки глаз обыкновенно использовались два цвета – зеленый и черный. В ранний период использовался зеленый цвет, но позднее более популярной стала характерная черная краска для век.

*Форма зеркала и его сверкающая поверхность напоминали египтянам солнечный диск, отчего зеркала сделались религиозными символами. Ко времени Нового царства многие зеркала украшали изображением богини Хатхор или цветков лотоса.*

**4** Положите рукоятку на проволочный противень и оставьте сушиться в теплом месте. Переверните ее по прошествии двух часов. Когда она полностью высохнет, посмотрите, подходит ли ваше зеркало по размеру.

**5** Теперь пора покрасить ручку. Аккуратно покрасьте одну сторону золотистой краской и оставьте сушиться. Когда она высохнет, переверните ручку и покрасьте другую сторону.

**6** Наконец вы можете собрать свое зеркальце. Покройте основание зеркального картона клеем и вставьте его в щель рукоятки. Оставьте его сушиться в теплом месте.

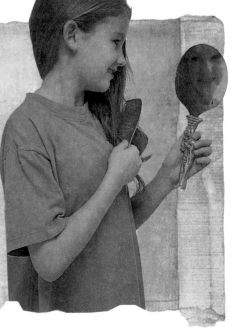

# Папирус и писцы

Слово «ПАПИРУС» происходит от названия тростника, который произрастает на берегах реки Нил. Для изготовления папируса (бумаги) египтяне снимали верхний слой со стволов тростника. Сердцевину нарезали полосками, мочили в воде, а затем укладывали слоями крест-накрест. Их плющили молотком, пока они не образовывали однородную массу. После этого поверхность папируса полировали деревянным инструментом. В числе других писчих материалов были глиняные черепки, дощечки из кожи или гипса.

Считается, что примерно лишь четверо из тысячи египтян умели читать или писать. Писцы являлись профессиональными писарями, которые занимались переписыванием официальных документов и указов, писем, стихов и историй. Обучение юных писцов отличалось основательностью, строгостью и суровостью. Один из наставников, Аменемоп, так обращался к своим ученикам: «Не проводи ни дня в лености, иначе ты будешь бит». Однако большинство рабочего люда завидовали легкой жизни писцов. Их хорошо вознаграждали за работу.

### ПОЛИРОВАЛЬНАЯ ЛОПАТКА
Этот красивый инструмент был найден в гробнице Тутанхамона. Он сделан из слоновой кости, отделанной на конце золотой фольгой. Полировальные лопатки использовались писцами для шлифовки поверхности свежеизготовленного папируса.

### УЧЕБНАЯ ТЕТРАДЬ
Школьные упражнения нередко записывались на выброшенных осколках камня или глины. Эти осколки известны как остраконы. Юные писцы переписывали упражнения на остраконе, а затем отдавали их на проверку учителю. В Египте было обнаружено множество образцов исправленных упражнений.

### ПИСЦЫ, ПРОИЗВОДЯЩИЕ УЧЕТ УРОЖАЯ
Сидящие на коленях писцы ведут учет размера урожая зерновых. Земледелец после этого должен был отдать часть зерна фараону в качестве подати, или налога. Многие писцы состояли при правительстве и переписывали отчеты, налоги, приказы и законы. Они были чем-то вроде государственных служащих.

## ПИСЬМЕННЫЙ ПРИБОР

Этот письменный прибор писца датируется примерно 3000 г. до н. э. Он состоит из тростниковых перьев и чернильницы.

Чернила делали из древесного угля или сажи, смешанных с водой. Писцы носили с собой дробилку для того, чтобы сначала измельчать красители. Нередко на письменном приборе гравировалось имя писца и имя его работодателя или фараона.

### ПЕРЬЯ

В Древнем Египте кисточки и перья делались из тростника. Куски чернил смешивались с водой на специальной палитре. Черные чернила изготавливались из древесного угля, а красные чернила делались из охры (составной части железа). То и другое смешивали с камедью.

*Древесный уголь*

*Тростниковое перо*

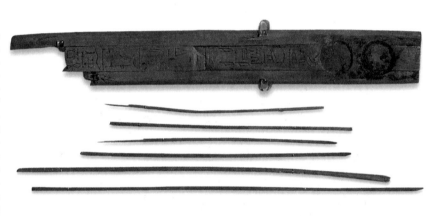

## ПЕРЕНОСНАЯ ПАЛИТРА

Работа писца нередко означала, что ему приходилось отправляться в деловые путешествия, чтобы фиксировать официальные документы. У большинства имелась переносная палитра вроде этой на случай разъездов. Писцы нередко также имели при себе портфель или сумку для документов, чтобы уберечь сведения, которые они записывали.

## СИМВОЛ ПИСЦА

Иероглиф, обозначающий писца, состоит из водяного сосуда, держателя для кисточки и палитры с кусками чернил. Египетским словом для обозначения писца или чиновника было слово «сеш».

## ЗНАМЕНИТЫЕ ПИСЦЫ

Аккроупи сидит, скрестив ноги, и держит в руках папирус и письменный прибор. Аккроупи был знаменитым писцом, жившим в Египте во времена Древнего царства. Писцы нередко считались влиятельными людьми в Древнем Египте, и до наших дней дошли их многочисленные статуи. Высокое положение писцов подтверждается в тексте «Сатира о профессиях», в котором говорится: «Заметь, что ни один писец не лишен пищи и богатств от царя».

# Способы письма

**Н**АМ ИЗВЕСТНО так много о древних египтянах благодаря письменному языку, который они оставили после себя. Надписи, сообщающие подробные сведения о их жизни, встречаются на всем – от обелисков до гробниц. Начиная примерно с 3100 г. до н. э. они использовали пиктограммы, называющиеся иероглифами. Каждая пиктограмма могла обозначать предмет, идею или звук. Изначальный вариант насчитывал около 100 иероглифических символов. Иероглифы использовались тысячелетиями, однако с 1780 г. до н. э. было популярно также и иератическое письмо. В поздний период Древнего Египта наряду с иероглифами использовалось и еще одно письмо – демотическое.

Впрочем, к 600 г. н. э., когда давно канул в историю последний фараон, никто уже не понимал иероглифы. Секреты Древнего Египта были утрачены на 1200 лет, до обнаружения Розеттского камня.

## РОЗЕТТСКИЙ КАМЕНЬ
Обнаружение Розеттского камня явилось счастливой случайностью. В 1799 году французский солдат нашел кусок камня в египетской деревушке под названием Рашид – или Розетта. На этом камне одни и те же слова были написаны тремя способами, представляющими два языка. Иероглифический текст вверху, демотический текст в центре, а греческий – внизу.

## РАСШИФРОВКА ЕГИПЕТСКОГО ПИСЬМА
В 1822 году французский ученый Жан-Франсуа Шампольон расшифровал надписи Розеттского камня. На камне запечатлен царский указ, написанный в 196 г. до н. э., когда у власти в Египте был греческий царь Птолемей V. Греческий текст на камне позволил Шампольону перевести иероглифы. Это открытие стало краеугольным для нашего понимания того, как жили древние египтяне.

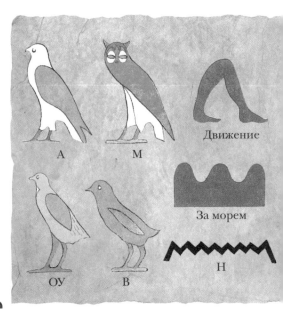

А

М

Движение

ОУ

В

За морем

Н

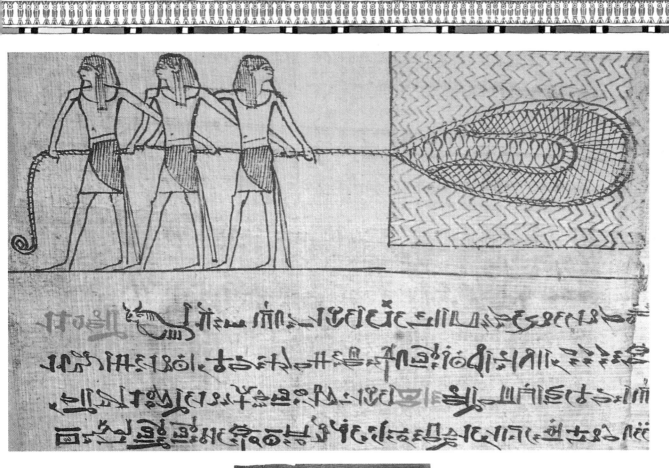

## ИЕРАТИЧЕСКОЕ ПИСЬМО

Иератическое письмо *(вверху)* использовало рисуночные символы (пиктограммы) и делало их очертания более похожими на буквы. Этот вид письма был менее отрывистым и позволял писать быстро. Им пользовались для изложения историй, писем и деловых соглашений. Его всегда читали справа налево.

## ДЕМОТИЧЕСКОЕ ПИСЬМО

Демотическое письмо *(слева)* было введено к концу Позднего царства. Оно позволяло писать еще быстрее, чем иератическое письмо. Первоначально им пользовались в деловых целях, но вскоре оно стало применяться и для религиозных и научных записей. Это письмо исчезло, когда Египет попал под власть римлян.

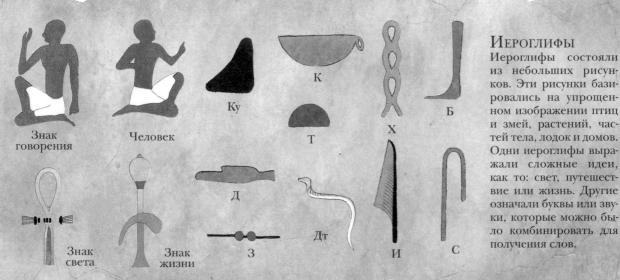

Знак говорения

Человек

Ку

К

Т

Х

Б

Знак света

Знак жизни

Д

З

Дт

И

С

## ИЕРОГЛИФЫ

Иероглифы состояли из небольших рисунков. Эти рисунки базировались на упрощенном изображении птиц и змей, растений, частей тела, лодок и домов. Одни иероглифы выражали сложные идеи, как то: свет, путешествие или жизнь. Другие означали буквы или звуки, которые можно было комбинировать для получения слов.

# Наука и технология

Д РЕВНИЕ ЕГИПТЯНЕ владели сложными системами счета и измерения. Они с большой пользой применяли свои знания в строительстве, инженерном деле и топографии. Впрочем, их знания были нередко перемешаны с суевериями и верой в магию. К примеру, врачи многое смыслили в сломанных костях и хирургии, но в то же время использовали всевозможные заклинания, амулеты и магические зелья, чтобы изгнать болезнь. Немалая часть их знаний о человеческом организме проистекала из их опыта приготовления умершего к погребению.

Жрецы усердно изучали звезды. Они думали, что планеты – это, очевидно, боги. Египтяне также разработали календарь, и это было очень важно для определения того, когда наступит разлив Нила и когда сеять культуры.

## МАТЕМАТИЧЕСКИЙ ПАПИРУС
Этот папирус демонстрирует методы для исчисления площади квадратов, кругов и треугольников. Он датируется примерно 850 г. до н. э. Эти методы применялись при расчетах площади земли и высоты пирамид для проведения строительных работ. На других дошедших до нас папирусах приводятся математические расчеты по вычислению того, сколько зерна поместится в хранилище. Египтяне пользовались десятичной системой счисления с отдельными символами для обозначения одного, десяти, 100 и 1000. Восемь выражали восемью символами одного – 11111111.

## ЛОКОТЬ
Единицы измерения включали царский локоть, равный приблизительно 52 см, и короткий локоть, равный 45 см. Локоть составлял длину руки до локтя и дополнительно подразделялся на ладони и пальцы.

## СДЕЛАЙТЕ ВОДЯНЫЕ ЧАСЫ
*Вам потребуется: самовысыхающая глина, пластиковый цветочный горшок, пластмассовый нож, шпажка, карандаш, линейка, бумажный скотч, ножницы, желтая акриловая краска, лак, емкость с водой и кисть, скалка и разделочная доска.*

**1** Для начала раскатайте глину. Возьмите пластиковый цветочный горшок и вдавите его основанием в глину. Это будет днище ваших водяных часов.

**2** Вырежьте продолговатый кусок глины, достаточно большой, чтобы его можно было обернуть вокруг цветочного горшка. Добавьте дно и разгладьте пластмассовым ножом стыки.

**3** Сделайте шпажкой, как показано на фото, небольшое отверстие около основания горшка. Оставьте горшок сушиться в теплом месте. Когда глина высохнет, удалите цветочный горшок.

## НИЛОМЕТР

Ряд ступенек, именуемый нилометром, использовался для измерения глубины воды в реке Нил. Ежегодные паводки были крайне важны для земледельцев, населявших берега Нила. Хороший паводок составлял около 7 м. Более сильный разлив, и сельскохозяйственные постройки и каналы могли быть разрушены. Меньше этой нормы, и поля могли засохнуть.

## МЕДИЦИНА

Большинство египетских лекарственных средств имели растительную основу. Одно из средств от головной боли состояло из можжевеловых ягод, кориандра, полыни и меда. Смесь втирали в кожу головы. Другие лекарства включали натрон (разновидность соли), мирру и даже крокодильи экскременты. Некоторые лекарства действительно исцеляли больных, однако другие приносили больше вреда, чем пользы.

*Кориандр*

*Чеснок*

## ЗВЕЗДА НИЛА

Это астрономическое изображение – с потолка гробницы Сети I. Изучение звезд было отчасти религией, отчасти наукой. Самой яркой звездой на небосклоне был Сириус. Египтяне называли его Сопдет, в честь богини. Эта звезда появлялась на видимом небосклоне во время ожидаемого разлива Нила и приветствовалась в виде особого празднества.

**4** Проведите внутри горшка линии на расстоянии 3 мм друг от друга. Заклейте концы бумажным скотчем и раскрасьте линии желтой краской. Когда глина высохнет, удалите скотч. Нанесите лак внутри горшка.

**5** Найдите или сделайте еще два горшка и разместите их так, как показано на фото. Попросите партнера зажать пальцем отверстие в часах, пока вы будете наливать в них воду.

**6** Теперь попросите партнера убрать палец. Убывание уровня воды от отметки к отметке является способом замерять время.

*Время исчислялось на водяных часах путем подсчета того, как долго происходило убывание воды от уровня к уровню. Уровень воды понижался по мере того, как она капала через отверстие в днище горшка.*

119

# Развлечения и досуг

О́дним из любимых развлечений египтян была охота. Они охотились не только ради еды, но и ради удовольствия, используя стрелы и луки, метательные палки, копья и сети. Тысячи лет назад в Египте обитало много диких животных. Сегодня большинство из них встречается только далеко на юге страны. Среди них были гиппопотамы и львы. Охота на этих животных являлась крайне опасным занятием, и изображения показывают фараона смело отправляющимся на охоту. На практике животных нередко загоняли в капканы и выпускали на огороженную территорию до прибытия фараона. Там фараон мог легко ловить добычу под защитой своей колесницы.

### Животные-чемпионы
На этом рисунке лев и антилопа – два заклятых врага – мирно сидят за игрой в сенет. Изображение датируется примерно 1150 г. до н. э. В сенет могли играть на изящных досках или на простых сетках, нацарапанных на камнях или расчерченных на песке.

Колесницы впервые появились в Египте в период гиксосского правления, и скачки на колесницах скоро стали модным видом спорта у знати. Популярным же у всех египтян видом спорта была борьба. В Египте не было театров, однако сказители при царском дворе и на сельских улицах рассказывали легенды и истории о битвах, богах и волшебстве.

Настольные игры были популярны в Египте с ранних его дней. В гробнице Тутанхамона находилась красивая игральная доска, сделанная из черного дерева и слоновой кости и предназначавшаяся для двух игр – «сенет» и «тжау».

### Ваш ход
Знатный египтянин играет в сенет, а его жена внимательно наблюдает. Игроки бросали игральные кости, чтобы решить, на сколько клеток нужно идти за один раз. Одни клетки приносили штраф, другие – прибыль. Считалось, что сенет – это игра в борьбу со злом.

### Доска для игры в мехен
*Вам потребуется:* самовысыхающая глина, скалка и разделочная доска, линейка, пластмассовый нож, зеленая краска, тряпка, лак, емкость с водой и кисть. Для игры: 12 круглых фишек: 6 синих на одной стороне/серых на другой; 6 золотых на одной стороне/оранжевых на другой; 2 фишки покрупнее, кубик.

**1** Раскатайте на разделочной доске глину и вырежьте из нее указанную форму. С помощью линейки и пластмассового ножа сделайте насечки на кольцах змеи с равными промежутками. Оставьте высохнуть.

**2** Разотрите доску разбавленной зеленой краской, чтобы протравить линии. Удалите излишки краски тряпкой. Оставьте просохнуть. В конце попросите взрослого покрыть доску лаком.

**3** У каждого играющего имеется 6 фишек одного цвета плюс фишка побольше (слева). Поверните все свои фишки так, чтобы они лежали одним цветом кверху. Вам нужно выбросить один, чтобы ввести каждую фишку в игру.

## ПОСЛЕДНЯЯ ИГРА

Эта игральная доска – из гробницы Тутанхамона. Настольные игры были настолько популярны, что их клали в гробницы, дабы у умершего было какое-то развлечение в загробной жизни.

## ЗАХВАТЫ И БРОСКИ

Борьба была тем видом спорта, которым мог заниматься всякий египтянин. Она не требовала дорогих колесниц или какого-то другого специального снаряжения. Она была одинаково популярна у богатых и бедных.

## ОХОТА НА БОЛОТАХ

Небамон, знатный египтянин, увлечен дневной охотой на пернатую дичь на болотах в дельте Нила. Он стоит в своей тростниковой лодке и швыряет свою метательную палку, своего рода бумеранг, в выпархивающих из тростников птиц. Его кошка уже, по-видимому, поймала несколько птиц.

*До 3000 г. до н. э. в Египте была популярна игра в змею – «мехен».*

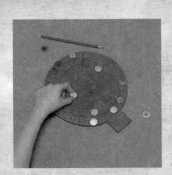 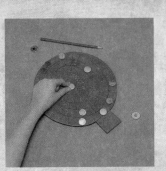  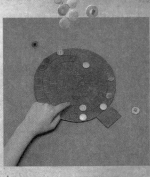

**4** Вы должны поставить каждую из своих фишек на доску, прежде чем продвигать какую-то из них. Если выпадает один, ход переходит к вашему сопернику.

**5** Для попадания в центр нужно точное число ходов. Оказавшись в центре, переверните свою фишку, чтобы начать обратный путь. Когда она дойдет до начала, вы можете ввести в игру своего льва.

**6** Лев двигается к центру точно так же, как и другие фишки. Правда, на своем обратном пути он может съедать любую из фишек соперника, попадающихся ему на пути.

**7** Победителем становится тот, чей лев съест наибольшее количество фишек соперника. Подсчитайте фишки, которые благополучно вернулись назад, и посмотрите, у кого осталось их больше.

# Мир ребенка

Х ОТЯ ДО НАЧАЛА УЧЕНИЯ и работы египетские дети имели лишь краткий период детства, они с удовольствием играли погремушками, мячами, волчками, игрушечными лошадками и крокодилами. Они боролись в пыли, бегали наперегонки и купались в реке.

Девочки из обыкновенных египетских семей получали незначительное образование. Их учили вести хозяйство, прясть, ткать и готовить.

Когда девочки вырастали, для них было открыто мало возможностей для работы, хотя они и имели права по закону, а некоторые знатные женщины добивались весьма влиятельного положения. Мальчиков обучали тому же ремеслу, которым занимались их отцы. Некоторые ходили в школу для писцов, где их учили читать и писать. Отстающих учеников беспощадно били.

Мальчики и некоторые девочки из знатных семей получали более широкое образование, учились чтению, письму и арифметике.

### ИГРУШЕЧНАЯ ЛОШАДКА
Эта игрушечная лошадка относится к периоду, когда Египтом правили греки или римляне. Ее тянули за веревочку и катали.

### ЗАБАВА ДЛЯ ВСЕХ
Волчки были популярной игрушкой для детей Египта. Они делались из глазурованного камня и были доступными для более бедных семей.

### ИСИДА И ГОР
Многочисленные статуи изображают богиню Исиду с Гором в виде ребенка, сидящего на коленях у своей матери. Считалось, что юный Гор оберегал семьи от опасностей и несчастных случаев. У египтян были большие семьи, и семейная жизнь имела для них немалое значение.

### РЫЧАЩИЙ ЛЕВ
*Вам потребуется:* самовысыхающая глина, скалка и разделочная доска, пластмассовый нож, кусок картона, шпажка, бальзовая палочка, наждачная бумага, акриловая краска (белая, зеленая, красная, синяя, черная, желтая), бумажный скотч, веревка, емкость с водой и кисть.

**1** Для начала раскатайте глину. Вырежьте из нее указанные формы. Прикрепите ноги к туловищу и основанию. Отложите в сторону деталь нижней челюсти.

**2** Используя пластмассовый нож, проделайте отверстие между верхней частью туловища льва и основанием. В это отверстие будет вставляться нижняя челюсть.

**3** Вставьте нижнюю челюсть в сделанное вами отверстие и подоприте ее кусочком картона. Проделайте шпажкой сквозное отверстие в верхней и нижней челюстях.

## ИГРА В МЯЧ

Египетские дети
с удовольствием играли в мяч,
сделанный из тряпья, льна и тростника.
Правда, археологи не уверены, использовались ли мячи, изображенные вверху, для игр
или же были вроде погремушек для
детей помладше.

## ЛОКОН ЮНОСТИ

В юном возрасте мальчики и девочки носили особую прическу – бри-
тая голова с заплетенным в косичку локоном. Эту косичку – или локон юности – дозволялось отращивать с одной стороны детской головы. Достигнув зрелого возраста, многие египтя-
не брили голову и носили пышный парик.

## ИГРУШЕЧНЫЙ ЛЕВ

Потяните за веревочку, и
лев зарычит! Или же это
кошка мяукает? Когда-то
дети играли с этим живот-
ным на берегах Нила. В те
времена эту игрушку
обыкновенно ярко рас-
крашивали.

*В исконном
варианте эту
игрушку делали
обыкновенно
из дерева,
с бронзовым
клыком.*

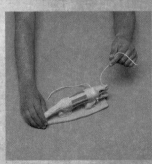

**4** Теперь проделайте шпажкой сквозное отверстие в
верхней части туловища льва
слева направо. Позднее в эти
отверстия вы проденете веревку, которая будет связана с
челюстью.

**5** Вставьте в пасть льва небольшой кусочек бальзо-
вой палочки. Это будет клыком льва. Оставьте глиняного
льва высохнуть, а затем отшлифуйте его наждачной бумагой.

**6** Раскрасьте льва, как показано, в белый, желтый, синий, черный и красный цвета.
Используйте бумажный скотч,
чтобы добиться четких ли-
ний. Оставьте льва в теплом
месте и дайте высохнуть.

**7** Проденьте веревку через
отверстия в туловище и завяжите узлом. Вторую веревку
проденьте через отверстия
в верхней и нижней челюстях
вашего льва.

# Оружие и воины

### ЦАРЬ ДЕН

На этой палетке из слоновой кости, датирующейся 3000 г. до н. э., царь Ден вступает в битву с восточным неприятелем. Он стоит под флагом – или штандартом – бога Анубиса, изображаемого с головой шакала. Он вооружен дубиной – или булавой.

С ТРЕХ СТОРОН Египет был окружен суровой пустыней. На севере были болота Дельты, а на юге течение Нила образовывало серию быстрин и водопадов – пороги. Все это служило преградами на пути захватнических армий. При этом египетские города защищали укрепления и стены, а многие фараоны вступали в сражения со своими соседями. Войны велись против ливийцев, нубийцев, хеттов и сирийцев.

В Египте были профессиональные воины, однако большинство служили в армии поневоле. Для рабов военные походы были возможностью добыть себе свободу. Иногда для войны призывались также иноземные наемники. Молодые мужчины в селах проходили строевую подготовку. Воины носили щиты из кожи и дерева. Они были вооружены копьями, топорами, луками и стрелами, кинжалами и мечами. Позднее стали использоваться боевые колесницы, запряженные лошадьми. За храбрость в бою вручались специальные награды, как, например, «золотая муха».

### НА КОЛЕСНИЦЕ К ПОБЕДЕ

Египетское искусство часто изображает сцены, на которых фараон едет на битву или триумфально возвращается домой. Царь управляет пышной колесницей и гонит перед собой пленников. Художники нередко изображали врагов очень маленькими, чтобы подчеркнуть власть и значимость фараона. Эта пластина из красного золота изображает Тутанхамона всепобеждающим героем.

### СДЕЛАЙТЕ ЗОЛОТУЮ МУХУ

*Вам потребуется: картон, карандаш, линейка, ножницы, самовысыхающая глина, клей ПВА и кисть, акриловая краска (золотистого цвета), золотистая или белая лента (40 см в длину на 1 см в ширину), емкость с водой и кисточка.*

**1** Сначала сделайте туловище и крылья мухи. С помощью линейки и карандаша нарисуйте форму мухи, как показано, на картоне. Затем аккуратно ее вырежьте.

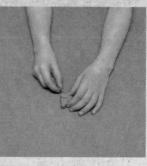

**2** Слепите из глины голову мухи. Скатайте два небольших шарика для глаз и сделайте контур для них из колец глины. От этого глаза будут казаться больше.

**3** Возьмите картон, подогните язычок и приклейте, как показано. У вас образуется петля. Когда муха будет готова, в эту петлю вы проденете ленточку.

## Боевой топор

У этого топора серебряная рукоятка и длинное лезвие, предназначавшееся для того, чтобы производить режущее движение. Боевой топор был излюбленным оружием египетской пехоты. Медная или бронзовая насадка вставлялась в паз или крепилась к деревянной рукоятке кожаными ремешками. Воины сражались без доспехов. Единственной их защитой от оружия противника, вроде тяжелых топоров и копий, были большие щиты, сделанные из дерева или кожи. Мумия фараона Секененра Тао обнаруживает ужасные раны черепа, нанесенные топором, кинжалом и копьем на поле битвы.

*Орденом Золотой мухи награждались храбрые воины. Это модель награды, врученной царице Аххотеп за ее участие в войне против гиксосов.*

## Кинжалы

Эти церемониальные кинжалы были найдены в гробнице Тутанхамона. Они похожи на те, которые, очевидно, использовали в битвах. Египетские кинжалы были короткими и сравнительно широкими. Лезвия изготавливались из меди и бронзы. В гробнице Тутанхамона также был найден железный кинжал, но такой кинжал был весьма редким. Возможно, это был подарок хеттов, которые владели новой технологией – обработкой железа.

**4** Наклейте, как показано, на голову четыре небольшие полоски белого картона. Вдавите их в глину. Оставьте голову мухи в теплом месте и дайте высохнуть.

**5** Теперь наклейте полностью готовую муху из глины на картонные крылья. Оставьте законченную муху сохнуть примерно на 20 минут, прежде чем ее красить.

**6** Аккуратно покрасьте муху краской золотистого цвета. Если ленточка у вас белая, покрасьте и ее золотистым цветом. Оставьте муху и, при необходимости, ленточку сохнуть. Изготовьте тем же образом две другие мухи.

**7** Проденьте, как показано, ленточку в петли ваших золотых мух. В изначальном варианте золотые мухи носились на цепочке.

# Лодки и корабли

**Е**гиптяне не были великими мореплавателями. Действительно, их океанские суда плавали по Красному и Средиземному морям и, возможно, даже достигали берегов Индии, но они по преимуществу держались прибрежных вод. Впрочем, египтяне были искусны в речной навигации, как и сегодня. Они строили простые лодки из тростникового папируса и использовали их для рыболовства и охоты.

У Египта было мало древесины, а потому деревянные суда нередко строились из кедра, импортировавшегося из Ливана. Ладьи и модели судов нередко помещались в гробницы, и археологи обнаружили немало хорошо сохранившихся образцов.

Нил был главной дорогой Египта, по нему вверх и вниз путешество-

вали лодки всевозможных родов. Тут были баржи, доставлявшие камни к местам строительства, паромы, перевозившие людей на другой берег, и царские прогулочные ладьи.

### ПОСЛЕДНЕЕ ПЛАВАНИЕ
Корабли часто появляются на египетских изображениях. Они были важным символом путешествия в загробный мир.

### ВДОЛЬ ПО НИЛУ
Деревянные парусные суда с изящными треугольными парусами и сегодня еще можно видеть на реке Нил. Они перевозят товары и людей вверх и вниз по реке. Конструкция этих лодок – или фелюг – изменилась со времен древних египтян. Паруса на ранних лодках были высокими, вертикальными и узкими. Поздние конструкции были шире, подобно тем, что показаны на фото. В Египте крупные поселения и города всегда строились вдоль реки, а потому Нил служит важной транспортной артерией.

### СДЕЛАЙТЕ ЛАДЬЮ
*Вам потребуется:* большой пучок соломы длиной 30 см, ножницы, веревка, бальзовые палочки, красный и желтый картон, клей ПВА и кисть.

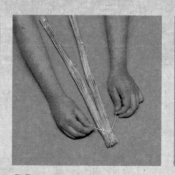

1 Разделите солому на пять равных пучков, а затем обрежьте три из них, чтобы их длина составляла 15 см. Надежно свяжите все пять пучков с обоих концов и посередине, как показано на фото.

2 Возьмите два длинных пучка и свяжите их вместе, как показано, с одного конца. Эти пучки будут образовывать внешний каркас ладьи. Отложите их в сторону.

3 Затем возьмите три коротких пучка и свяжите их вместе с обоих концов. Эти пучки будут образовывать днище соломенной ладьи.

126

## Обходя песчаные отмели

Эта деревянная модель из гробницы изображает лодку, относящуюся к 1800 г. до н. э., с высоко изогнутыми концами. Длинные рулевые весла позволяли лодке держать курс на бурных стремнинах мощной реки. И хотя при строительстве более крупных лодок основным материалом была древесина, по своей конструкции они были сходны с простыми суденышками из тростника.

## Плавание в Абидос

Эти лодки совершают паломничество в Абидос. Это был город Осириса, бога смерти и воскресения. Мумии доставлялись туда по воде. Корабли и лодки играли значительную роль в религиозных верованиях древних египтян. Солнечный бог Ра путешествовал по небосклону в ладье. В октябре 1991 года в Абидосе недалеко от Мемфиса был обнаружен флот из 12 лодок, датирующихся примерно 3000 г. до н. э. Лодки имели до 30 м в длину и были погребены под песками пустыни. Ладьи, найденные в этих траншеях, являются самыми древними сохранившимися крупными судами в мире.

## Знак севера

Иероглиф внизу обозначает лодку. Он несколько напоминает суденышки из тростникового папируса с их закругленными концами. Позднее этот знак стал обозначать север. Судно без паруса всегда двигалось на север вместе с течением Нила.

*Древние лодки изготавливались из тростникового папируса. Они перевязывались веревкой, сделанной из волокон тростника.*

**4** После этого просуньте короткие пучки между двух длинных. Свяжите, как показано, пучки между собой с одного конца веревкой.

**5** Сведите вместе концы длинных пучков и, как показано, надежно их свяжите. Скрепите всю лодку веревкой.

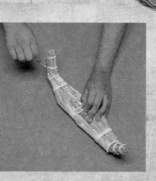

**6** Протяните веревку от одного конца до другого. Натяжение веревки должно обеспечить вашей ладье высокое положение носа и кормы.

**7** Вырежьте из картона нужные формы и приклейте их к бальзовым палочкам, чтобы снабдить ладью веслом и гарпуном. Подобные лодки использовались для рыболовства и охоты на гиппопотамов.

# Торговля и завоевания

В ПЕРИОД СВОЕГО РАСЦВЕТА Египетская держава простиралась от Нубии до Сирии. Народы Ближнего Востока, покоренные фараонами, должны были платить дань в виде ценных товаров, как, например, золота или страусиных перьев. Впрочем, египтяне были больше заинтересованы в защите собственной земли от вторжений, чем в создании огромной империи. Они предпочитали завоевывать скорее влиянием, нежели войной. Египетское торговое влияние распространялось далеко и широко: на поиски роскошных товаров – древесины, драгоценных камней или пряностей – снаряжались официальные экспедиции. Из Минойского царства на Крите импортировали красивые гончарные изделия. Торговцы, нанятые правительством, назывались «шевти». У древних египтян не было монет, а потому они вели меновую торговлю.

Экспедиции также направлялись в страну Пунт, бывшую, вероятно, частью Восточной Африки. Торговцы привозили оттуда обезьян, борзых, золото, слоновую кость, черное дерево и мирру. Царица Хатшепсут особенно поощряла такие торговые эспедиции. На стенах ее заупокойного храма запечатлена их история, а также дано изображение Ати, царицы Пунта.

### ДЕРЕВО ИЗ ДАЛЕКИХ ЛЕСОВ
В Египте росло мало деревьев, а потому древесину для изготовления изящной мебели приходилось импортировать. Кедр доставлялся из Ливана, а твердые породы древесины, типа черного дерева, ввозились из Африки.

### ВСЕ БОГАТСТВА ПУНТА
Моряки грузят на деревянное парусное судно бочки, растения, пряности и обезьян из страны Пунт. Все это обычно выменивалось в Пунте на товары. Египетские торговые экспедиции отправлялись во многие отдаленные страны и привозили фараону драгоценные товары. Это копия изображения на стенах храма Хатшепсут в Дейр-эль-Бахри.

## Сирийские послы

Иноземные правители из Азии и средиземноморских стран посылали пышные дары фараону, и он посылал им подарки в ответ. Эти сирийцы были посланы в качестве представителей своего правителя – или послов. Они привезли сосуды для благовонных масел, сделанные из золота, слоновой кости и красивого камня лазурита. Вазы украшены золотым узором и орнаментом в виде цветка лотоса. Фараон передавал часть богатых иностранных подарков придворным из числа своих фаворитов.

## Нубийцы, приносящие дань

Нубийцы приносят дары фараону Тутмосу IV – золотые кольца, обезьян и леопардовые шкуры. Нубия была страной, находившейся выше нильских порогов (стремнин), ныне известная как Северный Судан. Египтяне стяжали немалую часть своего богатства в военных походах в Нубию. В периоды же мира они также вели торговлю с царями Нубии, получая от них полезные ископаемые и экзотических животных.

## Товары из других стран

Египетским ремесленникам приходилось импортировать многие из своих наиболее ценных материалов из-за границы. К ним относились золото, бивни слона (для выделки изделий из слоновой кости), крепкие породы древесины, вроде черного дерева, и мягкие породы древесины, вроде ливанского кедра. Медь добывали в Нубии, а бронзу (сплав меди и олова) импортировали из Сирии.

Слоновая кость

Черное дерево

## Мир торговли

Египтяне путешествовали по Красному морю в загадочную страну Пунт. На этой современной карте показан путь, который, очевидно, проделывали торговцы. Никто не знает точного местоположения Пунта, но, вероятно, это были теперешние Сомали, Эритрея, Йемен или Южный Судан.

129

# Глоссарий

## А

**Алебастр** Матово-белый камень, разновидность гипса.

**Аметист** Фиолетовый кристалл, разновидность кварца.

**Амулет** Предмет, приносящий удачу.

*Амулет*

**Артефакт** Предмет, дошедший до нас из прошлого.

## Б

**Бальзамирование** Сохранение (консервирование) мертвого тела.

**Бирюза** Сине-зеленый камень.

**Благовония** Душистая смола или кора, возжигавшиеся во время проведения религиозных церемоний.

## В

**Везир** Хранитель казны или верховный сановник при египетском дворе.

**Веретено** Стержень для навивания нити, используемый во время прядения.

**Верхний Египет** Южная часть Египта.

## Г

**Газель** Небольшая грациозная антилопа.

**Гиксосы** Народ (племенной союз) из Палестины, обосновавшийся в Египте после 1800 г. до н. э. и правивший страной до своего изгнания.

*Гиксосы*

**Гончарный круг** Круглый камень, вращаемый для придания нужной формы сырой глине при изготовлении горшков вручную.

## Д

**Дань** Товары, отдающиеся страной своим завоевателям в качестве свидетельства своего подчиненного положения.

**Дельта** Прибрежный район, где река распадается на несколько рукавов перед впадением в море.

**Демотическое письмо** Упрощенное письмо, использовавшееся в поздние периоды Древнего Египта.

**Династия** Царская семья или период, в течение которого она пребывает у власти.

**Древнее царство** Период египетской истории между 2686 и 2181 гг. до н. э.

## З

**Забастовка** Остановка работы с требованием улучшить условия труда.

**Засуха** Долгий засушливый период без осадков.

**Золотая муха** Знак отличия, которым награждались солдаты за храбрость в бою.

## И

**Иератическое письмо** Скорописный вариант иероглифического письма, использовавшийся жрецами.

**Иероглиф** Рисуночный символ, использовавшийся в древнеегипетском письме.

**Империя** Ряд стран, находящихся под властью единого правительства.

**Индиго** Краска темно-синего цвета, получаемая из растений.

## К

**Канопа** Керамический сосуд, в котором хранили легкие, печень, кишки и желудок умершего человека.

**Колесница** Запряженная лошадьми повозка, использовавшаяся в боевых действиях или состязаниях.

*Колесница*

**Корма** Задний конец судна.

**Косметика** Средства придания красоты лицу и телу.

**Крепостные** Крестьяне, не имеющие права покинуть землю, которую они обрабатывают, без разрешения землевладельца.

**Крюк и кнут** Символические предметы, посвященные богу Осирису. Фараоны носили их как эмблемы царской власти.

*Крюк и кнут*

## Л

**Лен** Растение с голубыми цветками, выращиваемое ради его волокон, из которых делают льняные ткани. Имеет также семена, из которых получают льняное масло.

**Лира** Музыкальный инструмент, напоминающий арфу.

**Локон юности** Косичка, которую носили дети в Древнем Египте.

**Локоть** Единица измерения, равная длине руки от кисти до локтя.

**Лютня** Струнный щипковый музыкальный инструмент.

## М

**Мумия** Тело человека или иногда животного, законсервированное путем высушивания.

*Канопы*

## Н

**Натрон** Кристаллы соли, использовавшиеся при бальзамировании мумий.

**Нехбет** Имя богини-коршуна.

**Нижний Египет** Северная часть Египта, особенно дельта Нила.

**Нилометр** Ряд мерных ступенек или колонна, использовавшиеся для измерения высоты разлива Нила.

**Новое царство** Период египетской истории между 1550 и 1070 гг. до н. э.

## О

**Оазис** Место в пустыне, где имеется источник воды.

**Обелиск** Остроконечная колонна, возведенная в качестве монумента.

**Обряд** Церемония, часто религиозного характера; ритуал.

**Орошение** Подведение воды к засушливому участку земли.

**Остраконы** Глиняные черепки, использовавшиеся вместо дощечек для письма.

**Охота на пернатую дичь** Охота на диких уток, гусей и других водоплавающих птиц с использованием метательных палок.

**Охра** Красная или желтая земля.

*Охота на пернатую дичь*

## П

**Папирус** Высокий тростник, растущий на берегах Нила. Используется для изготовления бумаги. А также сам материал, на котором писали в Древнем Египте.

**Пиктограмма** Рисуночный символ, письменный знак в виде рисунка.

**Пирамида** Крупный островерхий монумент с широким квадратным основанием и треугольными гранями.

**Писец** Профессиональный писарь, клерк или государственный служащий.

**Подать** Налог, платившийся государству в виде товаров, денег или услуг.

**Подвеска** Кулон на цепочке, который вешают на шею.

**Порог** Водопады или стремнины (быстрины).

## Р

**Рака** Ковчег со святыми мощами, место поклонения.

## С

**Саркофаг** Каменный футляр для гроба.

**Систр** Металлическая погремушка, использовавшаяся в качестве музыкального инструмента в Древнем Египте.

**Скипетр** Жезл, носимый царем, царицей или императором в качестве эмблемы власти.

*Систр*

**Среднее царство** Период египетской истории между 2050 и 1786 гг. до н. э.

**Суеверие** Не основанная на логике вера в везение или невезение.

**Сфинкс** Статуя мифического существа с туловищем льва и головой человека.

*Сфинкс*

## Т

**Текстиль** Любая ткань, изготовленная на ткацком станке.

**Ткацкий станок** Рамка, на которой ткали полотно.

*Фараон*

## Ф

**Фараон** Правитель Древнего Египта.

**Фаянс** Разновидность матового стекла, нередко синего или зеленого цвета. Делается из кварца или песка, извести, золы и натрона.

*Фаянсовое блюдо*

## Х

**Хна** Красновато-коричневая краска для волос или кожи, изготавливаемая из листьев кустарникового растения.

## Ц

**Цивилизация** Общество на определенной стадии развития искусства, науки, технологии, законодательства и государства.

## Ш

**Шадуф** Устройство наподобие колодезного журавля в виде бадьи на шесте с грузом, использовавшееся для подъема воды из Нила, которой орошали поля на его берегах.

**Шакал** Дикая собака, обитающая в Азии и Африке.

**Шафран** Специя и краска оранжевого цвета, получаемые из крокуса.

*Обелиск*

# ДРЕВНЯЯ
# ГРЕЦИЯ

ЗА ДВА ТЫСЯЧЕЛЕТИЯ СВОЕГО СУЩЕСТВОВАНИЯ ДРЕВНИЕ ГРЕКИ

ЗАЛОЖИЛИ НЕ ОДИН ФУНДАМЕНТ СОВРЕМЕННОГО МИРА. МНОГИЕ ИХ

ПРЕДСТАВЛЕНИЯ О МЕДИЦИНЕ, МАТЕМАТИКЕ И О ТОМ, КАК УПРАВЛЯТЬ

ГОРОДАМИ И СТРАНАМИ, ПО-ПРЕЖНЕМУ В ХОДУ, ПРИ ТОМ ЧТО

ВЫРАБОТАВШИЙ ИХ НАРОД ЖИЛ 3–4 ТЫСЯЧИ ЛЕТ ТОМУ НАЗАД.

ГРЕКИ ВВЕЛИ В ОБИХОД ТЕАТР И НОВЫЕ ФОРМЫ ИСКУССТВА

И АРХИТЕКТУРНЫЕ СТИЛИ, КОТОРЫЕ МЫ И ПО СЕЙ ДЕНЬ МОЖЕМ ВИДЕТЬ

ВОКРУГ СЕБЯ. ИХ ЦИВИЛИЗАЦИЯ БЫЛА ЦИВИЛИЗАЦИЕЙ ВПЕЧАТЛЯЮЩИХ

ДОСТИЖЕНИЙ И ПРИКЛЮЧЕНИЙ, ПОСКОЛЬКУ ОНИ ТОРГОВАЛИ,

ПУТЕШЕСТВОВАЛИ И СРАЖАЛИСЬ, ПРОКЛАДЫВАЯ СЕБЕ ПУТЬ

В НЕИЗВЕДАННОМ МИРЕ. ИХ ГЕРОИ, ПОЭТЫ, ПОЛИТИЧЕСКИЕ ДЕЯТЕЛИ

И КРАСОЧНЫЕ И НЕСОВЕРШЕННЫЕ БОГИ ДЕЛАЛИ ОБЫДЕННОЕ

ЧЕЛОВЕЧЕСКОЕ СУЩЕСТВОВАНИЕ БОЛЕЕ ЗАХВАТЫВАЮЩИМ

И УВЛЕКАТЕЛЬНЫМ.

# Мир древних греков

ОБРАТИТЕ ВЗГЛЯД НА 3 ТЫС. ЛЕТ НАЗАД на берега восточного Средиземноморья, где находятся истоки одной из самых долговременных и мощных цивилизаций западного мира. Древняя Греция состояла из большого числа самостоятельных городов-государств, каждое из которых стремилось к независимости и влиянию. Они развились из земледельческого общества, которое использовало в качестве письма простые пиктограммы, в сложную культуру. И по прошествии столетий греческое наследие сохраняется во многих сферах современного общества. Истоки демократии, математики, медицины и философии уходят корнями в тот период истории. Даже некоторые из наших слов пришли к нам из древнегреческого языка. Так, слово «телефон» происходит от древнегреческих слов «теле», что значит «дальше», и «фонос», означающего «звук».

## ВЕРХ СОВЕРШЕНСТВА

Парфенон считается высшим достижением греческой архитектуры. Это было важнейшее здание в Афинах, где он и по сей день стоит на вершине Акрополя. Храм строился 15 лет и был посвящен богине Афине, покровительнице Афин. На его возведение ушло около 22 тыс. тонн мрамора, доставлявшегося к месту строительства на расстояние более чем 15 км.

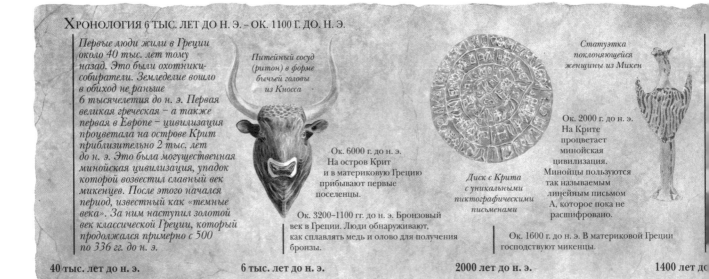

ХРОНОЛОГИЯ 6 ТЫС. ЛЕТ ДО Н. Э. – ОК. 1100 Г. ДО. Н. Э.

*Первые люди жили в Греции около 40 тыс. лет тому назад. Это были охотники-собиратели. Земледелие вошло в обиход не раньше 6 тысячелетия до н. э. Первая великая греческая – а также первая в Европе – цивилизация процветала на острове Крит приблизительно 2 тыс. лет до н. э. Это была могущественная минойская цивилизация, упадок которой возвестил славный век микенцев. После этого начался период, известный как «темные века». За ним наступил золотой век классической Греции, который продолжался примерно с 500 по 336 гг. до н. э.*

*Питейный сосуд (ритон) в форме бычьей головы из Кносса*

Ок. 6000 г. до н. э. На остров Крит и в материковую Грецию прибывают первые поселенцы.

Ок. 3200–1100 гг. до н. э. Бронзовый век в Греции. Люди обнаруживают, как сплавлять медь и олово для получения бронзы.

*Диск с Крита с уникальными пиктографическими письменами*

*Статуэтка поклоняющейся женщины из Микен*

Ок. 2000 г. до н. э. На Крите процветает минойская цивилизация. Минойцы пользуются так называемым линейным письмом А, которое пока не расшифровано.

Ок. 1600 г. до н. э. В материковой Греции господствуют микенцы.

40 тыс. лет до н. э.      6 тыс. лет до н. э.      2000 лет до н. э.      1400 лет до

## ДРЕВНЕГРЕЧЕСКИЙ МИР

На карте вверху показаны главные порты и города, через которые греки вели торговлю. Древнегреческий мир был сосредоточен в Эгейском море. Греки были предприимчивыми мореплавателями. Торговля привела их из Эгейского моря в Атлантический океан и к берегам Черного моря, где они основали многочисленные поселения. Эти колонии помогли грекам распространить свое влияние за пределы материковой части страны и прибрежных островов.

## ЦЕНТРАЛЬНЫЙ КАМЕНЬ

Омфал (пуп земли) являлся рельефным камнем, который хранился в святилище в Дельфах. Древние греки считали, что это святилище было центром мира. Камень омфал был помещен туда, чтобы обозначать центр земли. По преданию, он был положен туда Зевсом, правителем богов. Он, вероятно, также служил в качестве алтаря, на котором совершались жертвоприношения.

## НАГЛЯДНОЕ ПРОШЛОЕ

Археологические свидетельства в виде глиняных сосудов, как, например, эта ваза, помогают нам составить себе представление об истории Греции. Эта ваза является характерным образцом высокого мастерства, снискавшего грекам восхищение других народов. Вазы традиционно украшались изображениями исторических событий. На этой вазе мы видим сцену умерщвления царя во время осады Трои. Осада Трои была важным событием в греческом фольклоре. Эти декоративные вазы использовались в качестве сосудов для жидкостей, как, например, масла, воды и вина. Экспорт подобных глиняных изделий приносил грекам огромную долю их богатств.

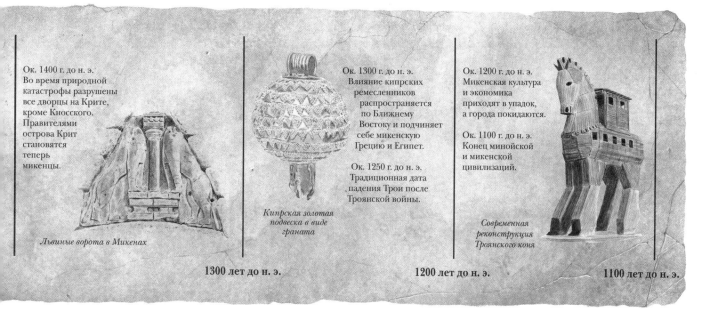

Ок. 1400 г. до н. э.
Во время природной катастрофы разрушены все дворцы на Крите, кроме Кносского. Правителями острова Крит становятся теперь микенцы.

*Львиные ворота в Микенах*

Ок. 1300 г. до н. э.
Влияние кипрских ремесленников распространяется по Ближнему Востоку и подчиняет себе микенскую Грецию и Египет.

Ок. 1250 г. до н. э.
Традиционная дата падения Трои после Троянской войны.

*Кипрская золотая подвеска в виде граната*

Ок. 1200 г. до н. э.
Микенская культура и экономика приходят в упадок, а города покидаются.

Ок. 1100 г. до н. э.
Конец минойской и микенской цивилизаций.

*Современная реконструкция Троянского коня*

1300 лет до н. э.          1200 лет до н. э.          1100 лет до н. э.

# Мощь и процветание

История Древней Греции насчитывает 20 столетий. Она начинается с минойской цивилизации на острове Крит, которая достигла своего расцвета между 1900 и 1450 гг. до н. э. Эта культура была к тому же первой культурой, возникшей в Европе. Минойцы были жизнерадостным и артистическим народом, который строил дворцы и города, и к тому же великими мореходами. Их достижения заметно повлияли на микенцев, которые создавали свою собственную цивилизацию на материковой части Греции начиная примерно с 1600 г. до н. э. Обе культуры – и минойская, и микенская – пришли в упадок, вероятно, из-за природных катаклизмов и войн, и за периодом расцвета последовали столетия разрухи.

Возрождение началось к 750 г. до н. э., а в 5 в. до н. э. греческий мир достиг своей экономической вершины. Этот период известен также как «классический период», когда Афины находились на пике своего могущества и процветания. В этот период Афины вели греков в многочисленные победоносные сражения с Персией. Правда, сами Афины позднее пережили экономический упадок вследствие череды войн против своего соперника Спарты. После этого, в 4 в. до н. э., Греция была завоевана Македонией. Новый греческий правитель Александр Македонский распространял греческую культуру по территории всей своей империи. В конце концов, между 168 и 146 гг. до н. э. Македония и Греция были поглощены Римской империей, и греческая цивилизация стала частью наследия, которое Рим передал остальной Европе.

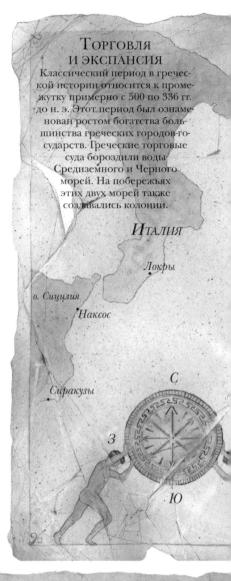

## ТОРГОВЛЯ И ЭКСПАНСИЯ

Классический период в греческой истории относится к промежутку примерно с 500 по 336 гг. до н. э. Этот период был ознаменован ростом богатства большинства греческих городов-государств. Греческие торговые суда бороздили воды Средиземного и Черного морей. На побережьях этих двух морей также создавались колонии.

*ИТАЛИЯ*

*Локры*

*о. Сицилия*

*Наксос*

*Сиракузы*

С

З

Ю

---

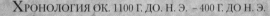

**Хронология ок. 1100 г. до. н. э. – 400 г. до н. э.**

Ок. 1100–900 гг. до н. э. Темные века. Период упадка. Искусство письма было утрачено, поэтому не сохранилось письменных свидетельств этого времени.

Ок. 900–700 гг. до н. э. Геометрический период. Этот период известен также как «греческое возрождение».

*Ваза с геометрическим орнаментом*

Время пробуждения от темных веков, когда люди снова стали пользоваться письменностью и начали строить из камня.

Ок. 776 г. до н. э. В Олимпии в честь бога Зевса проводятся первые Олимпийские игры.

*Архаическая статуя из бронзы*

*Оливковый венок победителя Олимпийских игр*

Ок. 750–550 гг. до н. э. Перенаселенности городов заставляет многих греков покидать материковую Грецию и основывать колонии вдоль побережий Средиземного моря.

Ок. 750 г. до н. э. Поэт Гомер сочиняет «Илиаду», излагающую историю Троянской войны, и «Одиссею», рассказывающую о путешествиях героя Одиссея.

**1100 лет до н. э.**    **776 год до н. э.**    **750 лет до н. э.**    **700 лет до н.**

МАКЕДОНИЯ

Зевс

Черное море

Троя

Троянский конь

Трирема

ГРЕЦИЯ

Эгейское море

МАЛАЯ АЗИЯ

Ионическое море

Фермопилы

Дельфы

Фивы

Парфенон

Эфес

Коринф

Афины

Олимпия

Микены

дискобол

Спартанский воин

Спарта

Средиземное море

о. Кипр

Минотавр

о. Родос

Посейдон

о. Крит

Кносс

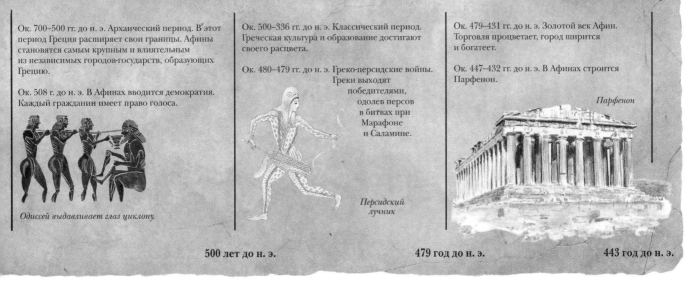

Ок. 700–500 гг. до н. э. Архаический период. В этот период Греция расширяет свои границы. Афины становятся самым крупным и влиятельным из независимых городов-государств, образующих Грецию.

Ок. 508 г. до н. э. В Афинах вводится демократия. Каждый гражданин имеет право голоса.

*Одиссей выдавливает глаз циклопу.*

Ок. 500–336 гг. до н. э. Классический период. Греческая культура и образование достигают своего расцвета.

Ок. 480–479 гг. до н. э. Греко-персидские войны. Греки выходят победителями, одолев персов в битвах при Марафоне и Саламине.

*Персидский лучник*

Ок. 479–431 гг. до н. э. Золотой век Афин. Торговля процветает, город ширится и богатеет.

Ок. 447–432 гг. до н. э. В Афинах строится Парфенон.

*Парфенон*

**500 лет до н. э.**

**479 год до н. э.**

**443 год до н. э.**

# Знаменитые греки

Г РЕКИ ДОРОЖИЛИ своей богатой сокровищницей мифов и легенд о богах и героях, но они также проявляли неподдельный интерес к человеческой истории. Они ценили известность и славу гораздо больше, чем богатство. Их конечной целью в жизни было обессмертить свое имя. В самых заметных местах ставились статуи в честь греков, которые снискали известность на разных поприщах – как военачальники на полях сражений, как поэты, наставники, философы, математики, ораторы или атлеты. Эти герои олицетворяли собой те качества, которыми греки больше всего восхищались, – физическое мужество, выносливость, силу и ум, чтобы творить, изобретать, объяснять и убеждать.

ГОМЕР (ок. 700 г. до н. э.)
Слепой поэт Гомер *(вверху)* почитался как автор двух эпических повествований. Первое – «Илиада», рассказ об осаде Трои. Второе – «Одиссея», излагает приключения Одиссея в его путешествиях после осады Трои. Ныне ученые считают, что поэмы могли быть написаны двумя авторами или даже группами из нескольких поэтов.

САПФО (ок. 600 г. до н. э.)
Поэтесса Сапфо родилась на острове Лесбос. Она написала девять поэтических книг, но полностью до нас дошла лишь одна поэма. Темами ее произведений были красота и любовь. Ее поэзия вдохновляла других художников того времени и повлияла на многих писателей и поэтов последующих столетий.

СОФОКЛ
(496–406 гг. до н. э.)
Сохранилось лишь семь пьес Софокла. Считается, что всего он написал 123 пьесы. Помимо того что он являлся драматургом, Софокл был также уважаемым полководцем и политиком. Его имя означает «славный мудростью».

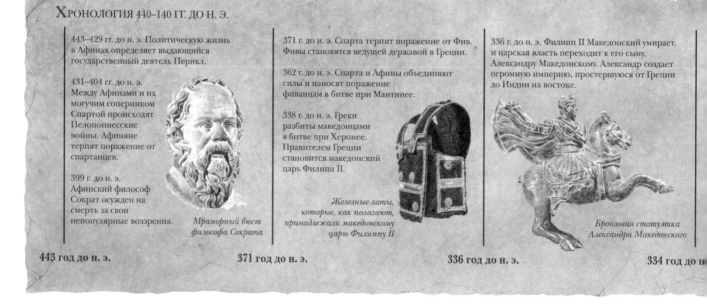

ХРОНОЛОГИЯ 440–140 ГГ. ДО Н. Э.

443–429 гг. до н. э. Политическую жизнь в Афинах определяет выдающийся государственный деятель Перикл.

431–404 гг. до н. э. Между Афинами и их могучим соперником Спартой происходят Пелопоннесские войны. Афиняне терпят поражение от спартанцев.

399 г. до н. э. Афинский философ Сократ осужден на смерть за свои непопулярные воззрения.

*Мраморный бюст философа Сократа*

371 г. до н. э. Спарта терпит поражение от Фив. Фивы становятся ведущей державой в Греции.

362 г. до н. э. Спарта и Афины объединяют силы и наносят поражение фиванцам в битве при Мантинее.

338 г. до н. э. Греки разбиты македонцами в битве при Херонее. Правителем Греции становится македонский царь Филипп II.

*Железные латы, которые, как полагают, принадлежали македонскому царю Филиппу II*

336 г. до н. э. Филипп II Македонский умирает, и царская власть переходит к его сыну, Александру Македонскому. Александр создает огромную империю, простершуюся от Греции до Индии на востоке.

*Бронзовая статуэтка Александра Македонского*

443 год до н. э.

371 год до н. э.

336 год до н. э.

334 год до н

## Перикл (495–429 гг. до н. э.)

Популярный деятель и блестящий оратор, Перикл избирался полководцем 20 раз. Находясь у власти, он создал мощный флот и организовал строительство прочных оборонительных сооружений, красивых храмов и прекрасных монументов. Он также предоставил рядовым гражданам большее право голоса в правительстве. Карьера Перикла закончилась после того, как он вверг Афины в имевшую катастрофические последствия войну против Спарты. В качестве наказания за свой просчет он был подвергнут остракизму (изгнанию).

## Александр Македонский (356–323 гг. до н. э.)

Александр был сыном македонского царя Филиппа II. Жизнь Александра прошла в завоевании новых территорий, его империя простиралась через Средний Восток, Персию и Афганистан до самой реки Инд и была быстро поделена, когда он умер, как подозревают, от отравления.

## Сократ (469–399 гг. до н. э.)

Прославленный учитель и философ Сократ призывал людей думать о том, как вести добропорядочную жизнь. Афиняне приговорили его к смерти, постановив, что он должен выпить цикуту (яд). Платон, самый блестящий ученик Сократа и сам великий философ, запечатлел последние дни своего учителя.

## Архимед (287–211 гг. до н. э.)

Математик, ученый, астроном и изобретатель – Архимед происходил из Сиракуз. Когда его город осадили римляне, он сконструировал гигантскую линзу, которая фокусировала солнечные лучи на римских кораблях и вызывала их загорание. Он также придумал винт для подъема воды из-под земли и изучал закономерности погружения тела в воду.

---

334 г. до н. э. Александр Македонский вторгается в Персию, чтобы включить ее в состав своей империи.

333 г. до н. э. Персидская армия под командованием царя Дария разбита Александром Македонским в битве при Иссе.

331 г. до н. э. Александр Македонский становится царем Персии после разгрома персов в битве при Гавгамелах.

*Персидский царь Дарий*

*Ромул и Рем, легендарные основатели Рима*

323 г. до н. э. Александр Македонский умирает, и его преемники борются за трон.

275 г. до н. э. Греческие колонии захватываются римлянами.

168 г. до н. э. Римляне наносят поражение македонским правителям Греции.

147–146 гг. до н. э. Ахейская война. Римляне берут под свою власть Грецию и Македонию.

*Римский солдат в полном снаряжении*

**323 год до н. э.**　　　　**196 год до н. э.**　　　　**146 год до н. э.**

# Минойцы

**В** СЕРДЦЕ МИНОЙСКОЙ ЦИВИЛИЗАЦИИ находился гигантский дворец в Кноссе. Этот дворец был значительным политическим и культурным центром, и под его властью пребывала большая часть центрального Крита. В период своего расцвета, около 2000 г. до н. э., во дворце проживало свыше 10 тыс. человек. Несмотря на свои очевидные богатства, дворец оставался неукрепленным, поскольку его правители считали, что их флот сможет одолеть любых захватчиков. Однако приблизительно в 1450 г. до н. э. воинственные микенские греки захватили Кносс и разрушили все остальные минойские дворцы и города.

В начале 20-го века британский археолог сэр Артур Эванс извлек на свет великолепные руины древней цивилизации на острове Крит. Он назвал ее «минойской» в честь легендарного царя Крита Миноса, сына Зевса. Было обнаружено, что минойцы не говорили по-гречески, а их письмена, известные как линейное письмо А, до сих пор не расшифрованы.

## Говорящий горшок

Этот ярко расписанный горшок из Кносса, вероятно, использовался в качестве емкости для воды или вина. Артур Эванс использовал изменения в гончарном стиле при создании хронологии минойской цивилизации. Этот горшок был сделан около 1700–1550 гг. до н. э. на гончарном круге.

## Торжественный случай

Фрески были популярной формой искусства, использовавшейся для украшения стен критских дворцов. Для того чтобы сделать их долговечными, фрески расписывались прямо по сырой известке стен. На этой фреске изображена группа женщин, собравшихся посмотреть представление или церемонию. Наряды ярких расцветок, тугие корсажи и юбки с оборками, как у женщин на фреске, были характерны для той эпохи.

## Минойская печать

*Вам потребуется: рабочая доска, самовысыхающая поделочная глина белого и коричневого цвета, скалка, пластмассовый нож, линейка, иголка, клей ПВА, вода, емкость, кисть, мягкий шнур.*

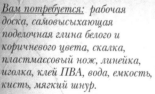

**1** Раскатайте небольшой кусочек белой самовысыхающей глины толщиной примерно 1 см. Вырежьте пластмассовым ножом небольшой кружок диаметром 3 см.

**2** Нанесите пластмассовым ножом на белую глину орнамент, как показано на фото. Оставьте высохнуть. Это – штамп для печати.

**3** Раскатайте кусочек коричневой глины в виде круга толщиной 2 см и диаметром 3–5 см. Аккуратно вдавите штамп в глину, чтобы получить оттиск.

 *Колонны использовались в качестве опор для верхних этажей дворца. Они делались из дерева и раскрашивались в яркие цвета.*

## ЖИЗНЬ В РОСКОШИ

У царицы имелась своя анфилада комнат в великолепном дворце в Кноссе. Большая фреска украшает стены этой комнаты. На ней изображены жизнерадостные дельфины и рыбы, плавающие в морской воде. Большинство минойских фресок изображают сцены из дворцовой жизни и природного мира. Художественные изображения являются важнейшим источником сведений для современных историков.

## ДВОРЦОВЫЙ КОМПЛЕКС

Развалины монументального дворцового комплекса в Кноссе были извлечены из-под земли в результате раскопок и частично реконструированы. Многие из критских дворцов разрастались, судя по всему, из-за хаотичной пристройки помещений и коридоров. Кносский дворец был самым крупным из этих дворцов.

## ЦАРСКИЙ СИМВОЛ

Двойной топор (лабрис) был важным символом в минойской религии. Этот топор был сделан из золота примерно в 1800 г. до н. э.

## ОПАСНЫЙ ТАНЕЦ

Акробатические игры с быками были популярной формой развлечения на Крите. И мужчины, и женщины принимали участие в этих спортивных играх. Юноша или девушка делали сальто через нацеленные на них рога быка, а затем спрыгивали с его спины. Эти спортивные игры, возможно, были частью религиозного ритуала.

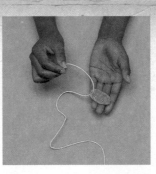

**4** Обрежьте оттиск по кругу, оставляя кромку толщиной 1 см. Проделайте иголкой 2 небольших отверстия на каждой стороне круга. Оставьте высохнуть. Это и есть печать.

**5** Приготовьте лак, смешав 2 части клея с 1 частью воды. Покройте печать лаком. Постарайтесь не замазать отверстия.

**6** Дайте лаку подсохнуть. Отрежьте небольшой кусок шнура и проденьте его через одно или оба отверстия. Носите его на запястье или на шее.

*Печати использовались в качестве идентификационной метки, знака собственности, амулета или украшения.*

# Микенцы

**Плод мастерства**
Эта золотая подвеска в виде граната была найдена в гробнице на острове Кипр. Ее поверхность украшена мелкими зернышками золота с использованием метода, известного как «грануляционная техника». Требовалось большое мастерство, чтобы сделать такое искусное ювелирное изделие.

П**ЕРВАЯ ЗНАЧИТЕЛЬНАЯ ЦИВИЛИЗАЦИЯ** в материковой Греции сформировалась на северо-востоке Пелопоннеса между 1600 и 1200 гг. до н. э. В этот период возник ряд небольших царств и крепостей. Самым могущественным из этих царств были Микены. Микенцы не оставили письменных свидетельств, а потому наше знание о них опирается главным образом на археологические находки. Нам известно, что они представляли собой развитую культуру, поскольку владели письмом и развитой технологией.

Микенцы умели работать в каменоломнях и строить. Раскопки обнаружили высокие стены, сделанные из огромных каменных плит. Они умели водить суда и прокладывали обширные торговые пути в Египет, на Ближний Восток и в Балтийское море. Оттуда они импортировали золото, олово для изготовления бронзы и янтарь для изготовления драгоценностей. Местные природные ресурсы, вроде оливковых деревьев, эксплуатировались с большой коммерческой выгодой. Из олив получали масло, которое затем ароматизировали и разливали по сосудам на экспорт.

Около 1200 г. до н. э. микенская культура пережила экономический упадок, который привел к ее гибели. Историки полагают, что упадок могли спровоцировать землетрясения, войны и пожары.

**Кабаний шлем**
Микенцы питали слабость к необычным доспехам, вроде этого шлема 13 в. до н. э. с клыками вепря. Среди других материалов, шедших на изготовление доспехов, были лен, кожа и бронза. В результате раскопок из царских шахтных гробниц в Микенах было поднято огромное количество боевого оружия.

**Кочующая каракатица**
Микенцы позаимствовали многие из своих художественных идей у минойцев, которые жили на острове Крит. Орнаменты в виде каракатиц, подобные этому, встречаются и на минойских глиняных изделиях. Микенцы широко торговали своими изделиями из обожженной глины, которые находят даже в Северной Италии и Восточной Испании. В числе самых популярных товаров были небольшие сосуды для хранения благовонного оливкового масла.

## Кинжал с инкрустацией

Этот инкрустированный бронзовый кинжал был найден в гробнице богатого микенца, погребенного между 1550 и 1500 гг. до н. э. Большое количество оружия, клавшееся в гробницы знатных людей, свидетельствует о том, что микенцы были воинственным народом. Во время раскопок было обнаружено несколько подобных кинжалов. Этот кинжал – наиболее хорошо сохранившийся из них. На лезвии кинжала изображена сцена охоты леопардов в лесу. Она представляет собой инкрустацию из разных металлов, в том числе золота, серебра и меди.

*Это единственный кинжал, обнаруженный с по-прежнему сидящей на своем месте золотой рукояткой.*

## Маска монарха

Золотые посмертные маски вроде этой уникальны для Микен. Их изготавливали путем чеканки листа золота на деревянном шаблоне, который представлял собой вырезанное лицо покойного. Готовая маска затем клалась на лицо умершего, когда его хоронили. Эта маска была найдена в 1870 году археологом Генрихом Шлиманом после его раскопок Трои. В прошлом люди ошибочно считали, что маска принадлежала легендарному царю Агамемнону. На самом деле маска примерно на три столетия старше, чем полагали первоначально, и относится приблизительно к 1500 г. до н. э. В настоящее время считается, что это посмертная маска одного из ранних царей Микен.

## Сокровища из могил

Раскопки Генриха Шлимана в Микенах в 1876 году привели к обнаружению пяти царских шахтных гробниц. В них оказалось 16 тел и богатые сокровища из золота, серебра, слоновой кости и бронзы. Содержимое гробниц доказывает, что микенцы были процветающей цивилизацией. Гробницы знатных людей вырубались из мягких скальных пород или строились из камня. Обычные люди хоронились в гробах из каменных плит или простых ямах.

# Политика и правительство

ГРЕЧЕСКИЙ МИР состоял примерно из 300 отдельных городов-государств. Одни были не больше деревушек, другие же концентрировались вокруг крупных городов, как, например, Спарта или Афины. Каждый город-государство был известен как полис (откуда ведет свое происхождение наше слово «политика») и имел свои собственные законы и правительство. В 4 в. до н. э. греческий философ Аристотель писал, что существует три типа правления. Первый тип – власть, находящаяся в руках одного человека. Это мог быть царь (который правил на основании своего царского происхождения) либо тиран (который правил на основании силы). Второй тип – правление немногих, что означало власть аристократии (управление по праву знатного происхождения) или олигархии (правление группы богатых и влиятельных людей). Третий тип – демократическое правление (власть многих), которое наделяло каждого гражданина мужского пола правом голосовать, избираться на общественную должность или членом суда присяжных. Демократия осуществлялась на практике только в Афинах. Даже там женщины, рабы и иноземцы не считались полноценными гражданами.

## ЗАПЕЧАТЛЕННЫЕ В КАМНЕ

Законы города Эфес были высечены на каменных табличках одновременно на греческом и на латыни. Греки считали, что законы должны быть прочно зафиксированы (запечатлены в камне), чтобы их соблюдали все граждане.

## ЗА КУЛИСАМИ

В Древней Греции женщинам не позволялось принимать активное участие в политике. Впрочем, некоторые женщины играли значительную роль за кулисами политики. Одной такой женщиной была Аспазия. Будучи гетерой и ведя свободный образ жизни незамужней женщины с артистическими способностями, она повстречалась с Периклом (одним из самых влиятельных афинских деятелей 5 в. до н. э.) и стала его любовницей. Перикл поверял ей дела государства и привык полагаться на ее интуицию и мудрость в своих суждениях о людях и ситуациях.

## ЖЕТОНЫ ДЛЯ ГОЛОСОВАНИЯ

*Вам потребуется: циркуль, тонкий картон, карандаш, линейка, ножницы, скалка, рабочая доска, самозатвердевающая глина, пластмассовый нож, бальзовая палочка длиной 5 см, кусочек питьевой трубочки длиной 5 см, краска цвета бронзы, кисть, емкость с водой.*

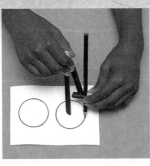

**1** Изготовьте два шаблона. Начертите циркулем на листе тонкого картона два круга. Каждый круг должен иметь в диаметре 4 см. Вырежьте их.

**2** Раскатайте скалкой глину толщиной 3 см. Пластмассовым ножом обведите картонные круги по глине. Сильно нажимайте при этом.

**3** Проделайте в центре каждого круга отверстие. Для одного отверстия (жетон «невиновен») используйте бальзовую палочку. Для другого отверстия (жетон «виновен») используйте трубочку.

## НАРОДОВЛАСТИЕ

Законодатель Солон был афинским государственным деятелем и поэтом, жившим с 640 по 559 гг. до н. э. Около 594 г. до н. э., занимая должность главного магистрата, он дал Афинам новые законы, которые позволили большему числу людей принимать участие в политике. Его действия предотвратили назревавшую гражданскую войну между кучкой знати, находившейся у власти, и народом, который выносил на себе тяготы ее правления.

### ГОЛОСУЙТЕ СЮДА

Эта терракотовая урна использовалась для сбора символических голосов. Ими пользовались в Афинах, когда нужно было собрать голоса в судах или когда необходимо было сохранить намерения голосующих в тайне. Каждый голосующий опускал в урну бронзовый диск, чтобы засвидетельствовать свое решение. Обыкновенно же голосование производилось путем поднятия рук, которые трудно было подсчитать точно.

### ЛИЦОМ К ЛИЦУ

Руины этого зала совещаний совета в Приене, в современной Турции, показывают, как проходило заседание. Площадь с тремя сторонами в виде поднимающихся ярусов позволяла каждому члену совета отчетливо видеть и слышать всех выступающих. Даже в демократиях Древней Греции большинство повседневных решений принималось комитетами или советами, а не собранием избирателей.

**4** Пластмассовым ножом напишите на жетоне «невиновен» имя. Осторожно вставьте бальзовую палочку в отверстие. Оставьте высохнуть.

**5** Напишите еще одно имя на жетоне «виновен» с помощью пластмассового ножа. Осторожно вставьте питьевую соломинку в отверстие. Оставьте сушиться.

**6** Подождите, чтобы глиняные жетоны высохли, а потом покрасьте их краской. Настоящие жетоны для голосования делались из бронзы, а потому используйте краску цвета бронзы.

*Присяжным выдавали для голосования два жетона. Жетон с полым центром означал, что присяжный считал обвиняемого виновным. Жетон с цельной серединой означал, что присяжный считал обвиняемого невиновным.*

145

# Равенство и неравенство

ГРЕЧЕСКОЕ ОБЩЕСТВО было разделено строгой социальной структурой, оберегаемой его правителями. В большинстве городов-государств правила небольшая группка людей (олигархия). Из этого правила было два исключения – мощные города Спарта и Афины. Спарта придерживалась монархии, тогда как Афины ввели первое в истории демократическое устройство. В Афинах все граждане могли голосовать и избираться. Впрочем, чтобы быть гражданином, нужно было быть взрослым мужчиной, рожденным в самом городе. Даже в так называемых демократических Афинах правило меньшинство проживавшего там населения. Обращение с женщинами, переселенцами из других мест (именовавшимися метеками), рабами и детьми было точно таким же, как в других городах-государствах.

Женщины не имели законных прав и редко принимали участие в общественной жизни. Метеки были обязаны платить дополнительные налоги и служить в армии. Они не могли владеть землей или брать в жены афинянку. Афиняне относились враждебно к большому числу метеков, проживавших в их городе, однако их навыки и умение способствовали процветанию города. Рабы составляли половину населения Афин. Большинство были либо рожденными рабами, либо стали рабами, будучи захваченными в плен во время войны или пиратами. Даже урожденные греки могли стать рабами, войдя в долги, но они делались свободными, как только погашался долг.

## ВОИНЫ И БОГАТСТВО
Только самые богатые члены общества могли позволить себе снаряжение полностью вооруженного пехотинца. В древние века бедные выполняли вспомогательные функции, например, обслуги метательного снаряда или носильщика. Они не могли позволить себе дорогое вооружение из бронзы. Впрочем, по мере того как города богатели, вооружение стало изготавливаться за счет казны рабами, и большинство граждан мужского пола должны были носить оружие.

## МЕСТО ЖЕНЩИНЫ
Греческие женщины проводили свою жизнь дома. На этой вазе, сделанной около 450 г. до н. э., женщина завязывает сандалии, перед тем как выйти из дома. Поскольку у нее есть служанки, она, очевидно, богата. Бедные женщины шли из дома, чтобы таскать воду, работать в полях или торговать на рынке. Женщины, имевшие, подобно изображенной на вазе, рабов, могли выходить из дома, чтобы навестить родню или помолиться в храме.

## САМЫЕ БЛИЗКИЕ
На этом надгробии 4 в. до н. э. изображены юная девочка и ее собачка. Немалая стоимость такого тщательно выполненного рельефа заставляет думать, что девочка была любимым ребенком. Не все дети пользовались любовью и заботой. Младенцы женского пола и больные младенцы обоего пола нередко оставлялись на улице умирать. Некоторые страдали от недоедания и становились жертвами болезней. Греческий закон требовал от детей поддерживать своих родителей в преклонном возрасте, потому бездетные пары всегда охотно усыновляли и зачастую спасали брошенных детей.

## РЕМЕСЛЕННИК

Этот кузнец мог быть рабом, работавшим в мастерской богатого человека. Большинство ремесленников были рабами, бывшими рабами или иноземными переселенцами (метеками). Другие горожане относились к ним с презрением. Если у хозяина был способный раб, он мог устроить для раба собственное дело. В ответ хозяин получал долю с доходов раба. Этот кузнец также мог быть свободным ремесленником, имевшим собственную мастерскую и одного-двух рабов в качестве подмастерьев.

## ПУТЬ К ВЛАСТИ?

Умение читать и писать не было в Древней Греции автоматическим ключом к успеху. Греческий алфавит был достаточно легок в усвоении. Даже рабы способны были становиться высокообразованными писцами. Впрочем, неграмотные люди вряд ли могли занимать высокое положение, за исключением разве Спарты, где редко прибегали к письму. И хотя женщинам отказывали в праве на образование, они нередко умели читать и писать в достаточном объеме, чтобы вести записи учета домашних запасов.

## ПОРАБОЩЕННЫЕ ЯЗЫКОМ

Эта римская бутыль сделана в форме головы африканской девушки-рабыни. Греки также владели рабами. Греческий философ Аристотель утверждал, что некоторым людям «от природы» предназначено быть рабами. Его мнение разделялось многими его соотечественниками. Он считал, что наиболее очевидным образом это относилось к людям, которые не говорили по-гречески. С рабами обращались с различной степенью доброты и враждебности. Одних их хозяева эксплуатировали до смерти, зато другие занимали должности клерков или управляющих имениями. Несколько сотен рабов находились во владении города Афины и служили стражниками, монетными надзирателями и клерками в судах.

# Золотой век Афин

ФИНЫ БЫЛИ ГЛАВНЫМ ГОРОДОМ плодородного региона Аттика, в Южной Греции. Они разбогатели за счет торговли, производимых товаров и добычи серебра. Город Афины достиг расцвета своего богатства и могущества в 5 в. до н. э. К этому времени Афины создали большую империю, в состав которой входили города как в материковой Греции, так и на островах. 250 тыс. граждан Афин наслаждались поистине золотым веком искусства и культуры. В этот период афиняне праздновали победу в сражении с персидскими завоевателями, возведя ряд великолепных храмов на Акрополе в Афинах. Акрополь являлся священным холмом, который возвышался над городом. Его важнейшим храмом был Парфенон, посвященный богине Афине, покровительнице города. Внизу, в сердце города находилась рыночная площадь (агора). Окруженная храмами и общественными зданиями и запруженная прилавками, агора образовывала торговый и деловой центр Афин.

Между 431 и 404 гг. до н. э. Афины вели изматывающую войну против Спарты и персов. Война была проиграна, а вместе с ней утрачена и большая часть морской империи. В результате Афины уступили свою роль торгового и культурного центра Греции Спарте.

## БОГИНЯ ВОЙНЫ
На этой монете 4 в. до н. э. Афина изображается в шлеме. Он увит лавровым венком победы. Афина олицетворяла собой рациональную сторону военного дела и считалась изобретательницей судов и колесниц. В качестве богини войны она была известна как Ника, что значит «победа». Ее противоположностью был бог Арес, олицетворявший собой безумие и жестокость войны.

## РАСТУЩАЯ СЛАВА
Этот храм, посвященный Гефесту, является высочайшим образцом изящной архитектуры, в которой преуспели афиняне. Он был построен между 449 и 444 гг. до н. э. в восточном конце агоры. Гефест был богом огня и оружейником богов. Бронзовая статуя внутри храма изображает Гефеста за работой, кующим оружие: он в шапочке кузнеца и держит молот над наковальней. Раскопки обнаружили, что на одной стороне храма работали скульпторы по бронзе, а на другой – скульпторы по мрамору.

## Панафинеи

Каждый год жители Афин в праздничной процессии поднимались пешком или верхом к храму Афины на Акрополь. К ним присоединялись даже горожане-иноземцы. На этом фризе из Парфенона изображены юноши, готовящиеся примкнуть к процессии. В храме приносились в жертву волы и другие животные, а мясо раздавалось для угощения народу. Каждые три года происходили дополнительные празднества, когда богине Афине подносили новое одеяние (пеплос). Это событие отмечали многодневными спортивными и музыкальными состязаниями, на которых вручались призы в виде денег или оливкового масла.

## Рождение богини

Согласно греческой легенде, Зевс проглотил беременную жену, после того как услышал предсказание, что их ребенок сбросит его с трона. Вскоре после этого Зевс пожаловался на страшную головную боль. Гефест предложил раздвоить череп Зевсу топором, чтобы облегчить боль. Когда он это сделал, из головы Зевса выпрыгнула богиня Афина. Она была в полном облачении и доспехах воина (что видно и на этом изображении в центре).

## Изгнание

Раз в год афинянам разрешалось изгонять из города на 10 лет непопулярного члена общины. Голосующие царапали имена на глиняном черепке, который назывался остраконом, – вот почему процедура была названа остракизмом. Если не меньше 6 тыс. голосов отдавалось за высылку человека, он должен был покинуть город в течение 10 дней. Остраконы также использовались в качестве посланий и списков покупок.

## Богиня мудрости

Сова, символизирующая мудрость, была эмблемой Афин. Эта серебряная монета была выпущена в Афинах в 479 г. до н. э., после того как греки одержали сокрушительные победы в битвах с персами. Афинские монеты принимались на всей территории Греции, Италии и Турции. Это показывает, насколько влиятельным городом были Афины. Монеты других городов-государств не находились в широком обращении.

149

# Спартанский строй

В РАСЦВЕТЕ СВОЕГО МОГУЩЕСТВА Спарта была единственным городом-государством, оспаривавшим влияние Афин. Она контролировала большую часть территории Южной Греции, называющейся Пелопоннесом. Спарта была закрытым и военизированным государством. Такое положение сложилось после того, как она утратила контроль над своими рабами в ходе восстания, длившегося 17 лет. Рабы (илоты) были потомками народа Мессении, который Спарта покорила в 8 в. до н. э. Число илотов по отношению к их поработителям составляло семь к одному. И хотя спартанцы подавили мятеж, они продолжали жить в страхе перед новым восстанием. Как следствие, все граждане мужского пола по закону были обязаны состоять на постоянной военной службе. Кроме того, суровым ограничениям подвергались илоты, которым запрещалось ездить верхом или находиться на улице после наступления вечера. Пока граждане были полностью заняты военной подготовкой, илоты выполняли всю тяжелую работу в государстве и дома.

Спартанцы приучали себя к суровым жизненным условиям. Спартанские мальчики и девочки забирались у родителей и воспитывались в казармах. Мальчиков готовили к сражениям с семилетнего возраста. Их держали в холоде и голоде, заставляли ходить босиком и регулярно пороли, чтобы сделать крепкими и выносливыми. В 20 лет они вступали в группу из 15 мужчин, которые становились их товарищами. Мужское товарищество в Спарте значило больше, чем семейная жизнь. Девочки также проходили физическую подготовку, с тем чтобы в дальнейшем рожать здоровых детей. Могущество Спарты пришло в упадок после ее разгрома фиванской армией в 371 г. до н. э.

### ГЕРОИЧЕСКИЙ ЦАРЬ

Этот бюст 5 в. до н. э., возможно, является бюстом царя Леонида. В Спарте было две царские семьи. Для управления Спартой из каждой семьи одновременно выбиралось по царю. Их власть была ограниченной. Главная их обязанность состояла в том, чтобы вести спартанцев в бой.

### ВИНО ДЛЯ ВОИНОВ

Этот массивный бронзовый кратер (сосуд для вина) имеет в высоту 165 см, весит 208 кг и вмещает 1200 литров жидкости. Он был сделан около 530 г. до н. э. спартанским ремесленником. Горло кратера украшено изображениями спартанских воинов и колесниц, двигающихся на войну. Ручки сделаны в виде голов чудовищ – Горгон. Считается, что ваза была преподнесена в качестве дара царю Лидии, который хотел заключить союз со Спартой. Спартанцы вызывали восхищение высоким качеством своих бронзовых изделий.

## СМЕРТЬ И СЛАВА

Этот современный монумент был возведен, чтобы увековечить память о героической самоотверженности царя Леонида и 300 спартанцах. Они погибли в 480 г. до н. э., защищая проход в Фермопилах от персидской армии численностью 250 тыс. человек. Проход имел всего лишь 13 м в ширину, и спартанцы удерживали позиции в течение двух суток, ожидая подкрепления. На третьи сутки предатель показал персам обходную тропу через горы. Леонид приказал отступать, а затем повел отряд в смертельный бой.

## МОРСКАЯ ДЕРЖАВА

На рельефе из слоновой кости (слева) вырезан спартанский военный корабль. Остроконечный таран спереди использовался для того, чтобы топить вражеские суда. Спарта была прежде всего сухопутной державой. Ее флот не мог равняться с флотом Афин. Флот был дорог в содержании, так как специализированные военные корабли нельзя было использовать в мирное время. Афиняне финансировали свой флот из доходов от своих серебряных рудников, спартанцы же были не столь богаты. Им иногда приходилось занимать деньги, чтобы поддерживать свой флот на плаву.

## КОСТЯК АРМИИ

Спартанские солдаты были легко узнаваемы на поле сражения по своим длинным волосам и ярко-красным плащам. Эта фигурка спартанского воина датируется, вероятно, 6 в. до н. э. Его шлем с гребнем сделан таким образом, чтобы предохранять нос и щеки. На нем также надеты наголенники (доспехи, защищающие нижнюю часть его ног) и кираса (латы, защищающие его грудь).

## ЗАКОНОДАТЕЛЬ

На этой римской мозаике изображена, вероятно, фигура Ликурга, работающего топором. Мало известно о его жизни, поскольку в Спарте не принято было вести письменные хроники. Считается, что Ликург жил около 650 г. до н. э. Его главным достижением была реорганизация системы государственного управления Спарты в целях эффективного ведения боевых действий после ее сокрушительного поражения от Аргоса.

# Дома

**Г**РЕЧЕСКИЕ ДОМА строились из кирпича-сырца и покрывались глиняной черепицей. У них были небольшие высокие окна с деревянными ставнями, чтобы отпугивать воров, и пол из утрамбованной земли, гипсовый или мозаичный. Большинство домов первоначально возводились как небольшие постройки, а уже потом, по мере роста возможностей владельца, к ним пристраивались дополнительные помещения. От этого жилища имели неправильные формы, а улицы редко бывали прямыми. В сельской местности дома часто окружали каменной стеной для защиты обитателей и домашних животных. Мужчины и женщины жили в отдельных комнатах и в разных частях дома. Женская половина обычно находилась в задней части дома. В более состоятельных домах могли также иметься помещения для приготовления пищи и принятия ванны. В большинстве жилищ было лишь несколько предметов простой меблировки, которая могла состоять из кушеток, одновременно выполнявших роль и кроватей, стульев и столов. Только люди побогаче могли позволить себе декорированную мебель, как, например, кушетки, инкрустированные золотом и слоновой костью.

### ОБОГРЕВ ДОМА
В горных районах Греции зима может быть очень холодной. Эта бронзовая жаровня, датирующаяся 4 в. до н. э., наполнялась древесным углем и использовалась для обогрева холодного помещения.

### БОГИНЯ ДОМАШНЕГО ОЧАГА
Гестия была богиней домашнего очага. В ее честь огонь в очаге поддерживался круглогодично. Этот огонь использовался для приготовления пищи, для подогрева воды и получения горячих древесных углей для жаровни. По традиции, когда греки основывали колонию за морем, они брали с собой огонь из старого дома, чтобы перенести его в новый.

*Крыша делалась из глиняной черепицы*

*Андрон представлял собой помещение, в котором развлекались мужчины*

*Мозаичный пол делался из камешков яркого цвета*

### ФРЕСКА С ДЕЛЬФИНОМ
*Вам потребуется: карандаш, лист белой бумаги размером 21 ×19 см, скалка, белая самозатвердевающая глина, линейка, разделочная доска, пластмассовый нож, булавка, наждачная бумага, кисть, акриловые краски, вода.*

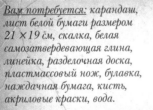

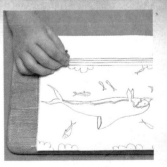

**1** Нарисуйте на листе белой бумаги дельфина. Изобразите рядом небольших рыб и морские водоросли. В качестве руководства используйте рисунок на последней фотографии.

**2** Раскатайте кусок глины, чтобы получилось 21 см по горизонтали и 19 см по вертикали. Глина должна быть около 0,5 см толщиной. Обрежьте неровные края.

**3** Наложите на сырую глину изображение дельфина. Перенесите контуры рисунка с бумаги на глину, протыкая в них дырочки булавкой.

*Деревянные ставни
использовались
в качестве окон*

## ГОРЯЧАЯ РАБОТА

Еда обычно готовилась на открытом огне. Приготовление пищи происходило либо в открытом дворе, где дым мог свободно подниматься вверх, либо в кухне, где мог быть установлен дымоход.

*Глиняные стены
были мягкими,
предприимчивые воры
могли легко проделать
в них лаз*

## ОТКРЫТЫЙ ДОМ

В центре каждого греческого дома находился внутренний двор. Здесь выполнялась немалая часть домашних работ. В большинстве случаев тут же имелся алтарь, на котором делались приношения богам.

*Фрески представляют
собой живописные
изображения,
нанесенные на сырую
известку. Этот
рисунок был навеян
изображением,
найденным
на стене
минойского дворца
в Кноссе.*

**4** Снимите бумагу и оставьте глину высохнуть. Когда глина полностью высохнет, отполируйте ее наждачной бумагой.

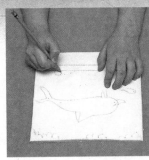

**5** Карандашом соедините между собой точки нанесенного контура. У вас получится копия вашего первоначального рисунка.

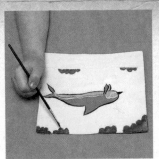

**6** Покрасьте основу фрески бледно-голубым цветом. Когда краска подсохнет, раскрасьте остальной рисунок. Используйте цвета, отражающие цвета моря.

**7** В конце нарисуйте внизу две полосы. Они указывают, где фреска обычно заканчивалась на стене. Оставьте высохнуть.

# Сельская жизнь

**Б**ОЛЬШИНСТВО ГРЕКОВ проживали в сельской местности и занимались земледелием. Горный ландшафт, бедная каменистая почва и жаркий засушливый климат ограничивали выбор выращиваемых культур и разводимых животных. В этих условиях хорошо себя чувствовали оливковые деревья и пчелы. Оливки давали масло, а пчелы – мед (главный подсластитель пищи) и воск. Зерновые, как, например, ячмень, было трудно выращивать, и землю, использовавшуюся для их производства, через каждый год приходилось оставлять под паром для восстановления ее плодородности. Сельские жители держали волов, запрягали их в плуги и использовали в качестве тягловых животных, а для транспортировки товаров на рынок использовали ослов. Сельские районы также были источником важных материалов, использовавшихся городскими ремесленниками. Сюда относились древесина, лен, рога, кости и кожа.

Сельская жизнь была сопряжена с опасностью, поскольку существовали засуха, наводнения, волки и война. Со временем появилась и другая проблема. По мере того как для получения древесины и топлива вырубались леса, усиливалась эрозия почвы, делавшая землю еще более бесплодной.

Поиск новых сельскохозяйственных земель подтолкнул рост греческих колоний вдоль побережий Средиземного и Черного морей.

## Урожай оливок
На этой вазе изображены мужчины, которые трясут ветви оливкового дерева и стучат по ним палками, чтобы сбить на землю его плоды. Оливки ели, а также отжимали для получения из них масла. Масло использовалось для приготовления пищи, в качестве чистящего и лекарственного средства, а также горючего для ламп.

## Еда для горшка
Мясо добывали с помощью охоты и разведения одомашненных животных. Охота считалась развлечением для богатых, но была серьезным делом для бедных, которые надеялись таким образом пополнить свой рацион. Для ловли ящериц и зайцев и охоты на мелких птиц использовались простейшие капканы, силки и рогатки.

## Рыбная ловля
Многие греки жили около воды. Море, реки и озера обеспечивали их рыбой и моллюсками, которые были для них главным источником протеина (белка). Рыбу коптили или солили впрок. Вечно пребывая под угрозой шторма и кораблекрушения, рыбаки молились о своем спасении морскому богу Посейдону.

## ПАХОТА С ВОЛАМИ

Эта терракотовая фигурка из Фив изображает землепашца с двумя волами. Плуг был сделан из дерева, однако та часть, которая боронила землю, имела железную насадку. Волы были сильными и менее дорогостоящими животными, чем лошади, что позволяло их повсеместно использовать для тяжелой работы. Когда волы умирали, от них оставались шкуры, шедшие на выделку кожи, а также рога, мясо, жилы, использовавшиеся в качестве бечевок, и жир, который можно было превратить в сало для свечей.

## ЗАКУСКИ

Высушивание продуктов было хорошим способом сохранить их в теплой стране, какой является Греция. Греки ели изюм и сушеные абрикосы в качестве десерта или использовали их для подслащивания другой еды. Маслины (оливки) были еще одной популярной закуской или средством возбуждения аппетита.

*Маслины*

*Изюм*

*Абрикосы*

## БОГИНЯ УРОЖАЯ

Деметра была богиней зерна и роста. Она покровительствовала растениям, детям и молодым людям. Первая часть ее имени «дем» представляет собой древнее слово, обозначающее землю, а вторая часть «метра» означает «мать». Земледельцы верили, что их благополучие зависело от неподвластных сил, а именно дождя, солнца и болезней, которые поражали растения и домашний скот. Деметре посвящали специальные молитвы и жертвоприношения, с помощью которых ее просили отвратить подобные напасти. В честь богини проводили праздники в ключевые моменты во время уборки урожая, перед пахотой, когда зерно начинало прорастать и после того как его убирали.

# Еда и питье

ОСНОВУ ТРАПЕЗ В ДРЕВНЕЙ ГРЕЦИИ составляли хлеб домашнего приготовления, свежевыловленная морская рыба и такие овощи, как лук, бобы, чечевица, лук-порей и редис. Цыплят и голубей держали ради их яиц и мяса, а корову или несколько коз или овец – ради молока и сыра. Время от времени для стола закалывали свинью или козу, или охота приносила кабана, оленя, зайцев и даже дроздов. Греки готовили мясо на оливковом масле и приправляли его чесноком и дикими травами. Они ели фрукты, как то: смоквы, яблоки, груши и гранаты, которые можно было засушить на зиму. В суровые времена люди поедали дикие ягоды, ежей и даже саранчу.

Любимым напитком греков было вино. Обычно оно было очень густым, и его приходилось процеживать, а перед употреблением разбавлять водой. Иногда к нему добавляли смолу, консервант, извлеченный из сосновых деревьев. После чего вино могло храниться от трех до четырех лет.

### ПРЕОБРАЗОВАТЕЛЬ ОТХОДОВ

Эта терракотовая фигурка изображает мясника, забивающего свинью. Свиньи были дешевым источником мяса, поскольку их можно было держать на скудном растительном рационе и кормить желудями и кухонными отбросами. Их шкуру дубили для изготовления кожи, а копыта варили для получения клея.

### МАСШТАБНЫЕ ЗАПАСЫ

Для хранения еды и питья греками использовались специальные огромные сосуды. Изображенные на фото сосуды – из Кносского дворца на Крите. В них, вероятно, держали оливковое масло, вино и дробленое зерно, а их размеры позволяли хранить одновременно сотни литров. Хранившиеся в этих глиняных сосудах пища и напитки оставались прохладными в условиях жаркого средиземноморского климата.

### ЛЕПЕШКИ С МЕДОМ И КУНЖУТОМ

*Вам потребуется: 100 г муки, сито, миска, вилка, 200 мл воды, 8 столовых ложек чистого меда, сковорода, 1 столовая ложка семян кунжута, ложка, 1 столовая ложка растительного масла, лопаточка.*

**1** Сначала приготовьте тесто для лепешек. Просейте муку через сито в миску. Затем вилкой перемешайте воду и муку. Налейте мед в небольшую емкость.

**2** Понемногу добавляйте мед в тесто. Мешайте его вилкой, добиваясь того, чтобы тесто было без комков.

**3** Попросите взрослого помочь вам с двумя последующими шагами. Нагрейте сковороду. Высыпьте в нее кунжутные семечки, обжарьте их и переложите в другую емкость.

## Основа жизни

На этой скульптурной композиции из терракоты пекари готовят хлеб для печи. В больших городах коммерческие пекарни делали хлеб самого разного вида. Обыкновенные буханки делались из ячменной или пшеничной муки, особые разновидности хлеба сдабривались травами, росшими по склонам гор, а сдобные булочки пеклись на меду.

## Питейные игры

Греки пили из больших плоских чаш, вроде той, что показана на фото. На этой чаше изображается мужчина, играющий в питейную игру. После того как гости выпивали много вина, они состязались в том, кто лучше владеет собой, метая в цель остатки вина из своей чаши. В другой игре гости старались произвести самый громкий звук с помощью своей чаши, не проливая ее содержимое.

## Бог вина

На этой римской каменной панели изображена процессия гуляк, следующих на попойку за греческим богом Дионисом. Дионис был богом вина и с особым рвением почитался в районах, где произрастал виноград, как, например, в Афинах, Беотии и Наксосе.

## Обслуживание

Резной рельеф изображает слуг, несущих блюда с едой. На торжественных пиршествах гости ели, возлежа на боку, так как считалось, что это способствует пищеварению. Греки позаимствовали эту привычку у народов Азии. Они нередко ели и пили до тех пор, пока не засыпали на своей кушетке, предоставляя слугам убирать, не будя их.

**4** Нагрейте столовую ложку масла на сковороде. Вылейте туда же четвертую часть теста. Обжарьте с обеих сторон в течение 4 минут, пока тесто слегка не подрумянится.

**5** Выложите лепешку на тарелку. Посыпьте ее кунжутом и дополнительно полейте медом. Оставшееся тесто используйте тем же образом.

*Лепешки были популярной закуской в Древней Греции, особенно у театралов. Вокруг театров обыкновенно устанавливались съестные прилавки, рассчитанные на тех, кто приходил посмотреть модную пьесу.*

# Женщины дома

**С**ОСТОЯТЕЛЬНЫЕ ГРЕЧЕСКИЕ ЖЕНЩИНЫ редко участвовали в общественной жизни. Их жизнь вращалась вокруг дома и семьи. С раннего возраста девочкам прививали навыки, которые позволили бы им управлять домашним хозяйством после выхода замуж. Отец мог отдать девушку замуж в 13–14 лет. Ее муж был обыкновенно много старше и получал приданое в возмещение расходов на ее содержание. Цель брака состояла в рождении сына, чтобы продолжить линию мужа. Жена принимала на себя в новом доме множество обязанностей. Если ей повезло иметь в услужении рабов, она управляла ими в их повседневных работах. В противном случае она взваливала домашнюю работу на себя. В ее домашние обязанности входило приготовление пищи, уборка дома и уход за детьми. Некоторые женщины даже ведали финансами семьи.

**«А ОНА И ГОВОРИТ...»**
Жизнь состоятельных женщин в основном ограничивалась домом. Новости о событиях внешнего мира они зачастую узнавали от друзей или рабов. Женщинам из бедных семей, не имевших рабов, приходилось выходить из дома на рынок и за водой. Общественные фонтаны были популярным местом для встреч и обмена сплетнями.

## ПОСТОЯННАЯ РАБОТА
Ткачество считалось достойным занятием для женщин. Рисунок на этой вазе изображает Пенелопу, жену отсутствующего героя Одиссея, прядущую шерсть. Женщины должны были сами изготавливать весь материал, необходимый для обшивания семьи. Полученная ими пряжа шла также и на изготовление домашних украшений, вроде настенных драпировок.

## ИГРАЛЬНЫЕ КОСТЯШКИ
*Вам потребуется:*
*самовысыхающая поделочная глина, пластмассовый нож, рабочая доска, краска кремового цвета, кисть.*

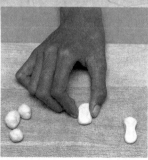

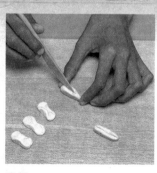

**1** Разделите глину на пять равных кусков. Скатайте из каждого куска шарик. Вылепите из каждого шарика фигуру в виде восьмерки, как показано выше.

**2** Пластмассовым ножом на каждой фигурке сделайте продольную борозду. На конце каждой фигурки сделайте пальцем небольшие выемки.

**3** Когда фигурки высохнут, покрасьте их. Используйте краску кремового цвета. Дайте краске высохнуть, и фигурки готовы для игры.

## НАДЕЖДА НА ЗДОРОВЬЕ

Замужние женщины из богатых семей редко покидали дом. Когда же покидали, то делали это обычно для того, чтобы принять участие в семейных торжествах или религиозных церемониях. Семья, изображенная на этом резном рельефе 5 в. до н. э., приносит быка в жертву Асклепию, богу врачевания, и его дочери Гигии, богине здоровья.

*Бабки делались из голеностопных суставов мелких животных. Эти небольшие кости использовались по-разному, в зависимости от типа игры. Греки использовали бабки и в качестве игральных кубиков.*

## ВАША ОЧЕРЕДЬ

Женщинам вменялось в обязанность заниматься домашними делами. Но у многих были рабы, что давало им свободное время. Эти женщины играют в бабки. Другим излюбленным досугом были шашки, в которые играли на доске с 36 клетками.

**4** Для того чтобы начать игру, возьмите в руку пять костяшек. Подбросьте их в воздух. Быстро переверните кисть руки.

**5** Постарайтесь поймать костяшки тыльной стороной руки. Если вам повезет и вы поймаете все костяшки, значит, вы выиграли. Если нет, то игра продолжается.

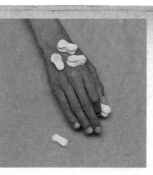

**6** Старайтесь подобрать упавшие костяшки, не роняя уже находящиеся на тыльной стороне вашей руки. Подбросьте их свободной рукой и снова попытайтесь их поймать.

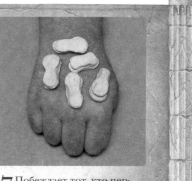

**7** Побеждает тот, кто первым поймает все костяшки тыльной стороной руки. Возможно, это получится у вас не сразу, и вам придется немного потренироваться.

# Воспитание детей

Д**ЕТИ СТАЛКИВАЛИСЬ** с многочисленными за-
трудениями на пути своего взросления. Когда рождался ребенок, его отец решал, оставить его
или бросить. Больного или недоношенного младенца могли оставить за порогом дома при рождении. Взявший к себе ребенка мог растить его
как своего раба. От девочек отказывались чаще,
так как они не могли содержать своих родителей в зре-
лом возрасте. Многие дети умирали в младенческом
возрасте от недостатка медицинского ухода.

Образование считалось важным для мальчиков.
Но даже так настоящее школьное образование получали только сыновья богатых родителей. Их обу-

### Растущий младенец
Малыш размахивает
погремушкой, сидя в
высоком стульчике.
Стульчик одновремен-
но служил и горшком.
К нему могли быть при-
деланы колесики, что-
бы ребенок учился хо-
дить.

чали разным предметам, в
том числе чтению, музы-
ке и гимнастике. Маль-
чики из менее состоя-
тельных семей зачастую
осваивали ремесло своего
отца. Обучение навыкам ведения хозяйства было необ-
ходимым для большинства
девочек. Заметным исключением являлась Спарта, где
девочки занимались тяже-
лой физической подготов-
кой наряду с мальчиками.

### Вбрасывание
Эти два мальчика играют в подобие хоккея. Вообще
же командным видам спорта предпочитали спортивные состязания, в которых ценились индивидуальные достижения. Двумя такими примерами являются борьба и атлетика. Они поощрялись на правах военной подготовки.

### Тебе водить
Две девочки играют в
разновидность салок, в
которой проигравший
должен возить на себе
победившего. У дево-
чек было меньше сво-
бодного времени, чем у
мальчиков. Они долж-
ны были находиться
поблизости от дома и
помогать матери по хо-
зяйству, готовить и
присматривать за млад-
шими детьми.

### Сделайте свиток
*Вам потребуется:* 2 бальзовых
*валика 30 см в длину и 5 см
в диаметре, 4 дверные ручки,
двусторонняя липкая лента,
лист бумаги 30 × 30 см,
1 бальзовая палочка 7 см в длину
и 2 см в диаметре, острый нож,
кисть, клей ПВА, чернильный
порошок.*

**1** Аккуратно прикрутите
дверную ручку к каждому
концу 30-сантиметрового валика или попросите сделать это
взрослого. На этих валиках будет держаться ваш свиток.

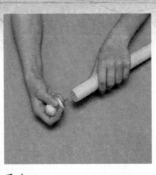

**2** Отрежьте две полоски
двусторонней липкой лен-
ты длиной 30 см. Приклейте
одну полоску вдоль верхнего
края бумаги, а вторую вдоль
нижнего.

**3** Оберните верхний край бумаги один раз вокруг бальзового валика. То же самое
сделайте с нижним краем бумаги.

## Подвижная кукла

Руки и ноги у этой терракотовой фигурки прикреплены веревкой, с тем чтобы могли двигаться плечи и колени. Такого рода кукла была роскошью, которую могла позволить себе купить детям только состоятельная семья. Другими популярными игрушками были погремушки и обручи.

## Алфавит

Первые две из 24 букв греческого алфавита называются «альфа» и «бета», отсюда и возникло слово «алфавит».

## Свет учения

Эта лампа сделана в виде учителя, держащего в руках свиток. Обучение предполагало заучивание наизусть стихов и знаменитых речей по свиткам. Считалось, что это научит мальчиков произносить красноречивые речи в суде или с политической трибуны. Хорошие ораторы всегда пользовались большим почетом и имели большое влияние.

## Вторая мать

Греки часто пользовались услугами кормилиц *(с левого края)*, которые кормили грудью их малышей. Некоторым кормилицам запрещали пить вино из боязни, что оно испортит молоко или что в опьянении они могут уронить ребенка.

*Свитки в Древней Греции обычно делались из шкуры животных.*

**4** Попросите взрослого помочь вам при выполнении этого шага. Возьмите 7-сантиметровую бальзовую палочку и обстругайте ее, заострив, с одного конца острым ножом.

**5** Намажьте кончик вашей палочки клеем. Так она не будет впитывать чернила. Смешайте чернильный порошок с водой для получения чернил.

**6** Сверху дается перевод древнегреческого алфавита. Используя алфавит в качестве руководства, напишите на свитке слово или несколько букв.

**7** Вверху на свитке написано имя героя Ахилла (Ахиллеса). Попросите друга перевести его, пользуясь алфавитом вверху.

# Греческая мода

**Ф**ИЗИЧЕСКАЯ КРАСОТА И ПРИВЛЕКАТЕЛЬНАЯ ВНЕШНОСТЬ – как в мужчинах, так и в женщинах – вызывали восхищение в Древней Греции. Одежда была простых фасонов. Мужчины и женщины носили длинные туники, свободно ниспадавшие, что было удобно в теплом климате, и крепившиеся декоративными булавками или брошками. В дорогу или плохую погоду надевался тяжелый плащ. Туники солдат и рабочих делались короткими, дабы они не мешали движениям. Одежда делалась из шерсти и льна, которые пряли в домашних условиях. Ткани окрашивали природными красителями, которые получали из растений, насекомых и моллюсков. Богатые могли позволить себе роскошные одеяния, изготовленные из импортировавшихся хлопка или шелка. Вне дома обыкновенно носили сандалии, хотя мужчины иногда ходили в ботинках. В жаркую погоду от солнца спасали соломенные или шерстяные шляпы. Загар не вызывал восхищения, так как он подразумевал тяжелую работу под палящим солнцем и был более к лицу работнику или рабу. Мужчины носили короткие волосы, а женщины – длинные, заплетенные прихотливым образом и иногда перехваченные лентами.

## Посмотри сам

Зеркала из стекла были неизвестны грекам. Вместо этого они использовали хорошо отполированную бронзу, чтобы смотреть на свое отражение. Это зеркало имеет рукоятку, сделанную в форме женщины. На ее плечах сидят крылатые сфинксы.

## Золотой лев

Этот массивный браслет датируется примерно 4–5 в. до н. э. Он изготовлен из чистого золота и украшен двумя львиными головами. Золото обладало большой ценностью, так как его запасы в самой Греции были незначительными. Большая его часть импортировалась из Малой Азии или Египта.

## Без изысков

Женская фигурка вверху одета в пеплос. Это было простое одеяние без рукавов, которое носили греческие женщины. Единственным украшением был пояс, подвязанный под грудью. Эта статуэтка была изготовлена в греческой колонии в Южной Италии.

## Сделайте хитон

*Вам потребуется: сантиметр, прямоугольный отрез ткани, ножницы, булавки, мелок, иголка, нитка, 12 металлических пуговиц (на ножках), шнурок.*

**1** Попросите друга измерить расстояние от запястья до запястья и умножьте эту цифру на два. Измерьте длину от плеча до лодыжки. Выкроите ваше одеяние по этим цифрам.

**2** Сложите ткань пополам по ширине. Скрепите обе стороны булавками. Проведите мелом линию по ткани, отступив от края 2 см.

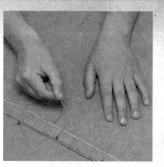

**3** Прошейте вдоль меловой линии. После этого выверните материал наружу, с тем чтобы шов оказался внутри. Сложите ткань таким образом, чтобы шов был на спине.

## Торговля текстилем

Одежда в Древней Греции обычно делалась из шерсти и льна. Греки экспортировали свою шерсть, которая вызывала восхищение своим высочайшим качеством. Хлопок и шелк импортировались. Однако лишь состоятельные греки могли позволить себе одежду, сделанную из этих материалов.

Хлопок

Лен

Сырая шерсть

## Пудреница

Греческие женщины пользовались пудрой для лица и другими косметическими средствами и хранили их в керамической коробочке, в так называемой пиксиде. Эта коробочка была сделана в Афинах приблизительно в 450 г. до н. э. Роспись на коробочке изображает прядущих и ткущих женщин.

*Одежду в Древней Греции изготавливали вручную. Чтобы избежать отходов, ткалось ровно столько материала, сколько требовали размеры человека, для которого делалась одежда.*

Спиральная лента

Пояс

Венок

## Погребальные украшения

Некоторые драгоценные украшения, вроде тех, что изображены здесь, делались специально для погребения. Из очень тонкого листового золота изготавливались пояса и венки. Важные особы, вроде царей и цариц Македонии, погребались в коронах из золотых листьев.

**4** На одном из незашитых концов сделайте вырез для головы. Отметьте, где будет вырез, и скрепите ткань в этом месте булавками.

**5** Идя от выреза для головы к краю ткани, через каждые 5 см ставьте метки. Скрепите булавками вдоль них переднюю и заднюю стороны – это будут проймы для рук.

**6** В месте каждой булавки пришейте пуговицу, чтобы скрепить между собой обе стороны материи. Чтобы пуговица крепче держалась, проденьте нитку через ушко несколько раз и завяжите узелком.

**7** Отрежьте нужной длины шнурок, чтобы можно было свободно им подпоясаться. Обвяжитесь шнурком и выправьте поверх него ткань.

# Боги и богини

Д РЕВНИЕ ГРЕКИ ВЕРИЛИ, что их боги были похожи на людей и испытывали человеческие эмоции, которые заставляли их ссориться и влюбляться. Люди также считали, что боги обладали волшебной властью и были бессмертны (то есть могли жить вечно). Обладая такой властью, боги могли становиться невидимыми или менять облик и даже превращать людей в животных. Было принято считать, что боги оказывали влияние на все стороны человеческой жизни и занимались просьбами о помощи – от излечения болезни до дарования победы в войне. Чтобы пользоваться милостью богов, люди совершали жертвоприношения, оставляли подношения и обращались к ним с молитвами. Общины финансировали строительство храмов, как, например, Парфенона, оплачивали услуги жрецов и устраивали празднества – и все в честь богов.

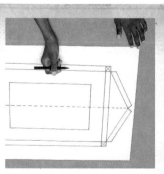

### Крылатый посланец
Гермес был богом красноречия и удачи. Он был известен своей тягой к проделкам и авантюрам. Зевс сделал его посланцем богов, чтобы занять его и удержать от беды.

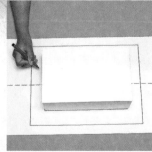

### Дикая богиня
Артемида являлась богиней диких мест и животных, охоты и Луны. Она была искусной лучницей, чьи стрелы вызывали смерть и язвы. Власть исцелять составляла еще один из ее атрибутов.

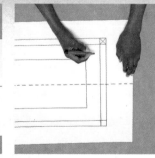

### Царь богов
Зевс правил землей и небом с горы Олимп (реальное место на границе Македонии). Он считался справедливым богом, который утверждал порядок и правду. Совершавших неправедное дело он мог наказать, посылая в них громы и молнии.

## Парфенон

*Вам потребуется:* два листа белого картона размером 62 см на 38,5 см, линейка, черный фломастер, коробка из-под обуви, ножницы, краска синего, красного и кремового цвета, кисть, клей ПВА, лист рифленого картона (примерно 39 × 28,5 см), бумажный скотч, острый нож, бальзовая заготовка длиной 160 см.

1 Проведите горизонтальную линию через центр картона. Положите в середину коробку из-под обуви. Обведите ее. Нарисуйте еще один прямоугольник, отступив от первого 7 см.

2 Нарисуйте третий прямоугольник, отступив от второго 2 см. Продлите линии второго прямоугольника до сторон третьего, так чтобы у вас получилось четыре петлицы, по одной в каждом углу.

3 Чтобы сделать торцы крыши, начертите полромба вдоль края второго прямоугольника. Добавьте две прямоугольные петлицы шириной 1 см.

## Любовь и покровительство

Афродита была богиней любви и красоты. Ее тщеславие послужило началом одной из крупнейших военных кампаний, запечатленных в греческом фольклоре, Троянской войны. Афродита пообещала добиться для Париса (сына троянского царя) любви самой красивой из смертных женщин в мире – Елены Прекрасной. В ответ Парис должен был назвать Афродиту прекраснейшей из всех богинь. Однако Елена уже была замужем за спартанским царем. Когда она убежала от него к Парису, греки объявили троянцам войну. Последовала кровопролитная война, в которой схлестнулись герои и боги.

## Символы

Считалось, что каждое божество отвечало за конкретные стороны повседневной жизни. Каждое божество было представлено символом. Пшеница символизировала Деметру, богиню живого мира. Дионис, бог виноградной лозы и вина, соответственно олицетворялся виноградом.

*Пшеница*    *Виноград*

## Могущественная семья

Гера была супругой Зевса и богиней брака. Она почиталась женщинами как покровительница супружеской любви. Ее собственный брак был отмечен конфликтами с мужем. Ее ревность к соперницам, оспаривавшим привязанность ее неверного супруга, заставляла ее преследовать их. Она также ревновала к Гераклу, который был сыном Зевса от другой женщины. Гера подослала змей, чтобы убить Геракла, когда он был младенцем. К счастью для Геракла, он унаследовал силу своего отца и расправился со змеями прежде, чем они причинили ему вред.

## Гроздья веселья

Бог Дионис почитался за свой вкус к веселью. В качестве бога плодородия, виноградной лозы и вина он был популярен как у мужчин, так и у женщин. Правда, его последователи были слишком шумными для некоторых городов-государств, которые запретили празднества в его честь.

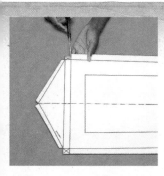

**4** Повторите шаг 3 для другого торца крыши. Вырежьте оба торца крыши и надрежьте четыре петлицы в углах. Приготовьте краски и кисть.

**5** Переверните крышу другой стороной. Нарисуйте, а затем раскрасьте показанный выше орнамент на каждом торце крыши. Оставьте высохнуть.

**6** Переверните крышу. Подогните кверху все стороны второго прямоугольника. Подогните внутрь все угловые петлицы и приклейте их к соседним сторонам. Отогните прямоугольные петлицы.

**7** Разрежьте пополам лист красного рифленого картона. Склейте получившиеся листы вместе с помощью липкой ленты с гладкой стороны. Переверните их и сложите посередине.

# Храмы и праздники

**П**РАЗДНЕСТВА В ЧЕСТЬ БОГОВ являлись важными общественными событиями в Древней Греции. Средоточием каждого праздника был храм. Во время празднества люди стекались в города из сельской местности. Крупнейшие празднества отличались пышностью и великолепием. Они включали процессии, музыку, спортивные состязания, молитвы, жертвоприношения и раздачу еды, и все это происходило в храме. Древнейшие греческие храмы строились из дерева, и ни один из них не сохранился. Позднее простота стволов деревьев нашла отзвук в колоннах и балках храмов, возводимых из камня. Наиболее пышные храмы строились из мрамора. Их нередко украшали ярко раскрашенными фризами, иллюстрировавшими мифические рассказы о богах, богинях и героях. На расходы не скупились, ведь храмы почитались земными обиталищами богов. В каждом храме стояла статуя бога, которому он был посвящен. Статуи были обычно сработаны с большой тщательностью, а иногда сделаны из драгоценных материалов, вроде золота и слоновой кости.

## РОЛЬ ЖЕНЩИНЫ
Эта ваза в форме женской головы была сделана около 600 г. до н. э., вероятно, для храма, посвященного Аполлону. Религия была одной из немногих сфер жизни за пределами дома, в которой женщинам дозволялось принимать активное участие. Они исполняли роль жриц в некоторых культах и нередко воспринимались как носители дара видеть будущее.

## МОНУМЕНТАЛЬНЫЙ ВХОД
Исполинский проход в храмовый комплекс на вершине Акрополя назывался Пропилеями. Храм рядом с ним был посвящен Афине, изображенной в виде Ники, богини победы.

**8** Приклейте края рифленого картона к подогнутым краям раскрашенного картона. Дайте высохнуть. У вас готова крыша для вашего храма.

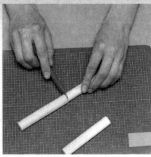

**9** Обведите коробку из-под обуви на втором листе картона. Нарисуйте еще один прямоугольник, отступив от края первого 7 см. Вырежьте его, оставив кромку шириной 1 см. Это основание храма.

**10** Попросите взрослого помочь вам на этом этапе. Вырежьте 32 колонны из бальзовой заготовки. Каждая должна иметь 5 см в высоту. Покрасьте их кремовой краской и оставьте сушиться.

**11** Вдоль каждого края второго прямоугольника нарисуйте восемь кружков, обводя основание колонны. Нарисуйте их на равном расстоянии друг от друга.

## ПАРАД В ЧЕСТЬ БОГИНИ

Парад всадников, колесниц и людей, ведущих жертвенных животных, был частью процессии ежегодного Панафинейского праздника. Он проводился раз в год, в Афинах, в честь дня рождения богини Афины. Каждые три года празднику сопутствовали еще более пышные торжества, длившиеся шесть дней. Во время праздничных церемоний статуя Афины одаривалась новым одеянием.

## ХРАМ ТРЕХ БОГОВ

Эрехтейон был построен на Акрополе, возвышающемся в 100 м над Афинами. В отличие от остальных греческих храмов, он был предназначен для поклонения более чем одному богу: легендарному царю Эрехтею, богине Афине, покровительнице Афин, и Посейдону, богу моря. Колонны в виде женских фигур называются кариатидами.

## ЛЬВИНАЯ ПАСТЬ

Этот лев с зияющей пастью на самом деле представляет собой водосток из афинского храма, построенного примерно в 570 г. до н. э. Несмотря на то что осадки в Греции немногочисленны, водостоки были нужны, чтобы отводить воду с плоских крыш зданий. Лев был выбран как символ силы и власти.

## СТРОИТЕЛЬНЫЕ МАТЕРИАЛЫ

Большие здания нередко возводились поблизости от каменоломни или судоходной воды. Известняк был самым распространенным из использовавшихся камней, а сосна и кипарис – самыми распространенными породами древесины. Дорогие мрамор и кедр шли на строительство храмов и дворцов.

*Мрамор*

*Известняк*

*Сосна*

**12** Нарисуйте дверь на короткой стороне обувной коробки. Приклейте крышу к верхушке обувной коробки. Проведите синей краской кромку шириной 1 см на основании храма.

**13** Приклейте колонны на место, между крышей и основанием. Намажьте клеем их концы. Установите их в кружки, нарисованные в шаге 11.

*В величественном Парфеноне стояла 15-метровая статуя Афины, сделанная из золота и слоновой кости.*

# Герои и мифы

Гречеcкая мифология богата историями о разных героях и героинях, ссорящихся богах и богинях и таинственных и необычных существах. Развлекая людей, эти истории одновременно пытались ответить на вопросы о том, как возник мир и появились люди. Эти завораживающие рассказы послужили источником вдохновения для греческого искусства и материалом для греческих пьес. Кроме того, они были ценными историческими памятниками и заставляли греков гордиться своим ярким культурным прошлым. По традиции мифологические повествования передавались от поколения к поколению в изустной форме. Иногда странствующим бардам платили за то, чтобы они декламировали поэмы, выученные ими наизусть. В конечном итоге эти истории оказались записанными на бумагу. Древнейшими из тех, что сохранились до наших дней, считаются поэмы Гомера. Нам известны две его поэмы – «Одиссея» и «Илиада». Обе повествуют о героях, сражавшихся со сверхъестественными силами.

## Сразивший чудовище

Согласно греческой легенде, Минотавр был полубыком-получеловеком. Он жил в лабиринте на острове Крит. Многие люди входили в лабиринт, но никто из него не выходил. Каждый год афинский народ был вынужден посылать человеческие жертвоприношения на съедение быку. Герой Тесей поклялся убить Минотавра. Царевна дала Тесею в помощь меч и клубок ниток. Тесей распускал нить, пробираясь по лабиринту. Убив Минотавра, он вернулся, идя вслед за нитью, к выходу из пещеры.

## Душитель змей

Неимоверно сильный Геракл был единственным человеческим существом, ставшим греческим богом. На этой римской фреске он изображен в виде маленького ребенка, душащего змей, подосланных ревнивой богиней Герой, чтобы убить его.

## Сделайте голову Медузы

*Вам потребуется: доска, самовысыхающая поделочная глина, скалка, линейка, пластмассовый нож, карандаш, наждачная бумага, акриловые краски, одна маленькая и одна большая кисть, лак (1 часть воды на 1 часть клея ПВА).*

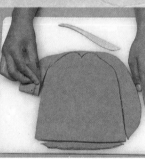

**1** Раскатайте скалкой кусок глины 20 см на 20 см и 2 см толщиной. Пластмассовым ножом вырежьте голову, как показано на фото.

**2** Сделайте из небольшого кусочка глины нос. Прикрепите его к голове. Пластмассовым ножом разровняйте и сгладьте края.

**3** Сделайте рот со множеством зубов и два глаза и выгравируйте на голове страшный орнамент. Вдавите кончик карандаша в глаза, чтобы сделать глазные яблоки.

## Каменный взгляд

Медуза являлась крылатым чудовищем с волосами из змей. Она была одной из трех Горгон. У Медузы было столь страшное лицо, что любой смертный, посмотревший ей в лицо, обращался в камень. Ее можно было убить, только отрубив ей голову. Медуза, чье имя означало «коварная», перехитрила нескольких героев, пытавшихся ее убить. Герой Персей в конце концов убил ее с помощью Афины и Гермеса. Они снабдили Персея волшебной шапкой, чтобы сделать его невидимым, серпом, чтобы отрубить Медузе голову, и щитом, в котором он мог видеть ее отражение. Даже мертвой Медуза сохраняла свою власть. Персей убил своего врага Полидекта, заставив его посмотреть ей в лицо.

## Обманутый великан

Царь Одиссей был мифическим героем, который испытал множество приключений. В результате смелой проделки он оказался пленником в пещере одноглазого великана. Чтобы спастись, Одиссей выколол глаз великану и выбрался из пещеры, обхватив снизу барана.

*Слово «Горгона» в греческом языке обозначает свирепый взгляд чудовища.*

## Летающий конь

Крылатый конь Пегас фигурировал на монетах Коринфа в качестве символа города. Пегас помог Беллерофонту, коринфскому герою, в его битвах. Сперва в сражении с Химерой, чудовищем с головой льва, туловищем козла и хвостом змеи, а затем в сражении с амазонками, расой женщин-воинов.

4 Раскатайте между ладонями четыре тонких полоски глины, которые будут изображать змей на голове Медузы. Прикрепите их в нужном месте, как показано на фото.

5 Надавите пальцем на кончик каждой полоски, чтобы сделать змеиную голову. Пластмассовым ножом и карандашом на змеиных туловищах выгравируйте чешую.

6 Пусть голова полностью подсохнет, прежде чем вы начнете раскрашивать лицо. Для этого выкладывайте ее на каждую сторону на несколько часов. Будьте осторожны, когда переворачиваете.

7 Когда голова полностью высохнет, потрите ее мелкой наждачной бумагой. Раскрасьте лицо черным, красным, белым и золотистым цветом. Оставьте высохнуть, а затем покройте лаком.

# Смерть и подземный мир

**П**РОДОЛЖИТЕЛЬНОСТЬ ЖИЗНИ в Древней Греции составляла всего лишь около половины того, сколько живут сегодня на Западе. Больные дети зачастую умирали в младенческом возрасте. Огромное число мужчин погибало в сражениях, женщины нередко умирали при родах, а эпидемии могли уносить жизни целых общин.

Большинство греков верили, что после смерти их души бродят по подземному миру, в холодной и мрачной области мира, куда совершивших грех отправляли в качестве наказания. В «Одиссее» герой Ахилл говорит:

> Лучше б хотел я живой, как поденщик, работая в поле,
> Службой у бедного пахаря хлеб добывать свой насущный,
> Нежели здесь над бездушными мертвыми царствовать, мертвый.

Считалось, что очень немногие люди настолько благочестивы, чтобы попасть на Острова блаженных. Попавшие же туда могли целую вечность наслаждаться спортивными состязаниями и музыкой. А тем, кто снискал исключительную славу своими подвигами (вроде героя Геракла), как считалось, было суждено стать богами и поселиться на горе Олимп.

Когда человек умирал, его тело либо погребали в землю, либо кремировали. Греки верили, что, лишь когда тело или пепел покрыты землей, дух мог отбыть в подземный мир. В могилы клали предметы быта для использования в загробной жизни, а женщины оставляли на могилах еду и питье для духов умерших.

### ДУШИСТОЕ ПРОЩАНИЕ
Могилы иногда помечали лекифами, белыми глиняными сосудами, в которых хранили благовонное масло, использовавшееся для умащения тела. Лекифы обычно расписывали сценами расставания, похорон или изображениями покойного.

### ПИЩА ДЛЯ ДУХОВ
Традиция оставлять еду на могиле повелась с микенских времен. В те времена людей могли хоронить с доспехами и оружием, кухонными горшками и даже – за компанию с ними – с домашними животными и рабами. К 3000 г. до н. э. греки оставляли еду, вроде вина и яиц, на могилах в качестве пищи для умерших.

Яйца

Вино

### ПРЫЖОК В НЕВЕДОМОЕ
Роспись вверху изображает фигуру, совершающую прыжок из жизни в океан смерти. Столбы были возведены Гераклом и обозначали конец известного, живого мира. Изображение этого ныряльщика было найдено на стенах гробницы.

## Между тьмой и светом

На этом рисунке с вазы изображена Персефона с Гадесом (Аидом), своим супругом и повелителем подземного мира. Гадес утащил Персефону с земли в подземный мир. Ее мать богиня Деметра, полная отчаяния, кинулась на ее поиски и перестала заботиться о посевах. Зевс вмешался и решил, что Персефона будет проводить шесть месяцев в году со своей матерью, а остальные шесть месяцев со своим мужем. Когда дочь возвращалась весной, Деметра начинала заботиться о посевах. Однако стоило ее дочери снова вернуться в подземный мир, Деметра погружалась в печаль, и на земле устанавливалась зима.

## Последнее путешествие

Тело умершего человека из дома к могиле доставляли плакальщики, несшие подношения. Для выражения своего горя они могли отрезать себе волосы, до крови исцарапать себе лицо и надеть черные одеяния. Если на могиле устраивалось поминальное пиршество, то посуда после него разбивалась и оставлялась там же.

## Царская гробница

Женщинам реже выпадала честь быть запечатленными на надгробии, чем мужчинам. Филис, изображенная вверху, была исключением из этого правила, возможно потому, что она являлась дочерью могущественного спартанского царя. В Афинах существовал закон, запрещавший дорогие надгробия. Для возведения надгробия можно было нанять не более 10 человек и не более чем на три дня.

# Поход в театр

**П**ЕРВЫЕ ГРЕЧЕСКИЕ ДРАМЫ исполнялись в храмах в честь богов. Излагавшиеся ими сюжеты представляли собой смесь истории и мифов и повествовали о приключениях знаменитых греков, а также подвигах богов и легендарных героев. Мужской состав исполнителей разыгрывал пьесу при поддержке хора певцов и танцовщиков, которые сопровождали действие комментариями. Драма стала настолько популярной, что в крупных городах и священных местах, как, например, Дельфы и Эпидавр, строились большие открытые театры. Лучшим драматургам вручались призы. Тремя самыми знаменитыми авторами трагедий были Эсхил, Софокл и Еврипид. Вместе они написали свыше 300 пьес, однако сохранилась лишь десятая часть написанного ими. Произведения еще 150 известных авторов были полностью утрачены. Греческие драматические произведения исполняются в театрах и по сей день.

### ПОЧЕТНОЕ МЕСТО
Большинство зрителей сидели на каменных скамейках. Это резное кресло, вероятно, оставлялось для важного сановника или спонсора, который оплачивал расходы на проведение театрального представления.

### ТЕАТР
Крупные театры, вроде этого театра в Эфесе на побережье современной Турции, имели великолепную акустику и были способны вместить свыше 10 тыс. зрителей. Сцена, представлявшая собой круг из утрамбованной земли в центре театра, называлась орхестрой, что значит «танцевальная площадка».

### СДЕЛАЙТЕ МОДЕЛЬ

*Вам потребуется: воздушный шар, вазелин, папье-маше (газета, замоченная в 1 части воды на 2 части клея ПВА), черная ручка, ножницы, краска, кисть, 2 куска картона охристого цвета (20 × 10 см), клеящий карандаш, циркуль, два куска красного картона (40 × 40 см), веревка.*

**1** Надуйте шар размером с голову. Намажьте его спереди и по бокам вазелином. Покройте несколькими слоями папье-маше. Когда все это высохнет, сдуйте шарик.

**2** Попросите друга отметить положение ваших глаз и верхушки ваших ушей на маске. Вырежьте в этих местах небольшие отверстия. Раскрасьте маску, как показано в конце.

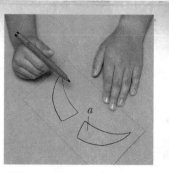

**3** Нарисуйте и вырежьте две формы в виде клюва. Проделайте это на обоих листах охристого картона. Отступите 1 см от основания клюва и отметьте это место (край, помеченный вверху буквой a).

## КОМЕДИАНТ

Эта фигурка 2 в. до н. э. изображает комического актера в маске, сидящего на алтаре. Он прячется в храме, чтобы избежать наказания. Комедии пользовались большой популярностью, но считались более низким жанром, чем трагедии.

## СМЕНА РОЛЕЙ

Греческие актеры надевали маски, чтобы изображать разных персонажей и разные эмоции. Один и тот же актер мог играть разные роли в одной драме, меняя свою маску. Все актеры были мужчинами, однако некоторые играли женские роли. Женщины не допускались на сцену, им, возможно, даже возбранялось находиться среди публики.

## ТРАГИКОМЕДИЯ

В этой комической сцене актер в середине исполняет роль кентавра по имени Хирон. Кентавры были мифическими существами, представлявшими собой наполовину людей и наполовину коней. Хирон был мудрейшим из кентавров. Однако он также рассматривался и как комическая фигура, поскольку был бессмертным и вместе с тем страдал от смертельной раны.

*Чтобы надеть маску, проденьте веревочки в отверстия по бокам головы. Завяжите их на затылке. Эта маска изготовлена по модели оригинальной маски, в которой выступал хор в комедии Аристофана «Птицы».*

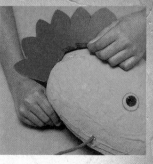

**4** Проведите линию от угла края (б) до этой точки. Сложите картон по этой линии. Склейте две детали вместе по верхнему краю. То же самое проделайте и с двумя другими деталями.

**5** Установите ножку циркуля в углу красного картона. Начертите две дуги, одну с радиусом 10 см, а другую с радиусом 20 см. Вырежьте одним куском.

**6** На вершине красного картона вырежьте зубчики. Начертите дугу на расстоянии 5 см от низа. Вырежьте, как показано, 14 язычков. То же самое сделайте и с другим куском картона.

**7** Склейте между собой куски красного картона вверху. Приклейте язычки к верхушке маски. Наклейте на маску детали клюва. Нарисуйте глаза.

# Музыка и танцы

**М**УЗЫКА И ТАНЕЦ играли одинаково важную роль в жизни греков. Люди пели, играли и танцевали во время религиозных церемоний. Музыку использовали для удовольствия и развлечений во время семейных торжеств, драматических представлений, пиршеств и питейных застолий. Сохранилось мало письменных свидетельств исполнявшихся мелодий, но до нас дошли образцы инструментов. Самыми популярными инструментами были свирели. Это были духовые инструменты, сходные с гобоем или кларнетом. Такого рода дудочки назывались авлосом. Другими популярными инструментами были лира и флейта. Лира (струнный щипковый инструмент) издавала торжественные и величественные звуки. На ней нередко играли люди благородного происхождения, аккомпанируя поэтической декламации. На флейте чаще играли рабы или танцующие девушки.

**КОНТРОЛЬ ДЫХАНИЯ**
Кожаный ремешок, обвязанный вокруг щек музыканта, играющего на авлосе, помогал ему управлять своим дыханием. Одна из трубок авлоса обеспечивала мелодию, в то время как другая производила сопровождающий ее гул, придававший звучанию глубину. Авлос имел от 3 до 24 клапанов для извлечения разных нот.

Греческие солдаты сетовали, что отсутствие музыки – тягота войны. Спартанские солдаты решали эту проблему, наигрывая во время походов мелодии на дудках. Считалось, что музыка обладает волшебной властью. Греческая легенда повествует об Орфее, усмирившем свирепых животных игрой на своей лире. Другой миф рассказывает о том, как Амфион (сын Зевса), играя на своей лире, заставил камни двигаться и образовать стену вокруг Фив.

**СТУК! БРЯК!**
Бронзовая фигурка вверху играет на кимвалах. Они издавали звук, похожий на кастаньеты. Греки использовали кимвалы в качестве аккомпанемента для танцев. Среди других ударных инструментов были деревянные трещотки и ручные барабаны вроде тамбуринов.

## СДЕЛАЙТЕ МОДЕЛЬ

*Вам потребуется: ножницы, рифленый картон, сантиметр, белый картон, циркуль, карандаш, клей ПВА, скотч, полоски газеты, бумага кремового цвета, красный и фиолетовый фломастеры, ручки, картон охристого цвета, ленточки красного и желтого цвета.*

**1** Вырежьте полоску рифленого картона шириной 5 см. Оберните ее вокруг обеденной тарелки. Прибавьте к полоске 6 см и отрежьте.

**2** Положите тарелку лицевой стороной вниз на белый картон. Обведите ее. Начертите еще один круг внутри первого, отступив от него 3 см. Вырежьте получившееся кольцо.

**3** Приклейте картонную полоску, изготовленную в шаге 1, к краю картонного кольца, сделанного в шаге 2. Затем перехватите их скотчем для большей прочности.

## Божественная музыка

Терпсихора была одной из девяти муз – или богинь искусства. Здесь Терпсихора играет на арфе в окружении своих прислужниц, которые держат лиру и авлос. Среди других муз были Полигимния, муза торжественных песнопений (гимнов), и Евтерпа, муза игры на флейте.

## Ударные инструменты

Тимпан представлял собой бубен, сделанный из шкуры животного, натянутой на рамку. В него били для создания ритмического аккомпанемента во время танцев или декламаций. Струнные и духовые инструменты считались инструментами более высокого порядка, поскольку из них извлекалась музыка, подобающая особо торжественным событиям. Барабаны, кимвалы и трещотки ассоциировались с бродячими музыкантами.

## Развлечения

На этой тарелочной росписи юноша играет на авлосе, аккомпанируя танцам своей партнерши. Профессиональные музыканты нередко приглашались развлекать гостей во время ужинов. Иногда музыканты были домашними рабами.

*Для игры на тимпане постукивайте по нему пальцами, как это, вероятно, делали древние греки.*

**4** Приготовьте раствор для папье-маше из расчета 1 часть клея на 2 части воды. Намочите в нем полоски газеты и обклейте ими картонный обруч.

**5** Обведите тарелку на кремовой бумаге. Начертите еще один круг, отступив от края первого 5 см. Вырежьте по краю около 28 небольших треугольничков.

**6** Перенесите на бумагу орнамент вверху. Наложите бумагу на картонный обруч. Смажьте каждый язычок и приклейте к рифленому картону.

**7** Вырежьте полоску охристого картона. Нанесите на него орнамент и приклейте. Сделайте четыре банта из ленточек и наклейте их по краю.

175

# Искусство и ремесла

Художники и ремесленники Древней Греции вызывали восхищение качеством своей работы. Они создавали многочисленные предметы искусства, включая красивые амфоры, изящные драгоценные украшения и впечатляющие скульптуры. В числе материалов, с которыми они работали, были камень, золото, серебро, стекло, драгоценные камни и бронза. Они также использовали дерево, кожу, кость. Большинство товаров изготавливалось небольшими партиями в ремесленных мастерских, расположенных вокруг агоры (рыночного места). Ремесленник мог работать самостоятельно или с помощью своей семьи и одного-двух рабов. В крупных мастерских таких городов, как Афины, рабы занимались исполнением массовых заказов на товары, пользовавшиеся большим спросом. Это могли быть щиты, гончарные изделия и предметы из металла, которыми торговали вокруг Средиземного моря с большой прибылью.

## ПОТОЧНОЕ ПРОИЗВОДСТВО

Вверху приведена терракотовая форма, а справа – отлитая из нее фигурка. Изготовление формы было трудоемкой задачей, требовавшей большого умения. С использованием формы можно было получать изделия быстрее и дешевле, чем вырезать каждый предмет по отдельности.

### СЫРЫЕ МАТЕРИАЛЫ

Золото было дорогим материалом, импортировавшимся из-за границы, и обычно шло на изготовление предметов роскоши, как, например, драгоценностей. Реже оно использовалось для украшения статуй и изготовления золотых монет. Глина применялась в производстве целого ряда ремесленных предметов – от ваз до статуэток.

*Золото*

*Глина*

## ПАНАФИНЕЙСКАЯ АМФОРА

*Вам потребуется: воздушный шар, миска, клей ПВА, вода, газета, два рулона бумажного скотча, черная ручка, ножницы, лист бумаги 42 × 30 см, картон, карандаш, кисть, черная и кремовая краски.*

**1** Надуйте шарик. Покройте его двумя слоями папье-маше (газеты, намоченной в одной части клея и двух частях воды). Оставьте его на одной стороне сушиться.

**2** Используя в качестве шаблона моток скотча, обрисуйте и вырежьте два отверстия внизу и вверху шара. Выбросьте лопнувший шарик.

**3** Скатайте лист бумаги в трубку. Убедитесь, что ее можно вставить в рулон бумажного скотча. Закрепите трубку скотчем или клеем.

## ВАЗОПИСЬ

Чернофигурная вазовая роспись возникла в Коринфе около 700 г. до н. э. На смену чернофигурной вазописи пришел стиль краснофигурной росписи, вошедший в употребление в Афинах около 525 г. до н. э. Не все живописцы были безымянными мастеровыми. Многие являлись широко признанными художниками и подписывали свои работы. Экспорт ваз, вроде этой, сделался важнейшим источником дохода для обоих городов.

## ГОРЯЧАЯ РАБОТА

На этом рисунке два кузнеца куют металл в кирпичной печи. Производство изделий из металла было дорогим. Сами печи топились древесным углем, который был дорог в получении, поскольку в Греции было мало древесины. Кроме того, металл нередко приходилось импортировать, иногда издалека. К примеру, олово, которое сплавляли с местной медью для получения бронзы, везли из Южной Испании.

*Амфоры, подобные этой, вручались в качестве призов на Панафинейских играх. Их украшали сцены спортивных состязаний.*

## ЗОЛОТАЯ ПЕКТОРАЛЬ

Эта золотая пектораль, сделанная на острове Родос в 7 в. до н. э., предназначалась для ношения на груди. Золото редко встречалось в Греции. Его обыкновенно импортировали ценой больших расходов из близлежавших регионов, вроде Египта или Малой Азии.

**4** Проденьте трубку через шар. Закрепите ее липкой лентой. Наденьте на трубку снизу рулон бумажного скотча и закрепите липкой лентой.

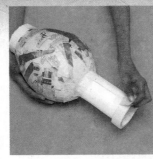

**5** Второй рулон наденьте на верхушку бумажной трубки. Убедитесь, что оба рулона надежно закреплены на своих концах трубки.

**6** Отрежьте две полоски картона, длиной 15 см. Прикрепите их по обеим сторонам вазы, как показано на фото. Покройте всю амфору папье-маше и оставьте сушиться.

**7** Перенесите карандашом на свою амфору узор вверху. Аккуратно раскрасьте нанесенный узор и оставьте вазу сушиться на одной стороне.

# Спорт и физкультура

**Ф**ИЗИЧЕСКИЕ ЗАНЯТИЯ ценились как необходимая подготовка к войне. Но греки любили спорт и ради него самого, и многие города имели общественный гимнасий (гимнастический зал), где мужчины собирались для физических занятий и отдыха. Они предпочитали индивидуальные состязания командным играм и нередко отмечали религиозные праздники, устраивая в честь богов соревнования по бегу. Именно так впервые начались в 776 г. до н. э. Олимпийские игры. Они проводились каждые четыре года, а их программа расширилась и стала включать прыжки в длину, метание диска и копья, бокс, борьбу, ристание на колесницах и скачки на лошадях, а также поэтические и драматические состязания. Существовал также и такой жестокий вид спорта, как панкратион («всевластие»), представлявший собой комбинацию бокса и борьбы, в которой нельзя было лишь выбивать глаза и кусаться. Во время Олимпиад все войны между городами прекращались, с тем чтобы люди могли безопасно съезжаться на игры. Женщинам запрещалось состязаться или принимать участие в Олимпийских играх в качестве зрителей, однако у них были собственные игры, также проводившиеся в Олимпии в честь богини Геры.

## ПОБЕДИТЕЛЬ

Греческий царь (с правой стороны) вручает венок победителю Олимпийских игр. Рядом стоит жрец, как напоминание о том, что состязающиеся находятся на священной земле. На Олимпиадах не было денежных призов. Однако поскольку они приносили славу городам, победителей иногда одаривали деньгами по возвращении домой или даже пожизненными бесплатными трапезами.

## ЗВЕЗДЫ СПОРТА

На этой вазовой росписи изображены прыгун в длину, держащий гири, дискобол и метатели копья. Они олицетворяют три из пяти видов спорта, из которых состоял пентатлон («пента» по-гречески означает пять). Двумя другими видами были бег и борьба. Пентатлон начинался с состязания по ходьбе, за которым следовало метание копья, потом метание диска, и завершался прыжком в длину. Два состязающихся, занявших в этих видах наиболее высокие места, после этого боролись друг с другом, чтобы выяснить общего победителя. Большинство спортсменов были любителями. Были также и многочисленные профессионалы, которые тренировались и состязались ради одного-единственного выступления.

## Спортивные сооружения

С 1829 года большая часть территории Олимпии, где проводились первые Олимпийские игры, была извлечена на свет в результате археологических раскопок. Там были многочисленные сооружения, предназначавшиеся для спортсменов и зрителей. В центре комплекса находилось два больших храма, посвященных Гере и Зевсу. Среди зданий, окружавших храмы, были постоялый двор, рестораны, большой гимнасий (гимнастический зал) для тренировок и ристалище для конных состязаний и скачек на колесницах. Несмотря на свои размеры, Олимпия так и не стала городом, поскольку у нее не было постоянных граждан и местного правительства.

## Опасная игра

В конце ристания колесниц состязающиеся в полном вооружении спрыгивали с мчащейся колесницы и соревновались в быстрой ходьбе. Этот номер в конечном итоге выпал из программы Олимпиад, так как вместо восторга перед умением соревнующихся он нередко вызывал смех. Колесницы зачастую опрокидывались, приводя к печальным последствиям. В ристалище могли принимать участие до 40 человек, которые совершали 12 кругов по цирку с окружностью в 1100 м. Победителем становился владелец колесницы и лошадей, а не возница.

## Состязание на дальность

Прыгуны в длину использовали тяжелые гири для лучшего толчка. Гири к тому же помогали им удерживать равновесие. Они прыгали на подстилку из разрыхленной земли, выровненной граблями. Благодаря этому они избегали травм и оставляли четкий отпечаток, и с его помощью судьи могли определить расстояние, на которое они прыгнули.

## Путь к победе

Состязающиеся, принимавшие участие в первоначальных Олимпийских играх, входили на стадион через этот арочный проход. Травянистые склоны вокруг стадиона могли вместить до 40 тыс. зрителей.

## Приготовления

Атлет повязывает волосы тканью, чтобы они не служили ему помехой. Большинство атлетов соревновались на Олимпийских играх голыми. Считалось, что спорт возвеличивает мужскую силу и красоту. Когда на играх в честь Геры между собой соревновались женщины, они надевали короткие туники.

179

# Наука и философия

**Г**РЕКИ МОГЛИ ПОЗВОЛИТЬ себе посвящать время научным изысканиям и размышлениям, ведь их цивилизация была богатой и защищенной от внешних посягательств. Они взяли астрологию у вавилонцев и математику у египтян. Они использовали свои научные познания для создания многочисленных практических изобретений, включая водяные часы, зубчатое колесо, системы передач, торговые автоматы и паровые двигатели. Правда, эти приспособления мало использовались, ведь для выполнения работ существовали рабы.

Слово «философия» греческого происхождения и означает «любовь к мудрости». Греки заложили основу многих областей философского знания. Тремя из них были политика (наука управления), этика (наука поведения) и космология (наука о законах Вселенной). Греческие философы признавали ценность экспериментальных данных. Однако они не всегда умели видеть их ограничения. Аристотель обнаружил, что выпаривание превращает соленую воду в пресную, и ошибочно заключил, что с помощью того же процесса вино превращается в воду.

### ВЕЛИКИЙ МЫСЛИТЕЛЬ

Философ Аристотель (384–322 гг. до н. э.) нередко признается основателем западной науки. Он первым разработал рациональный подход к миру, основанный на наблюдении и регистрации данных. В течение трех лет он являлся наставником Александра Македонского.

### БАШНЯ-ЧАСЫ

В Башне ветров в Афинах находятся водяные часы. Первоначальным египетским изобретением была бадья с водой, в днище которой имелось крошечное отверстие. Вода вытекала из него по каплям, и уровень воды опускался ниже отметок, высеченных изнутри бадьи, отмечая время. Греки усовершенствовали этот принцип, использовав поток воды, который приводил в движение стрелку циферблата.

## Архимедов винт

*Вам потребуется: пустая чистая пластиковая бутылка, ножницы, поделочная глина, крепкая липкая лента, кусок прозрачной пластиковой трубки, миска с водой, пищевой краситель синего цвета, пустая емкость.*

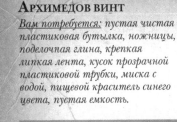

**1** Срежьте верхушку бутылки. Поместите поделочную глину в бутылку, на расстоянии примерно 5 см от конца. Проткните в этом месте ножницами дырочку.

**2** Отрежьте полоску скотча той же длины, что и бутылка. Приклейте ее вдоль бутылки. Позднее она позволит лучше закрепить трубку.

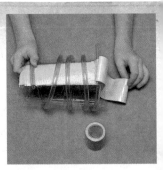

**3** Сверните трубку вокруг бутылки. Идите от одного конца бутылки к другому. Приклейте трубку скотчем поверх первой полоски липкой ленты.

## ВОДОПОДЪЕМНИК

При повороте Архимедова винта он поднимает воду с одного уровня на другой. Он называется в честь своего изобретателя, ученого Архимеда, который жил около 287–211 гг. до н. э. в Сиракузах, на Сицилии. Его используют и по сей день.

## ОТЕЦ ГЕОМЕТРИИ

Эвклид (около 330–260 гг. до н. э.) был математиком. Он жил в греко-египетском городе Александрия. Его знают как отца геометрии, которая происходит от греческого слова, обозначающего «измерение земли». Геометрия – это наука о точках, линиях, кривых, поверхностях и их измерении. Его учебник геометрии назывался «Начала». Им широко пользовались и в начале 20 в. н. э., спустя 2 тыс. лет после его смерти. На фото изображен титульный лист издания книги, выпущенного в Лондоне в 1732 году.

*Изобретение Архимедова винта позволило земледельцам поливать свои поля с помощью оросительных каналов. Это избавило их от необходимости ходить к реке за водой с ведрами.*

**4** Налейте в миску с водой несколько капель пищевого красителя синего цвета. Размешайте, чтобы вода приобрела ровную окраску.

**5** Опустите один конец бутылки в миску с синей водой. Убедитесь, что трубка на другом конце направлена в пустую миску.

**6** Поворачивайте бутылку в синей воде вокруг оси. При этом вы увидите, что вода начнет подниматься по трубке и постепенно вытекать с другого конца в пустую миску.

# Медицина

**Г**РЕКИ ВЕРИЛИ, что в конечном итоге властью исцелять раны и излечивать болезнь обладали лишь боги. Однако они также развивали и научный подход к медицине. Греческие врачи умели лечить травмы и боевые раны, вправляя кости и накладывая повязки. При лечении болезней они прописывали покой, диету и лекарства из трав. Однако они были беспомощны перед лицом масштабных эпидемий, например чумы. Врачи полагали, что хорошее здоровье зависело от равновесия между четырьмя основными жидкостями организма – кровью, флегмой и желтой и черной желчью. Если этот баланс нарушался, они пытались восстановить его, прикладывая к телу нагретые металлические чашки для выведения вредных жидкостей. Вызывавшееся при этом обильное потоотделение убеждало их в том, что это действенный метод. Эта ошибочная практика сохранялась в Европе вплоть до 17 столетия.

### ОТЕЦ МЕДИЦИНЫ

Около 400 г. до н. э. Гиппократ основал медицинскую школу. Он учил, что изучение симптомов важнее теории. Его ученики давали клятву использовать свое умение, чтобы исцелять, и никогда не причинять вреда.

### РАВНОВЕСИЕ ОРГАНИЗМА

Кровопускание было обычной процедурой, нацеленной на восстановление внутреннего равновесия организма. На этом барельефе изображены хирургические инструменты и чашки для собирания крови. Иногда кровопускание, вероятно, помогало удалить из организма ядовитые вещества, но чаще всего оно могло приводить лишь к ослаблению больного.

### БОГ-ВРАЧЕВАТЕЛЬ

Греки почитали Асклепия как бога врачевания. Здесь он изображен со змеей, олицетворяющей мудрость. Больные, искавшие исцеления, совершали паломничество к его святилищу.

## ПРИНОШЕНИЕ НОГИ

*Вам потребуется: самовысыхающая поделочная глина, скалка, доска, линейка, пластмассовый нож, кисть, акриловая краска кремового цвета.*

**1** Разделите глину на два куска. Раскатайте один из кусков в виде пластины 15 см на 10 см, толщиной 2 см. Это основание для ноги.

**2** Раскатайте второй кусок глины. Пластмассовым ножом вырежьте форму ноги со стопой. Она должна быть соразмерной основанию.

**3** Аккуратно положите ногу на основание с правой стороны. Пластмассовым ножом обведите ногу, обозначая неглубокий контур на глине основания. Удалите ногу.

## ПРИРОДНОЕ ЦЕЛИТЕЛЬСТВО
Греки использовали большой набор природных средств для излечения болезней. Особенно популярными были травы. Чечевицу, горчицу и мед могли прикладывать к ране в качестве припарки.

Чечевица

Мед

Горчица

## ТЕОРИЯ И ПРАКТИКА
Больные излагали свои сны врачам, после чего те прописывали лечение. На этом рельефе дух исцеления в форме змеи посещает спящего больного. На переднем плане врач перевязывает раненую руку.

## НАБОР ИНСТРУМЕНТОВ
Греки пользовались бронзовыми хирургическими инструментами, в том числе акушерскими щипцами и зондами. Хирургическая операция была обычно последним средством. Даже если она была успешной, больные нередко умирали от болевого шока или инфекции впоследствии. Операции на конечностях оказывались успешнее, чем операции на полостях, вроде грудной клетки или живота.

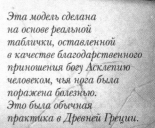

**4** Сделайте ножом насечки на получившемся контуре. Вырежьте рядом с ногой древнегреческое послание с изображения вверху.

**5** Наложите ногу на контур с насечками. Пальцами аккуратно прижмите края ноги к основанию. Вырежьте на ступне пальцы и ногти.

**6** Раскрасьте всю табличку кремовой краской, чтобы придать ей древний вид. Оставьте на ночь сушиться. Ваше приношение ноги готово.

*Эта модель сделана на основе реальной таблички, оставленной в качестве благодарственного приношения богу Асклепию человеком, чья нога была поражена болезнью. Это была обычная практика в Древней Греции.*

# Путешествия и торговля

Г орный ландшафт Древней Греции был слишком неудобным для повозок и колесниц, а потому большинство людей ездили на ослах или ходили пешком. Путешествовать по морю было проще – многочисленные острова восточного Средиземноморья позволяли плавать от порта к порту, не теряя сушу из вида. Торговые суда, так называемые «купцы», ходили под парусами, поскольку для гребцов были слишком тяжелыми. Греческие моряки не имели компасов. Днем они полагались на береговые ориентиры, а ночью ориентировались по звездам. Правда, тот и другой метод были ненадежными. Внезапный шторм мог сбить судно с курса или отправить на дно. Торговые суда возили оливковое масло, шерсть, вино, серебро, расписные глиняные изделия и рабов. Эти товары продавали в обмен на пшеницу и древесину, запасы которых в Греции были ограниченными. Другие импортировавшиеся продукты включали олово, медь, слоновую кость, золото, шелк и хлопок.

## Чеканка монет

На золотой монете вверху изображен Зевс, повелитель богов, мечущий громы и молнии. Монеты были изобретены в Лидии (в нынешней Турции) около 635 г. до н. э. и вскоре после этого завезены в Грецию. До этого греки использовали в качестве денег бруски серебра и железные стержни. Греческие монеты также делались из серебра, бронзы и электрона, сплава золота и серебра.

## Морской бог

Посейдон был богом морей, лошадей и землетрясений. Моряки возносили ему молитвы и приносили жертвы, надеясь на его защиту от штормов, туманов и пиратов. Обычно он изображается держащим трезубец, которым пользовались греческие рыбаки. Каждый год в торговом порту Коринфа проводились в честь Посейдона Истмийские игры.

## Твердая валюта

Первые монеты, вероятно, использовались скорее для оплаты наемных солдат, нежели для торговли или сбора налогов. На древнейших монетах обыкновенно был изображен религиозный символ или эмблема города. Лишь позднее на них стала чеканиться голова правителя. Монета справа изображает морского бога Посейдона с трезубцем. На монете слева запечатлена роза Родоса. Многие страны, торговавшие с греками, переняли у них идею использовать в качестве денег монеты.

## Судоходство

Корабль справа является парусным торговым судном, так называемым «купцом». Перекрещенные линии обозначают деревянный канатный мостик, натянутый поверх груза, который хранили в открытом трюме. Жидкости вроде вина и оливкового масла перевозили и продавали в длинных узких сосудах из глины, амфорах, которыми было удобно загружать трюм. Торговые суда сталкивались с многочисленными опасностями, которые могли привести к утрате груза. Худшими из них были пираты и штормы.

## Взвешивание

Большинство сыпучих товаров продавалось вразвес, и их приходилось взвешивать на весах вроде этих. За этим наблюдали чиновники, следившие, чтобы взвешивание проводилось честно. Они не позволяли купцам и торговцам обманывать друг друга. В Афинах эти чиновники были известны как метрономы. Купцы должны были быть знакомы с разными мерами веса, использовавшимися в разных странах.

## Езда верхом

Гористая сельская местность затрудняла передвижение по суше в Греции. Немногие существовавшие дороги находились в плохом состоянии. Для большинства людей передвижение пешком было единственным способом добраться до места назначения. На лошадях путешествовали обычно лишь состоятельные люди. Ослы и мулы использовались торговцами для транспортировки тяжелых грузов. Более длительные путешествия совершались по морю.

## Рыночные прилавки

В центре каждого греческого города полагалось быть агоре – или рыночной площади. На рыночных прилавках предлагался огромный выбор товаров, в том числе мясо, овощи, яйца, сыр и рыба. Рыбу выкладывали на мраморные плиты, чтобы сохранить ее прохладной и свежей.

Креветки

Клемы

Мидии

# Ратное дело

**В**СЕМ ГРЕЧЕСКИМ МУЖЧИНАМ полагалось сражаться в армии своего города. В Спарте армия пребывала в боевой готовности круглый год. В других частях Греции мужчины бросали оружие осенью, чтобы собрать урожай и сделать вино. Единственными постоянными солдатами в этих государствах были личные телохранители правителя или наемные солдаты, которые воевали за того, кто им платил. Армии состояли преимущественно из гоплитов (вооруженных пехотинцев), конницы (конных воинов) и группы пеших солдат, вооруженных камнями и луками. Гоплиты представляли собой главную боевую мощь, поскольку они вступали в рукопашную схватку. Конница была менее эффективной в войне, ведь у конников не было стремян, а в этом случае атаковать с копьем было невозможно, поскольку наездник падал при столкновении. Конницу использовали для проведения разведки, разгрома поверженной армии и передачи донесений.

### ТВЕРДЫЙ ШЛЕМ
Этот бронзовый шлем из Коринфа сделан так, чтобы защищать лицо. Он имеет щитки для щек и носа. Позднее железо заменило бронзу в качестве главного металла для изготовления оружия.

### ЛУЧНИКИ
Греческая армия обычно использовала наемных скифских лучников. Лучники были эффективным средством ведения войны в горной сельской местности, где они могли занимать позиции над врагами. Некоторые греческие солдаты тоже воевали с луками и стрелами. Они состояли в небольших подразделениях, так называемых псилах. Однако большинство солдат в этих подразделениях могли позволить себе только простое метательное оружие, вроде копий или пращей, из которых они метали камни.

### НАГОЛЕННИКИ ВОИНА
*Вам потребуется:* прозрачная пленка, миска с водой, гипсовые повязки, лист бумаги, бумажное полотенце, ножницы, шнурок, краска золотистого цвета, кисть.

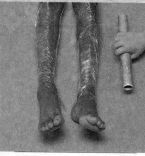

**1** Попросите друга помочь вам при выполнении шагов 1–3. Свободно оберните обе ноги (от лодыжки до вершины колена) прозрачной пленкой.

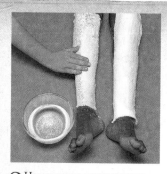

**2** Намочите в воде каждую гипсовую повязку. Переходя от одной стороны ноги к другой, разгладьте повязку по передней части каждой ноги.

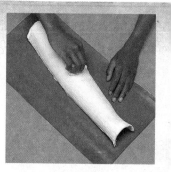

**3** Осторожно снимите каждый наголенник. Положите их на бумагу. Намочите бумажное полотенце и разгладьте наголенники.

## Редкая сцена в битве

Колесницы не часто использовались в сражениях, поскольку их можно было применять лишь на плоских равнинах. В колеснице обыкновенно находились два человека – один управлял лошадьми, а другой сражался.

### Боевая сила

Олово и медь использовались для получения бронзы, главного материала при изготовлении оружия и доспехов. Бронза тверже чистой меди и, в отличие от железа, не ржавеет. Поскольку в Греции не было собственного олова, его импортировали из дальних стран.

*Медь*     *Олово*

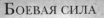

## Гоплиты

Эту боевую силу составляли представители среднего класса, которые могли позволить себе оружие и доспехи. Боевое снаряжение гоплита состояло из щита, шлема, копья, меча и наголенников. Шлемы делались из бронзы и обычно увенчивались конскими волосами. Туловище защищала бронзовая кираса, панцирь на спину и грудь, под которым гоплиты носили кожаную кирасу. Щиты обычно имели круглую форму и были украшены символом.

**4** Отрежьте кромку наголенников, чтобы придать им аккуратный вид. Отмерьте четыре шнурка, которые должны охватывать вашу ногу под коленом и над лодыжкой.

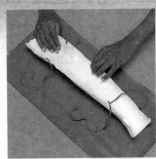

**5** Переверните наголенники на лицевую сторону. Разложите шнурок в том месте, где вы будете обвязывать им ногу. Закрепите шнурки с помощью влажных гипсовых бинтов.

**6** Дайте гипсовым повязкам высохнуть, не вынимая шнурков. Теперь покройте каждый наголенник золотистой краской. После того как они высохнут, привяжите их к ногам.

*Наголенники прикреплялись к нижней части ног для защиты их во время сражения. Их носили гоплиты.*

# Войны и сражения

КОГДА ГРЕКИ ВОЕВАЛИ, это обычно заключалось в проведении набегов и осаде неприятельских городов-государств. Крупные сражения с иноземными державами бывали редко, однако последствия могли быть катастрофическими. Военачальникам приходилось тщательно выбирать позиции и полагаться на дисциплину и выучку своих войск при реализации стратегического плана. После начала битвы было почти невозможно управлять большими массами людей или требовать от них исполнения новых приказов. Смерть или бегство нескольких ключевых полководцев могли приводить к наступлению в войсках паники и хаоса.

Сердцевину греческой армии составляли тяжеловооруженные пешие солдаты (гоплиты), которые сражались плечом к плечу монолитными группами, так называемыми фалангами. Пока они сохраняли выдержку и спокойствие, солдаты были защищены ощетинившимися копьями, сдвинутыми щитами и самой внушительностью своих рядов. Но если они поддавались панике и их ряды распадались, неприятелю легко было опрокинуть гоплитов поодиночке, отягощенных 30 кг оружия и доспехов.

### Герои за игрой
Ахилл и Аякс были легендарными греческими героями Троянской войны. На этой вазе они изображены играющими в кости. Солдаты играли в эту игру, чтобы скоротать время или распределить добычу. Исход игры нередко толковался как знамение судьбы и смерти.

### Хитрость греков
Греки прекратили осаду Трои, оставив деревянного коня перед стенами города и сделав вид, что отплывают обратно. Троянцы втащили коня в город, не подозревая, что внутри его находятся греческие воины. Ночью солдаты выбрались из коня и открыли городские ворота, впустив остальную часть войска. Так была завоевана Троя.

### Рукопашная
Греческие солдаты и герои гомеровского времени сражались друг с другом в череде поединков один на один. На этой гравюре греческие и троянские воины ведут рукопашный бой. Со временем, однако, когда армии стали использовать большее число гоплитов, методы ведения боя изменились с учетом новых возможностей. Солдаты стали сражаться бок о бок, образуя фалангу.

## ПОБЕДА НАД ЧИСЛЕННЫМ ПРЕВОСХОДСТВОМ

В битве при Иссе в 333 г. до н. э. Александр Македонский (слева) повел свои войска на персидского царя Дария (в колеснице). Дарий бежал в панике, и его значительно превосходившая по численности армия была разбита. Персидская армия состояла из многих разных народов, набранных со всей территории его обширной империи. Они говорили на разных языках и не доверяли друг другу, и ими труднее было управлять. Александр же имел прочную власть и большой опыт сражений со своими войсками.

## МОРСКОЕ СРАЖЕНИЕ

В 480 г. до н. э. битва при Саламине положила конец персидскому вторжению на греческую территорию. Персы имели большее количество кораблей и более быстрые суда, но греки победили их, заманив в узкие воды, где эти преимущества оказались утраченными. После чего гораздо более тяжелые греческие корабли разбили в щепки своими таранами наполненные людьми персидские суда.

## КОНЕЦ ИМПЕРИИ

В 331 г. до н. э. греки одержали еще одну сокрушительную победу в войне с Персией. В битве при Гавгамелах персидская конница почти в пять раз превосходила конницу Александра, а пешая армия – в два раза. Дисциплина, смелость и решительность взяли верх над числом, и персидская армия проиграла сражение. Впоследствии Персидская империя в конце концов покорилась Александру.

# Глоссарий

## А

**Авлос** Музыкальный инструмент из двух трубок. Одна обеспечивала мелодию, другая производила сопровождающий ее гул.

*Музыкант, играющий на авлосе*

**Агора** Рыночная площадь.

**Акрополь** Священный холм в Афинах, на котором строились храмы.

**Алфавит** Буквы, используемые в системе письма. Первые две буквы греческого алфавита – альфа и бета, от них и происходит слово «алфавит».

**Амфора** Сосуд с двумя ручками, использовавшийся для хранения вина или оливкового масла.

**Андрон** Помещение в греческом доме, где развлекались мужчины.

**Аристократия** Система правления богатого и привилегированного класса.

**Архимедов винт** Устройство для поднятия воды с уровня на уровень, названное так по имени своего изобретателя, греческого ученого Архимеда.

## Б

**Бронза** Металл, сплав олова и меди. Бронза использовалась для изготовления оружия и доспехов.

## В

**Водяные часы** Бадья, наполненная водой, с отверстием в днище. Убывающая вода служила в качестве отсчета времени.

## Г

**Геометрия** Отрасль математики, занимающаяся методами измерения линий, углов и поверхностей. Была впервые разработана греческим ученым Эвклидом. В Греции она означала измерение земли.

**Горгона** Женщина-чудовище со столь страшной и свирепой наружностью, что всякий, кто на нее смотрел, умирал.

**Город-государство** Правительственный центр. Древняя Греция состояла примерно из 300 городов-государств, или полисов.

## Д

**Дельфы** Место, которое, по мнению греков, являлось центром мира и обиталищем оракула.

**Демократия** Система правления многих. Каждый гражданин имеет право голосовать и избираться на общественную должность.

## Ж

**Жрец** Священнослужитель, возносивший молитвы и приносивший жертвы в храме от лица верующих. Это была работа с неполной занятостью, и жрецы жили среди обычного народа. Одни жерцы наследовали свою должность, другие избирались на нее. Третьи платили за привилегию быть жрецом.

## И

**Игра в бабки** Любимая игра греков. Заключалась в перекидывании, не роняя, небольших костей животных с одной стороны руки на другую.

**Илот** Раб в Спарте.

## К

**Кастальский ключ** Ключ в Дельфах, от которого поднимались испарения. Жрица вдыхала их и впадала в трансовое состояние.

**Кентавр** Мифическое существо, получеловек-полуконь.

**Кираса** Латы в виде панциря на спину и грудь, которые носили солдаты.

**Колония** Поселение людей за пределами собственной страны. Греки основали множество колоний вокруг Средиземного моря.

**Конница** Верховые солдаты. Применялась главным образом для проведения разведки и передачи донесений.

*Фигурка воина в кирасе*

## Кормилица
**Кормилица** Женщина, которую нанимали кормить грудью младенцев.

**Космология** Наука о законах Вселенной.

**Кровопускание** Процесс, использовавшийся врачами. Считалось, что он выводит из организма яды, но зачастую он приводил лишь к ослаблению больного.

## Л

**Лекиф** Белый глиняный сосуд, использовавшийся в похоронном церемониале. Содержал благовонное масло для умащения тела и расписывался сценами прощания.

*Лекиф*

**Лен** Растение, из которого получают волокна, идущие на выработку льняной ткани.

**Линейное письмо А** Письмена, использовавшиеся минойцами. Остаются нерасшифрованными.

## М

**Метеки** Иноземные поселенцы в Афинах. Метеки должны были платить дополнительные налоги и служить в армии. Им не позволялось владеть землей или вступать в брак с афинянами.

**Метрономы** Афинские чиновники, которые следили за тем, чтобы купцы и торговцы не обманывали друг друга. Они надзирали за взвешиванием сыпучих товаров.

**Микенцы** Вторая великая греческая цивилизация. Микенцы господствовали в материковой Греции приблизительно с 1600 г. до н. э.

**Минойцы** Первая великая греческая цивилизация – и первая в Европе. Процветала на острове Крит около 2000 г. до н. э.

190

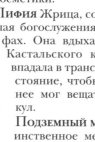

**Минотавр** Мифическое существо, полубык-получеловек, обитавшее в лабиринте под дворцом на Крите. Был убит героем Тесеем.

**Мифология** Предания о подвигах богов и легендарных героев.

**Мозаика** Пол, сделанный из цветных камешков, уложенных в узоры, который встречался в домах богатых греков.

**Монархия** Правление царя или царицы.

**Муза** Было девять муз, или богинь искусства, среди них Терпсихора, муза танца и музыки.

*Тесей побеждает Минотавра*

## Н

**Наголенники** Доспехи для ног.

## О

**Олива** Плод оливкового дерева.

**Оливки** (маслины) были важной культурой в Древней Греции, их употребляли в пищу в качестве закуски или использовали для получения оливкового масла. Их также применяли в медицине.

**Олигархия** Правление группы богатых и влиятельных людей.

**Олимп** Гора, обиталище греческих богов и богинь.

**Олимпийские игры** Спортивные соревнования, проводившиеся каждые четыре года в Олимпии в честь бога Зевса. Первые игры были проведены в 776 г. до н. э.

**Омфал** Яйцевидный камень, находившийся в святилище в Дельфах. Омфал переводится как «пуп земли» и считался центром мира.

**Оракул** Дух-прорицатель будущего. Считалось, что оракул обитал в пещере в Дельфах. Люди платили огромные деньги, чтобы послушать предсказания оракула о своих личных и коммерческих делах.

*Омфал*

**Остракизм** Ежегодно афиняне могли на десять лет изгнать непопулярного человека из города. Голосовавшие царапали имя выбранного ими горожанина на глиняных черепках, именовавшихся остраконами, отчего процедура получила название остракизма.

## П

**Панафинеи** Ежегодная процессия с жертвоприношениями в честь богини Афины, происходившая в Парфеноне в Афинах.

**Панкратион** Жестокий бойцовский вид спорта, сочетающий бокс и борьбу. (Панкратион переводится как «всевластье».)

**Парфенон** Храм на Акрополе в Афинах, посвященный Афине, богине-покровительнице города.

**Пектораль** Драгоценное украшение или доспехи, носившиеся на груди.

**Пентатлон** Пять видов спорта – метание диска, метание копья, бег, борьба и прыжки в длину, – которые входили в программу Олимпийских игр. («Пента» означает пять.)

**Пеплос** Одеяние, которое подносили богине Афине раз в четыре года во время Панафинейских торжеств.

**Пиксида** Коробочка, использовавшаяся для хранения пудры или другой косметики.

**Пифия** Жрица, совершавшая богослужения в Дельфах. Она вдыхала пары Кастальского ключа и впадала в трансовое состояние, чтобы через нее мог вещать оракул.

**Подземный мир** Таинственное место, в которое, как считалось, отправлялся после погребения дух умершего.

**Полис** Греческий город-государство.

**Политика** Искусство и наука управления (от слово «полис», город-государство).

**Пропилеи** Монументальный вход в храмовый комплекс на вершине афинского Акрополя.

## Р

**Рабы** Люди, лишенные прав на свободу и являвшиеся собственностью владельца. Одних рабов эксплуатировали до смерти, с другими обращались хорошо, назначая их на хорошие должности.

## Т

**Терракота** Обожженная глина в сочетании с песком, использовавшаяся для изготовления статуй, фигурок и сосудов.

**Тимпан** Бубен, сделанный из шкуры животного.

**Трагедия** Пьеса с крушением в финале. Обыкновенно повествует о благочестивом и благородном человеке с фатальным изъяном в характере, который в конечном итоге приводит его к краху.

**Туника** Свободное одеяние, носившееся как повседневная одежда греческими мужчинами и женщинами. Обычно застегивалась на плече брошкой или булавкой.

## Ф

**Фаланга** Сомкнутый строй гоплитов (пеших солдат) в бою.

**Философия** Греческое слово, означающее «любовь к мудрости». Наука, изучающая смысл жизни.

**Фреска** Метод живописи, заключавшийся в нанесении рисунка на сырую известку и использовавшийся для украшения стен в домах богатых греков.

*Женская фигурка в пеплосе*

## Э

**Электрон** Сплав золота и серебра, использовавшийся для изготовления монет.

**Этика** Отрасль философии, рассматривающая нормы и правила поведения.

# ДРЕВНИЙ РИМ

Почти 2 тыс. лет тому назад западный мир находился
под властью мощной Римской империи. Легионы солдат
проходили страну за страной, покоряя их население
и трансформируя тот примитивный образ жизни, который им тут
встречался. Они познакомили Северную Европу с тонким вином,
центральным отоплением, хорошими дорогами и уникальными
произведениями искусства. Однако уже через 400 лет империя
стала распадаться на куски. Рим, бывший ее сердцем, подвергся
нападению захватчиков и был разрушен, последний римский
император низложен, а родина империи, итальянская земля,
так и не оправилась от удара. История Римской империи
повествует о рабах и гладиаторах, замечательных достижениях
инженерной мысли, как, например, виадуки и театры,
и о стремительном восхождении к богатству и власти,
за которым последовало сокрушительное падение.

# История Рима

Г ОРОД РИМ СЕГОДНЯ – оживленное место, где много машин и людей. Но
если бы вы могли вернуться вспять примерно в 800 г. до н. э., вы обнаружили бы несколько маленьких деревушек, раскинувшихся на мирных лесистых холмах вдоль реки Тибр. Согласно легенде, Рим был основан здесь
в 753 г. до н. э. В последующие столетия римляне добились господства над
Италией и Средиземноморьем. Они обрабатывали землю и торговали – и
воевали за новые территории.
Рим вырос и сделался центром
обширной империи, которая
простиралась по всей Европе
до Африки и Азии. Империя
просуществовала несколько
столетий и принесла цивилизованный образ жизни большому
количеству народов. Многие
римские здания и монументы
стоят до сих пор и рассказывают нам о том, какой была жизнь
во времена Римской империи.

## РИМСКАЯ ИТАЛИЯ

По мере того как процветал город
Рим, римляне постепенно завоевывали соседние племена. К 250 г. до н. э.
они контролировали большую часть
Италии. На этой карте показаны некоторые важные города и поселения того времени.

### ДРЕВНИЙ И СОВРЕМЕННЫЙ

В сегодняшнем Риме
люди живут рядом с
храмами, рыночными
площадями и общественными зданиями
прошлого. Здесь изображен Колизей, огромная арена, именовавшаяся амфитеатром. Он
использовался для сценических игр и боев и
впервые был открыт
для публики в 80 г. н. э.

## ХРОНОЛОГИЯ 753 – 276 ГГ. ДО Н. Э.

Возвышение Рима было
внезапным и стремительным. В его насыщенной
истории присутствуют
кровопролитные битвы,
эксцентричные императоры, удивительные
изобретатели и замечательные достижения
инженерной мысли.
Римская империя
процветала почти
500 лет и до сих пор
оказывает влияние
на то, как мы живем
сегодня.

Ок. 753 г. до н. э.
Согласно легенде, город
Рим основан Ромулом.

*Ромул,
первый царь Рима*

673–641 гг. до н. э.
Тулл Гостилий, третий
царь Рима, расширяет
территорию города,
завоевывая соседнее
поселение. В результате
население Рима
увеличивается
вдвое.

641–616 гг. до н. э.
Строится Свайный мост,
первый мост через реку
Тибр.

В устье Тибра заложен
портовый город Остия.

600 г. до н. э. Латинский
язык впервые обретает
письменную форму,
которая используется
и поныне.

*Надпись
на латинском языке,
высеченная на камне*

750 г. до н. э.      700 г. до н. э.      650 г. до н. э.      600 г. до н. э.

## КЛЮЧИ
### К ПРОШЛОМУ

Монета на этой цепочке относится ко времени царствования императора Домициана (81–96 гг. н. э.). Золото не гниет, как древесина и другие материалы, а потому драгоценные украшения подобного рода могут поведать нам о древнеримских ремеслах, моде, торговле и даже военном деле.

## ТАЙНЫ
### НА ДНЕ МОРЯ

На дне Средиземного моря ныряльщики обнаруживают останки затонувших римских кораблей. На многих имеется сохранившийся груз. Эти сосуды перевозились более 2 тыс. лет тому назад. Изучая затонувшие корабли, археологи могут узнать, как строились римские суда, что они возили и с кем торговали.

## АРХЕОЛОГИ ЗА РАБОТОЙ

Археологи извлекают на свет детали стенной известки на месте раскопок римского дома в Британии. До нас дошли многочисленные останки римских зданий и артефактов, а также книг и документов того времени. Все они помогают нам составить представление о том, какой была жизнь в Римской империи.

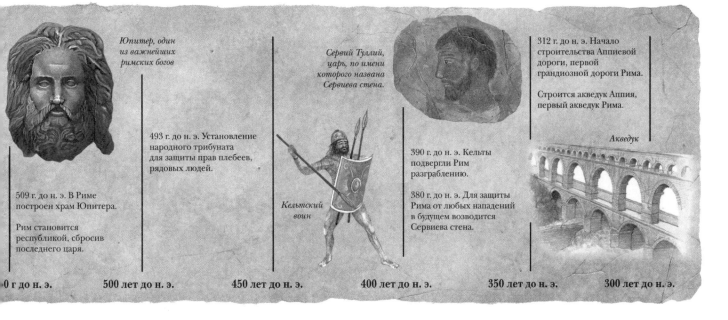

*Юпитер, один из важнейших римских богов*

*Сервий Туллий, царь, по имени которого названа Сервиева стена.*

**312 г. до н. э.** Начало строительства Аппиевой дороги, первой грандиозной дороги Рима.

Строится акведук Аппия, первый акведук Рима.

*Акведук*

**493 г. до н. э.** Установление народного трибуната для защиты прав плебеев, рядовых людей.

**390 г. до н. э.** Кельты подвергли Рим разграблению.

*Кельтский воин*

**380 г. до н. э.** Для защиты Рима от любых нападений в будущем возводится Сервиева стена.

**509 г. до н. э.** В Риме построен храм Юпитера.

Рим становится республикой, сбросив последнего царя.

| 0 г до н. э. | 500 лет до н. э. | 450 лет до н. э. | 400 лет до н. э. | 350 лет до н. э. | 300 лет до н. э. |

# Великая империя

**К** 117 г. н. э. Римская империя находилась на пике своего расцвета. Можно было проехать 4 тыс. км с востока на запад и все равно слышать трубы римских легионов. Римским солдатам приходилось мерзнуть в снегах Северной Британии и обливаться потом под палящим солнцем египетской пустыни.

В состав Империи входили разные народы. Тут были греки, египтяне, сирийцы, иудеи, африканцы, германцы и кельты. Многие из них принадлежали к цивилизациям, возраст которых уже насчитывал многие столетия, когда Рим еще являлся кучкой деревушек. Многие восставали против римского владычества, однако мятежи быстро подавлялись. Постепенно покоренные народы стали считать себя частью Империи. С 212 г. н. э. любой свободный человек, живший на территории Римской империи, имел право заявить: «Я – римский гражданин». Рабы, однако, имели очень мало прав.

В 284 г. н. э., после череды жестоких гражданских войн, эта обширная империя была поделена на несколько частей. Несмотря на то что в 324 г. н. э. ее вновь объединил император Константин, Империя была обречена. Сто лет спустя в западную часть Империи вторглись воинственные племена с севера, что привело к печальным последствиям. Но хотя Западная империя прекратила свое существование в 476 г. н. э., восточная часть продолжала существовать вплоть до 1453 года. Латинский язык сохранился, им пользовались Римская Католическая церковь и ученые и схоласты в Европе. Его изучают и сегодня; он является основой таких языков, как итальянский, испанский, французский и румынский языки.

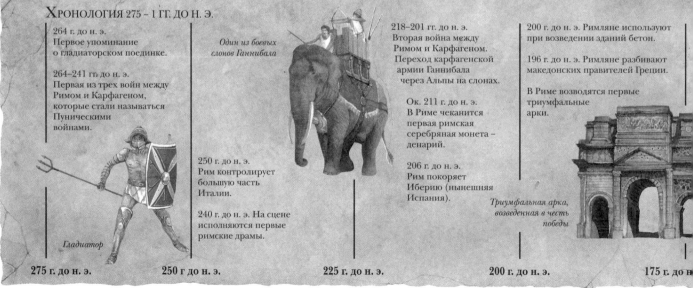

**Хронология 275 – 1 гг. до н. э.**

**264 г. до н. э.** Первое упоминание о гладиаторском поединке.

**264–241 гг. до н. э.** Первая из трех войн между Римом и Карфагеном, которые стали называться Пуническими войнами.

*Гладиатор*

*Один из боевых слонов Ганнибала*

**250 г. до н. э.** Рим контролирует большую часть Италии.

**240 г. до н. э.** На сцене исполняются первые римские драмы.

**218–201 гг. до н. э.** Вторая война между Римом и Карфагеном. Переход карфагенской армии Ганнибала через Альпы на слонах.

**Ок. 211 г. до н. э.** В Риме чеканится первая римская серебряная монета – денарий.

**206 г. до н. э.** Рим покоряет Иберию (нынешняя Испания).

**200 г. до н. э.** Римляне используют при возведении зданий бетон.

**196 г. до н. э.** Римляне разбивают македонских правителей Греции.

В Риме возводятся первые триумфальные арки.

*Триумфальная арка, возведенная в честь победы*

**275 г. до н. э.**  **250 г до н. э.**  **225 г. до н. э.**  **200 г. до н. э.**  **175 г. до н**

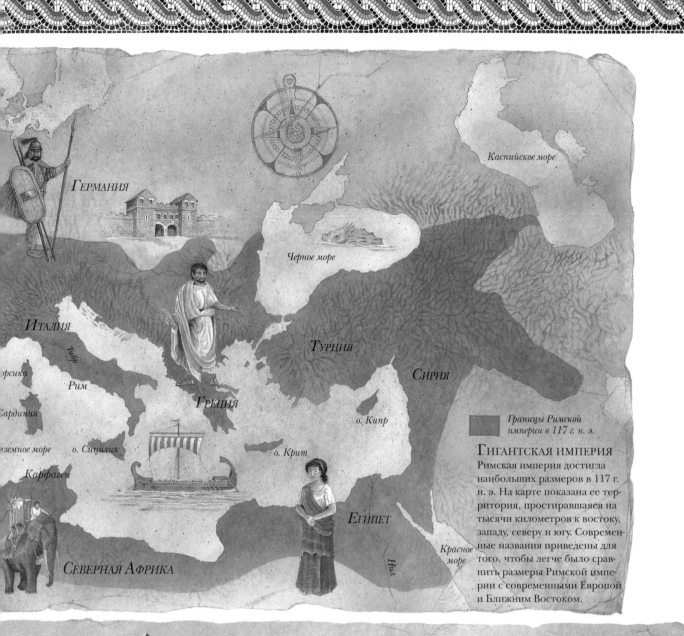

Каспийское море

ГЕРМАНИЯ

Черное море

ИТАЛИЯ

Тибр

Корсика

Рим

ТУРЦИЯ

Сардиния

СИРИЯ

ГРЕЦИЯ

Средиземное море

о. Сицилия

о. Кипр

Карфаген

о. Крит

СЕВЕРНАЯ АФРИКА

ЕГИПЕТ

Нил

Красное море

Границы Римской
империи в 117 г. н. э.

## ГИГАНТСКАЯ ИМПЕРИЯ

Римская империя достигла наибольших размеров в 117 г. н. э. На карте показана ее территория, простиравшаяся на тысячи километров к востоку, западу, северу и югу. Современные названия приведены для того, чтобы легче было сравнить размеры Римской империи с современными Европой и Ближним Востоком.

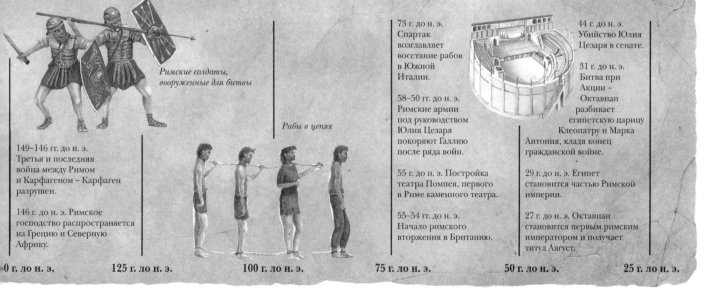

Римские солдаты,
вооруженные для битвы

Рабы в цепях

**149–146 гг. до н. э.**
Третья и последняя война между Римом и Карфагеном – Карфаген разрушен.

**146 г. до н. э.** Римское господство распространяется на Грецию и Северную Африку.

**73 г. до н. э.**
Спартак возглавляет восстание рабов в Южной Италии.

**58–50 гг. до н. э.**
Римские армии под руководством Юлия Цезаря покоряют Галлию после ряда войн.

**55 г. до н. э.** Постройка театра Помпея, первого в Риме каменного театра.

**55–54 гг. до н. э.**
Начало римского вторжения в Британию.

**44 г. до н. э.**
Убийство Юлия Цезаря в сенате.

**31 г. до н. э.**
Битва при Акции – Октавиан разбивает египетскую царицу Клеопатру и Марка Антония, кладя конец гражданской войне.

**29 г. до н. э.** Египет становится частью Римской империи.

**27 г. до н. э.** Октавиан становится первым римским императором и получает титул Август.

0 г. ло н. э.       125 г. ло н. э.       100 г. ло н. э.       75 г. ло н. э.       50 г. ло н. э.       25 г. ло н. э.

# Римский мир

Л ЮДИ, вершившие историю Рима, происходили из самой разной среды. Имена знаменитых римлян живут на памятниках и в книгах. Тут были консулы и императоры, успешные полководцы и влиятельные политики, великие писатели и историки. Однако именно тысячи рядовых людей в действительности создавали благополучие и величие Рима – торговцы, солдаты легионов, сборщики налогов, слуги, земледельцы, гончары и многие другие, подобные им.

Многие из самых знаменитых имен того времени были совсем не римскими. Тут был карфагенский полководец Ганнибал, злейший враг Рима. Тут были кельтские предводители и царицы, вроде Верцингеторикса, Карактака и Боудикки.

## Ромул и Рем
Согласно преданию, Ромул был основателем и первым царем Рима. Легенда повествует о том, что он и его брат-близнец Рем были брошены в младенческом возрасте. Их спасла волчица, которая кормила их своим молоком, пока их не подобрал пастух.

## Август (63 г. до н. э. – 14 г. н. э.)
Август, по рождению Октавиан, был внучатым племянником и приемным сыном Юлия Цезаря. После смерти Цезаря он взял контроль над армией в свои руки. Разгромив в 31 г. до н. э. в битве при Акции Марка Антония, он стал правителем римского мира. В 27 г. до н. э. он сделался первым императором Рима и получил титул Август.

## Цицерон (106–43 гг. до н. э.)
Цицерон вошел в историю как величайший оратор Рима. До наших дней дошли многие из его писем и выступлений. Он был писателем, поэтом, политиком, адвокатом и философом. В 63 г. до н. э. его избрали консулом Рима, однако у него было много врагов, и в 43 г. до н. э. он был убит.

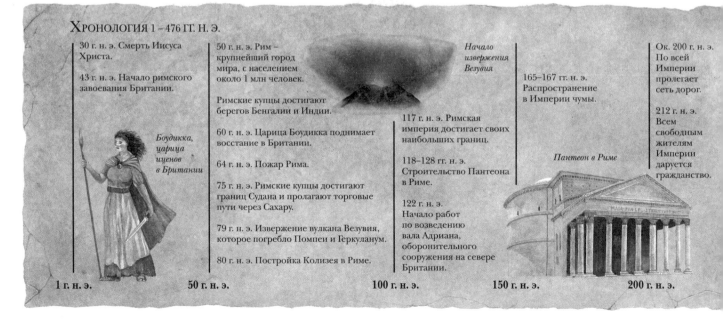

### Хронология 1 – 476 гг. н. э.

30 г. н. э. Смерть Иисуса Христа.

43 г. н. э. Начало римского завоевания Британии.

*Боудикка, царица ицепов в Британии*

50 г. н. э. Рим – крупнейший город мира, с населением около 1 млн человек.

Римские купцы достигают берегов Бенгалии и Индии.

60 г. н. э. Царица Боудикка поднимает восстание в Британии.

64 г. н. э. Пожар Рима.

75 г. н. э. Римские купцы достигают границ Судана и пролагают торговые пути через Сахару.

79 г. н. э. Извержение вулкана Везувия, которое погребло Помпеи и Геркуланум.

80 г. н. э. Постройка Колизея в Риме.

*Начало извержения Везувия*

117 г. н. э. Римская империя достигает своих наибольших границ.

118–128 гг. н. э. Строительство Пантеона в Риме.

122 г. н. э. Начало работ по возведению вала Адриана, оборонительного сооружения на севере Британии.

165–167 гг. н. э. Распространение в Империи чумы.

*Пантеон в Риме*

Ок. 200 г. н. э. По всей Империи пролегает сеть дорог.

212 г. н. э. Всем свободным жителям Империи даруется гражданство.

1 г. н. э.          50 г. н. э.          100 г. н. э.          150 г. н. э.          200 г. н. э.

## АДРИАН (76–138 ГГ. Н. Э.)

Адриан стал императором в 117 г. н. э. и многие годы провел в разъездах по Империи. По его приказу было возведено много прекрасных зданий, а также оборонительное сооружение на севере Британии, ныне известное как «вал Адриана».

## НЕРОН (37–68 ГГ. Н. Э.) И АГРИППИНА

Нерон стал императором после смерти своего приемного отца Клавдия, в 54 г. Жестокий правитель, он был виновником большого пожара, который уничтожил большую часть Рима в 64 г. Агриппина, его мать, имела на него большое влияние. Ее подозревали в отравлении двух из трех своих мужей, и в конце концов она была убита по приказу своего сына.

## КЛЕОПАТРА (68–30 ГГ. ДО Н. Э.)

Египетская царица греческого происхождения, Клеопатра имела сына от Юлия Цезаря. Потом она влюбилась в Марка Антония, близкого сподвижника Цезаря. Они объединили усилия в борьбе против Рима, однако после сокрушительного поражения при Акции в 31 г. н. э. оба покончили жизнь самоубийством. Египет после этого вошел в состав Римской империи.

## ЮЛИЙ ЦЕЗАРЬ (100–44 ГГ. ДО Н. Э.)

Цезарь был талантливым и популярным полководцем и политиком. Он возглавлял римские армии в восьмилетней кампании в Галлии (нынешней Франции), приведшей к ее завоеванию в 50 г. до н. э. В 49 г. до н. э., воспользовавшись своей победоносной армией, он захватил власть и объявил себя пожизненным диктатором. Пять лет спустя он был заколот в сенате политическими соперниками.

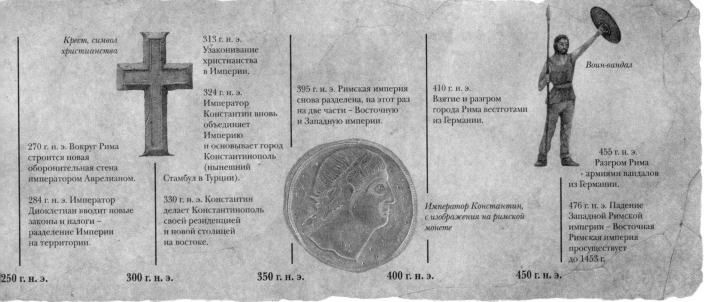

*Крест, символ христианства*

270 г. н. э. Вокруг Рима строится новая оборонительная стена императором Аврелианом.

284 г. н. э. Император Диоклетиан вводит новые законы и налоги – разделение Империи на территории.

313 г. н. э. Узаконивание христианства в Империи.

324 г. н. э. Император Константин вновь объединяет Империю и основывает город Константинополь (нынешний Стамбул в Турции).

330 г. н. э. Константин делает Константинополь своей резиденцией и новой столицей на востоке.

395 г. н. э. Римская империя снова разделена, на этот раз на две части – Восточную и Западную империи.

*Император Константин, с изображения на римской монете*

410 г. н. э. Взятие и разгром города Рима вестготами из Германии.

*Воин-вандал*

455 г. н. э. Разгром Рима армиями вандалов из Германии.

476 г. н. э. Падение Западной Римской империи – Восточная Римская империя просуществует до 1453 г.

250 г. н. э.   300 г. н. э.   350 г. н. э.   400 г. н. э.   450 г. н. э.

199

# Правители Рима

В РАННИЕ ДНИ городом Римом правили цари. Первым римским царем был по преданию Ромул, основавший город в 753 г. до н. э. Последний царь – ненавистный тиран Тарквиний Гордый – был изгнан в 509 г. до н. э. После этого римляне установили республику. Собранием влиятельных и богатых граждан – сенатом – ежегодно избирались два консула, которые и управляли государством. К 493 г. до н. э. простые люди тоже получили своих представителей – трибунов. В периоды кризиса правители могли забирать в свои руки всю власть и становиться диктаторами. Первый римский император – Август – был назначен сенатом в 27 г. до н. э. Императоры получали огромную власть и даже почитались богами. Одни императоры вели простую жизнь и правили справедливо, другие же были жестокими и кровожадными правителями. Их окружали льстецы, и тем не менее они жили в постоянном страхе перед заговорами и покушениями.

Когда римский полководец одерживал большую победу, в его честь устраивали военный парад, так называемый триумф. Вдоль улиц, по которым шествовала процессия, стояли восторженные толпы. Если полководцу сопутствовал успех и популярность у народа, для него нередко был открыт путь к власти. Самый, пожалуй, знаменитый римский император из всех, Юлий Цезарь, пришел к власти после череды блестящих военных побед.

### ГОСУДАРСТВЕННОЕ ЖЕРТВОПРИНОШЕНИЕ
Римские императоры имели не только политические, но и религиозные обязанности. В качестве понтифика максимуса – или верховного жреца – император приносил жертвы богам во время важных праздников.

*Фиги*

## СМЕРТЕЛЬНЫЙ ПЛОД

Кто убил Августа, первого римского императора, в 14 г. н. э.? Трудно было сказать. Возможно, это была естественная смерть... а возможно, всему виной была его жена Ливия. Говорили, что она покрыла фиги в его саду смертельным ядом. Римских императоров страшно боялись, но они были окружены врагами и не могли доверять никому, меньше всего своим домочадцам.

## ПРЕТОРИАНСКАЯ ГВАРДИЯ

Преторианцы несли охрану особы императора. Они имели специальную униформу и хорошо оплачивались. Преторианцы были единственными вооруженными солдатами, которым позволялось находиться внутри стен города Рима, а потому приобрели огромную силу. Они также вмешивались в политику – убили императора Калигулу и избрали его преемника Клавдия.

*В Риме лавровые венки носили императоры, одержавшие победу солдаты и атлеты. Венок был знаком доблести. Римляне переняли эту идею у древних греков.*

## ВЕНОК ДОБЛЕСТИ

*Вам потребуется: сантиметр, садовая проволока, кусачки, ножницы, прозрачный скотч, зеленая лента, лавровые листья (настоящие или искусственные).*

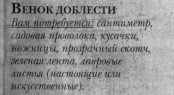

**1** Измерьте сантиметром обхват своей головы. Отрежьте такой же длины проволоку. Согните проволоку, как показано на фото, и оберните ее с помощью скотча лентой.

**2** Начните приклеивать к проволоке с помощью скотча листочки, как показано вверху. Идите от начала до середины проволоки, развертывая листочки в одну сторону.

**3** Затем поменяйте направление листочков и дойдите до конца проволоки. Наденьте готовый венок на голову. Приветствую тебя, Цезарь!

# Римское общество

Р ИМСКОЕ ОБЩЕСТВО никогда не было очень справедливым. Вначале город и сенат контролировала группа богатых и влиятельных знатных семейств, так называемые патриции. Всякий, кто хотел, чтобы услышали его голос, должен был упрашивать сенатора выступить от его лица. В течение веков обычные граждане, известные как плебеи, обретали большее влияние, пока в 287 г. до н. э. не стали участвовать в управлении государством на равных. В конце концов, во времена Империи даже люди скромного происхождения могли стать императором, при условии что они были богаты или имели поддержку армии. Императоры неизменно страшились бунтов рядовых граждан Рима, а потому старались умилостивить народ раздачей бесплатной еды и щедрыми развлечениями. Римские женщины не имели большой власти за пределами семьи и были лишены права голосовать. Однако многие из них с успехом занимались коммерцией или имели большое влияние на политические события. У рабов было мало прав, хотя римское общество и зависело от их труда. Плененных на поле боя покупали и продавали как рабов, и со многими пленниками обращались жестоко, отчего восстания рабов были обычным делом.

### Римский консул
Это статуя римского консула – или главы сената – в дни республики. Поначалу лишь представители знатных и нередко богатых правящих семей могли быть сенаторами. Однако при императорах власть и влияние сената медленно пошли на убыль.

### Жизнь раба
Повседневное благополучие Империи зависело от рабов. Эта мозаика изображает юного раба, несущего фрукты. Примерно в 100 г. н. э. богатая семья могла иметь до 500 рабов. В некоторых семьях с рабами обращались хорошо, и рабы, хорошо исполнявшие свои обязанности, могли заработать себе свободу. Однако гораздо большее их число вели жалкое существование, работая на рудниках или трудясь на полях.

### Ярлычок раба
Этот бронзовый диск, вероятно, надевался на шею раба, подобно регистрационному номеру собаки. Латинские слова на нем гласят: «Задержи меня, если я убегу, и верни меня моему хозяину Вивенцию в поместье Каллиста». У рабов было мало прав – на лбу или на ноге им могли поставить клеймо как собственности владельца.

## Сбор налогов

Этот каменный барельеф, вероятно, изображает людей, которые платят свои ежегодные налоги. Чиновники проводили перепись населения Империи и вели учет налогоплательщиков. Деньги, собранные в виде налогов, расходовались на армию и правительство. Впрочем, многие сборщики налогов брали взятки, и даже императоры присваивали общественные деньги, чтобы пополнить свое личное состояние.

## Аристократы

Эта итальянская картина 18-го столетия изображает то, как, вероятно, могла бы одеваться после купания благородная римская дама. Богатые люди имели рабов, которые помогали им принять ванну, одеться и расчесать волосы. Домашние рабы были иногда едва ли не частью семьи, и их дети могли расти и воспитываться вместе с хозяйскими детьми.

# Сельская жизнь

**П**ЕРВЫЕ РИМЛЯНЕ жили земледелием. Даже когда Рим стал большим городом, римские поэты по-прежнему охотно воспевали деревенскую жизнь. В реальности сельская жизнь была весьма тяжелой. Для пахоты применялись волы. Урожаи зерновых культур собирали с помощью серпа, а муку нередко делали вручную. Воду приходилось носить из колодца или ближайшего родника.

Многие хозяйства были очень маленькими. Их нередко держали отставные солдаты, которые разводили кур и гусей и, возможно, держали корову или свинью. Они также держали пчел и выращивали маслины и некоторые овощи.

Другие хозяйства в Италии и на территории Империи представляли собой крупные поместья, предназначенные для того, чтобы приносить доход богатым землевладельцам. Эти поместья могли иметь собственные оливковые прессы, жатвенные машины и хранилища для просушки зерна. Поместье нередко концентрировалось вокруг большого и роскошного дома или виллы. Другие виллы представляли собой просторные загородные дома, которыми владели богатые и влиятельные римляне.

## СЕЛЬСКОЕ ПОМЕСТЬЕ
Жизнь в деревенском поместье вечно кипела, как видно на этой мозаике римской виллы в Тунисе, в Северной Африке. Североафриканские сельские поместья обеспечивали Рим большим количеством зерна, фруктов и овощей. Хорошая почва в сочетании с жарким летом и дождливой зимой способствовала занятию сельским хозяйством.

## ВИЛЛА АДРИАНА
Один из самых внушительных загородных домов из всех был построен для императора Адриана между 124 и 133 гг. н. э. Некоторые части виллы стоят и по сей день, как видно на этом снимке одной из аллей озера. Сама вилла стояла на вершине холма, с которого был чуть виден в отдалении Рим. Построенная на земле, принадлежавшей семье Адриана, вилла имела павильоны и пруды, террасы, пиршественные залы, театры и библиотеки. Вокруг виллы были везде разбиты парки с многочисленными деревьями, вроде лавров, платанов и сосен, экзотическими кустарниками и нарядными цветочными клумбами. Адриан планировал виллу в качестве места отдохновения, где бы он мог укрываться от государственных забот, однако он умер всего через четыре года после завершения ее строительства.

## ЕДА ДЛЯ РИМА

Риму, чтобы обеспечить всех своих жителей, требовалось огромное количество еды. В огородах вокруг города выращивали на продажу овощи, как то: лук-порей, сельдерей, капусту, фасоль и горох. Зерновые культуры включали пшеницу, ячмень, овес и рожь. Из винограда делали вино, а мед, так как не существовало сахара, использовался для подслащивания пищи.

*Виноград*

*Пшеница*

*Мед*

## ОХОТА НА ДИКОГО КАБАНА

Сцены охоты нередко украшали стены сельских вилл. Охота была излюбленным развлечением для молодых знатных людей или армейских офицеров, отдыхавших в деревне. Разъяренный дикий кабан, вроде того, который изображен на этой мозаике, был одним из самых опасных животных.

## ОЛИВКОВЫЕ РОЩИ

Оливки были и остаются важной культурой в странах Средиземноморья. Их выращивали как в больших поместьях, так и в небольших хозяйствах. Масло отжимали и хранили в больших глиняных сосудах. Его использовали для приготовления пищи или в масляных лампах.

## ПАХОТА

Этот пахарь из римской Британии использует тяжелый деревянный плуг, в который запряжены волы. Во времена Римской империи крупные участки Европы по-прежнему покрывали густые леса. Земледельцы постепенно распахивали их под посевы, и на их местах со временем возникали пахотные земли и фруктовые сады.

# Города и улицы

**М**НОГИЕ ГОРОДА В ИТАЛИИ и странах, окружавших Средиземное море, были уже древними и имели устоявшиеся традиции, когда их завоевали римляне. При римском правлении эти города процветали и росли. В других частях Европы, где люди никогда не жили в большом городе, римляне построили новые и огромные города.

Римские города имели прямые мощеные дороги, планировавшиеся на основе координатной сетки. Одни были широкими улицами с тротуарами. Другие представляли собой аллеи, по ширине пригодные лишь для осла. Большинство улиц было запружено шумными толпами, уличными торговцами, повозками и закусочными, из которых неслись шум и гам. Улицы делили здания на кварталы, так называемые инсулы (что значит «острова»). Жилища богатых семейств были просторными и комфортабельными. Римляне победнее зачастую жили в многоквартирных домах, которые были плохо построены, перенаселены и находились под постоянной угрозой пожара.

Пресная вода подавалась в города по системе каналов, именуемой акведуком. Вода поступала по трубам в фонтаны, общественные бани и в дома богатых.

## Улицы Помпей

24 августа 79 г. н. э. произошло мощное извержение вулкана Везувия, которое погребло римский город Помпеи под толстым слоем лавы и пепла. В 1748 году начались работы по раскопкам древнего города, и постепенно миру открылись улицы, торговые лавки и дома. На этой раскопанной улице отчетливо видны глубокие рытвины, оставленные колесами телег. На улицах нередко было много грязи, и потому для пешеходов через дороги выкладывались мостки из камней.

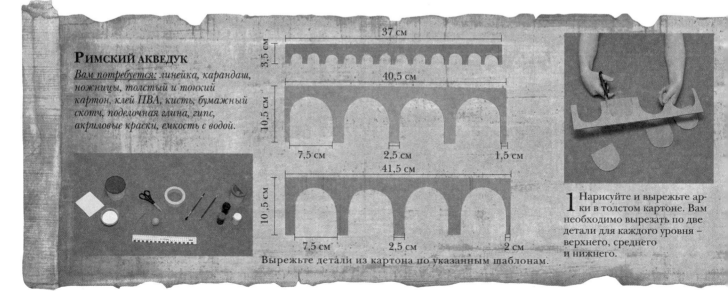

### РИМСКИЙ АКВЕДУК

*Вам потребуется: линейка, карандаш, ножницы, толстый и тонкий картон, клей ПВА, кисть, бумажный скотч, поделочная глина, гипс, акриловые краски, емкость с водой.*

37 см

3,5 см

40,5 см

10,5 см

7,5 см    2,5 см    1,5 см

41,5 см

10,5 см

7,5 см    2,5 см    2 см

Вырежьте детали из картона по указанным шаблонам.

**1** Нарисуйте и вырежьте арки в толстом картоне. Вам необходимо вырезать по две детали для каждого уровня – верхнего, среднего и нижнего.

## АКВЕДУКИ

Вода поступала в римские города через систему каналов и труб, по так называемым акведукам. Иногда они покоились на высоких арках, вроде этих, которые и сегодня еще стоят во Франции. Воду брали из пресных родников, ручьев и озер.

## ГЕРКУЛАНУМ

Извержение вулкана, приведшее к гибели Помпеи, стало причиной грязевого потока, который погреб близлежащий береговой город Геркуланум. Здесь археологи тоже обнаружили плотно застроенные улицы с домами, общественными банями (термами), торговыми лавками и мастерскими. Это фото показывает, как выглядели плотно заселенные части города, с тесными мощеными улочками, разделявшими здания.

## ПЛАН ГОРОДА

На этом аэроснимке Помпей отчетливо видна характерная планировка римских улиц – на основе координатной сетки.

*Стабианские термы*

*Спортивная площадка*

*Амфитеатр*

*Форумные термы*

С

*Храм Юпитера*

*Большой театр*

*Рынок*

*Форум*

| 0 | 200 | 400 м |
| 0 | 200 | 400 ярдов |

*Акведуки строились под небольшим наклоном для обеспечения постоянного тока воды. При пересечении рек несущими опорами служили арочные мосты. Вода текла по каналу наверху моста.*

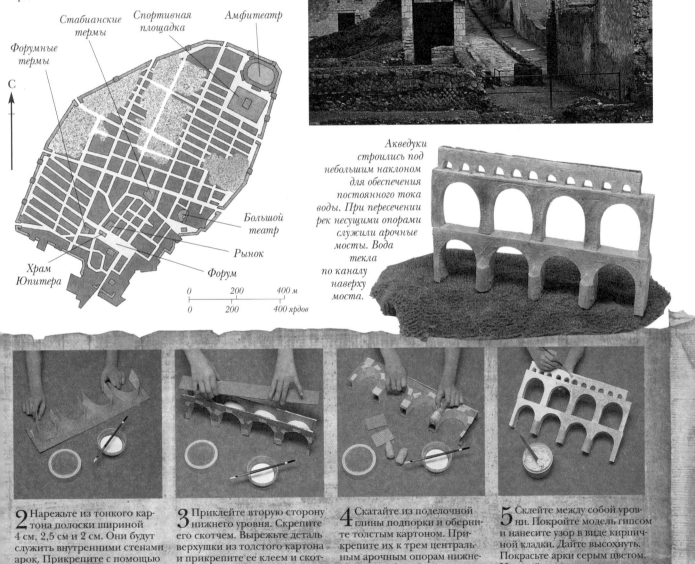

**2** Нарежьте из тонкого картона полоски шириной 4 см, 2,5 см и 2 см. Они будут служить внутренними стенами арок. Прикрепите с помощью клея и скотча полоски шириной 4 см к нижнему уровню.

**3** Приклейте вторую сторону нижнего уровня. Скрепите его скотчем. Вырежьте деталь верхушки из толстого картона и прикрепите ее клеем и скотчем. Тем же способом сделайте и два других уровня.

**4** Скатайте из поделочной глины подпорки и оберните толстым картоном. Прикрепите их к трем центральным арочным опорам нижнего уровня. Они будут служить опорой для вашего акведука.

**5** Склейте между собой уровни. Покройте модель гипсом и нанесите узор в виде кирпичной кладки. Дайте высохнуть. Покрасьте арки серым цветом. Нарисуйте синим цветом канал с водой наверху.

# Дом и сад

Т**ОЛЬКО БОГАТЫЕ РИМЛЯНЕ** могли позволить себе жить в частном доме. Типичный городской дом состоятельного римлянина был обращен внутрь – помещения располагались вокруг внутреннего дворика в центре и обнесенного стеной сада. Наружные стены имели мало окон, да и те были маленькими и забраны ставнями. Входная дверь открывалась в короткую галерею, ведущую в открытый дворик – атрий. Передние комнаты по обеим сторонам галереи обыкновенно использовали в качестве спален. Иногда их использовали в качестве мастерских или торговых лавок, ставни на окнах которых открывались прямо на улицу.

Центр атрия был открыт небу. Здесь находился бассейн, вделанный в пол, для сбора дождевой воды. Вокруг атрия были расположены другие спальни и кухня. Если вы были гостем или пришли по важному делу, вас проводили в таблиний. Самой большой комнатой из всех нередко была столовая – триклиний. Очень богатые люди иногда имели также летнюю столовую, которая выходила в сад. Дома возводились из местных строительных материалов. Это могли быть камень, кирпич-сырец, цемент и древесина. Крыши делали из глиняной черепицы.

## ЗАМКИ И КЛЮЧИ
Это был ключ к двери римского дома. Ключ вставляли в замочную скважину, и зубчики на конце ключа входили в пазы на задвижке замка. Ключ после этого можно было поворачивать, чтобы отодвинуть задвижку и отпереть дверь.

## ВНУТРИ РИМСКОГО ДОМА
Снаружи дом богатого римлянина выглядел обычно вполне заурядно, а вот внутри он был украшен причудливой настенной росписью и прихотливой мозаикой. Комнаты были скудно обставлены – кушетки или кровати, небольшие столики, лавки и складные стульчики. В доме было мало окон, зато высокие потолки и широкие дверные проемы обеспечивали максимальное поступление света из открытого атрия и сада.

*Сад*

*Спальня*

*Таблиний
(гостиная и кабинет)*

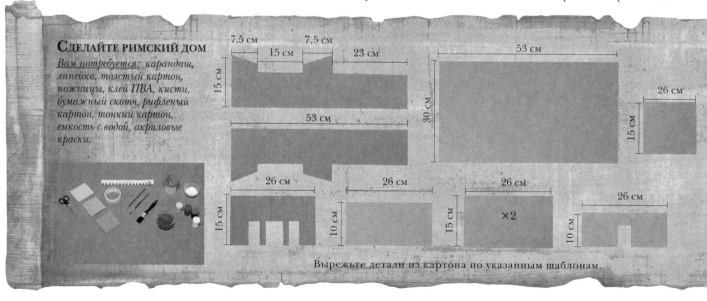

## СДЕЛАЙТЕ РИМСКИЙ ДОМ
*Вам потребуется: карандаш, линейка, толстый картон, ножницы, клей ПВА, кисти, бумажный скотч, рифленый картон, тонкий картон, емкость с водой, акриловые краски.*

7,5 см  7,5 см  15 см  23 см  53 см

15 см  53 см  30 см  26 см  15 см

26 см  26 см  26 см  26 см

15 см  10 см  15 см  ×2  10 см

Вырежьте детали из картона по указанным шаблонам.

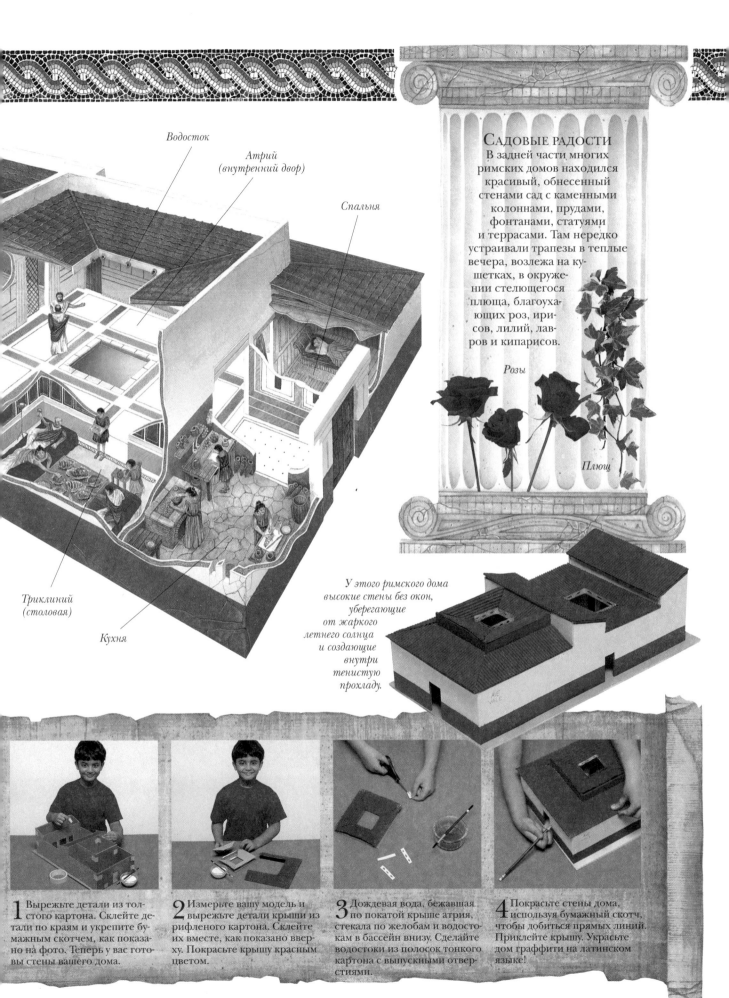

*Водосток*

*Атрий
(внутренний двор)*

*Спальня*

*Триклиний
(столовая)*

*Кухня*

## Садовые радости

В задней части многих римских домов находился красивый, обнесенный стенами сад с каменными колоннами, прудами, фонтанами, статуями и террасами. Там нередко устраивали трапезы в теплые вечера, возлежа на кушетках, в окружении стелющегося плюща, благоухающих роз, ирисов, лилий, лавров и кипарисов.

*Розы*

*Плющ*

*У этого римского дома высокие стены без окон, уберегающие от жаркого летнего солнца и создающие внутри тенистую прохладу.*

**1** Вырежьте детали из толстого картона. Склейте детали по краям и укрепите бумажным скотчем, как показано на фото. Теперь у вас готовы стены вашего дома.

**2** Измерьте вашу модель и вырежьте детали крыши из рифленого картона. Склейте их вместе, как показано вверху. Покрасьте крышу красным цветом.

**3** Дождевая вода, бежавшая по покатой крыше атрия, стекала по желобам и водостокам в бассейн внизу. Сделайте водостоки из полосок тонкого картона с выпускными отверстиями.

**4** Покрасьте стены дома, используя бумажный скотч, чтобы добиться прямых линий. Приклейте крышу. Украсьте дом граффити на латинском языке!

# Домашний комфорт

РИМСКИЕ ДОМА были меньше загромождены мебелью, чем наши. Люди хранили свою одежду в шкафах и деревянных сундуках, а не в гардеробах или комодах. Металлические или деревянные табуреты были больше в ходу, чем стулья. Самым важным предметом мебели были кушетки, которые использовали для отдыха, трапез и приема гостей. Римская мебель была часто простой, но богатые люди могли позволить себе изящные столы ручной работы или скамьи, сделанные из дерева, мрамора или бронзы. Столы для трапез были очень низкими, поскольку состоятельные римляне ужинали, возлежа на кушетках. Кровати нередко изготавливались из дерева и имели планки или веревки, поддерживавшие матрац и подушки, которые набивали шерстью или соломой.

Освещались дома как богатых, так и бедных римлян многочисленными небольшими мерцающими масляными лампами, сделанными из глины или бронзы. Отапливали жилые помещения древесным углем, который жгли в открытых жаровнях. Самые комфортабельные дома, особенно в холодных районах Империи, отапливались с помощью системы центрального отопления, проложенной под полом.

## ДЕКОРАЦИИ ИНТЕРЬЕРА
Стены, потолки и полы римских домов покрывались росписью, мозаикой и гипсовой лепниной. Красочные сцены расписывались прямо по стенам, пол же украшали яркими узорами изразцов и мозаики.

## ГИПОКАУСТ
Римская отопительная система под полом называется гипокаустом. Это остатки гипокауста во дворце Фишбурна в Англии. Только богатые римляне могли позволить себе эту раннюю форму централизованного отопления, и многие устраивали его в столовой.

*Наружная печь с отверстием топки спереди*

*Мозаичный пол, подогреваемый снизу*

*Горячий воздух из печи циркулирует под полом и внутри стен*

## ОТОПЛЕНИЕ ПОД ПОЛОМ
Печь, топившаяся древесиной или углем, нагревала воздух под полом. Горячий воздух циркулировал между кирпичных свай или опор, на которых держался пол. Он также поднимался вверх внутри стен по специальным воздуховодам. Это помогало отапливать все помещение. Рабы постоянно поддерживали огонь в печи.

## ДОМАШНЕЕ СВЯТИЛИЩЕ

Ларарий – или домашнее святилище – был небольшим частным алтарем, где хранились изображения семейных предков. Он обычно располагался в атрии в центре дома. Каждый день семья чтила своих предков, возжигая в святилище курения.

## УЖИН ПОДАН

Это гости на пиршестве в римской Германии. Лишь сельские жители, иноземцы и рабы ели сидя за столом. Столы и кресла обычно делались из дерева и могли быть резными или крашеными. В ходу также были плетеные кресла из лозы. Богатые римляне ели лежа на кушетках вокруг стоявшего посредине низкого стола.

## ЛАМПЫ

Римские дома освещались мягким светом свечей или масляных ламп. Лампы изготавливались из глины или бронзы, как эта лампа вверху. Они могли быть самых разных форм, но у всех в центре имелся резервуар для оливкового масла. Маслом пропитывали фитиль, который обеспечивал ровное пламя. Иногда лампы ставили вместе или подвешивали к высокой подставке.

## РОСКОШНОЕ ЛОЖЕ

Эта красиво декорированная кровать сделана из дерева, инкрустированного слоновой костью и полудрагоценными камнями. Она датируется примерно 50 г. до н. э. и была найдена среди развалин виллы в Италии. Вилла была погребена под слоем вулканического пепла. Кровати – или спальные кушетки – были гораздо выше, чем сегодняшние, и, для того чтобы взобраться на такую кровать, требовались ступеньки или скамейка.

# На кухне

**К**ОГДА ГОТОВИЛИ УЖИН или большой обед, рабам приходилось носить воду и свежую растопку для огня в кухню. После того как разжигали огонь, помещение наполнялось дымом, ведь там не было дымохода. Вскоре угли раскалялись докрасна, и на приподнятой кирпичной плите на таганах и подставках закипали горшки. Еду варили, жарили, тушили и запекали. В больших кухнях могли также быть каменные духовки для выпекания хлеба или вертела для жарки мяса. В некоторых даже имелась водопроводная горячая вода.

Кухни богатых римлян были хорошо оборудованы: тут были всевозможные бронзовые горшки, кастрюли, сковороды, сита и половники. В глиняных сосудах держали вино, оливковое масло и соусы. С крюков в крыше свисали травы, овощи и части разделанной туши. У римлян не было жестяных банок, как не было холодильников или морозилок для сохранения продуктов в свежем виде. Еду приходилось консервировать в масле или путем высушивания, копчения или засолки.

### СТУПКА И ПЕСТИК
Римляне любили острую пищу. Римские повара пользовались ступкой и пестиком для измельчения пищи, вроде орехов, трав и специй, в пасту. Оба предмета обычно делались из очень прочной обожженной глины или камня. Шершавая внутренняя сторона ступки включала грубый песок, что помогало измельчать продукты.

### ДРАГОЦЕННОЕ СТЕКЛО
Эта стеклянная бутыль была сделана около 1900 лет тому назад. В таких бутылях по всей Европе продавали драгоценные жидкости или дорогие благовония. Когда бутыль опустошалась, она была слишком дорогостоящей, чтобы ее выбрасывать, а потому ее зачастую использовали для хранения съестных припасов, вроде меда, на кухне.

### РИМСКАЯ КУХНЯ
*Вам потребуется: карандаш, линейка, картон, ножницы, кисть, клей ПВА, бумажный скотч, емкость с водой, акриловые краски, красный фломастер, гипс, кусочки бальзового дерева, наждачная бумага, самовысыхающая глина, рабочая доска, пластмассовый нож.*

**1** Вырежьте, как показано, из картона стены и пол кухни. Склейте их по краям. Укрепите стены бумажным скотчем.

**2** Покрасьте пол серым цветом. Нарисуйте каменные плиты. Покрасьте стены желтым с синей каемкой. Когда краска высохнет, нарисуйте фломастером полоски.

**3** Вырежьте детали из картона для изготовления плиты – около 2 см длиной, 5 см шириной и 4 см высотой. Склейте между собой детали и укрепите бумажным скотчем.

## Готов к употреблению

Травы, попадавшие на стол прямо с грядки, включали кориандр, ореган, руту, мяту, тимьян и петрушку. Еду приправляли перцем, тмином, анисом, семенами горчицы и шафраном.

На столе могли быть яйца, виноград, фиги и орехи. Немалая часть наших знаний о римской кухне имеет своим источником рецепты, собранные римским гастрономом Апицием почти 2 тыс. лет тому назад.

*Шафран*

*Тимьян*

*Мята*

*Перепелиные яйца*

## Противень

Этот бронзовый противень, вероятно, использовался в качестве формочки для выпекания медовых булочек, сдоб или печенья. Благодаря длинной ручке его легко вынимать из горячей печи. Его, возможно, также использовали для приготовления яиц.

## Сито

Это бронзовое сито использовалось римскими поварами для процеживания соусов. Оно делалось так же, как и кастрюля, однако в его днище проделывались маленькие дырочки. Благодаря отверстию в рукоятке его можно было подвешивать на крючок на стену.

## Кастрюля

Как и многие предметы римской кухонной утвари, эта кастрюля сделана из бронзы. Бронза содержит медь, которая способна придавать пище весьма странный привкус, – во избежание этого кастрюля изнутри была покрыта серебром.

*Продукты в римском доме хранились в корзинках, мисках или мешках. Вино, растительное масло или соусы хранили в глиняных сосудах, так называемых амфорах.*

**4** Покройте плиту гипсом. Когда просохнет, отполируйте поверхность наждачной бумагой. Сделайте решетку из двух полосок картона и четырех кусочков бальзового дерева, склеенных вместе.

**5** Раскрасьте акриловыми красками плиту и решетку, как показано вверху. Из небольших кусочков бальзы сделайте дрова для плиты.

**6** Сделайте из бальзы стол и полки, как показано на фото. Склейте детали вместе и укрепите бумажным скотчем. Дайте высохнуть, а потом покрасьте коричневой краской.

**7** Из глины слепите горшки, кастрюли, миски, сосуды, возможно, даже сковороду. Оставьте утварь высохнуть, а затем раскрасьте ее в подходящий цвет.

# Еда и напитки

ДЛЯ НЕБОГАТЫХ РИМЛЯН трапеза нередко ограничивалась торопливо съеденной миской каши или коркой хлеба, запитой кислым вином. Многие обитатели городов жили в домах, в которых не было кухни. Они питались теми блюдами, которые покупали в многочисленных продуктовых лавках и закусочных города. Даже для более состоятельных людей завтрак мог представлять всего лишь быструю трапезу из хлеба, меда и маслин. Обед тоже был легкой трапезой, состоявшей, возможно, из яиц или холодного мяса и фруктов. Главной трапезой дня был ужин. Эта вечерняя трапеза могла начинаться с моллюсков или салата, за которыми следовало главное блюдо в виде жареного мяса, вроде свинины, телятины, курятины или гусятины, с овощами. На сладкое ели фруктовое или медовое печенье.

Во время более роскошных застолий могли подаваться откормленные сони, певчие птицы, языки фламинго или заварной крем из телячьих мозгов и плодов шиповника! Еда густо сдабривалась пряностями и нередко подавалась с рыбным соусом. Вино обыкновенно разбавляли водой и иногда приправляли медом или специями. Гости могли уносить домой любые жирные куски, оставшиеся от трапезы.

## Прислуга

На этой мозаике изображен раб по имени Парегорий, помогающий накрывать хозяйский стол для пиршества. На голове он несет поднос с блюдами. Во время застолья блюда вносились и ставились на маленький столик, затем приносились новые блюда. Всю еду готовили и подавали рабы.

---

## МЕДОВЫЕ ФИНИКИ

*Вам потребуется: разделочная доска, финики, небольшой нож, грецкие орехи, орехи-пекан, миндаль, фундук, ступка и пестик, соль, 175 мл меда, сковорода, деревянная ложка, несколько листочков свежей мяты.*

**1** Раскройте с помощью ножа финики на разделочной доске. Удалите косточки. Будьте осторожны в обращении с ножом и старайтесь не разрезать финики полностью пополам.

**2** Отложите в сторону фундук. Порежьте остальные орехи. Размельчите их с помощью ступки и пестика. Начините ими каждый финик.

**3** Насыпьте на разделочную доску немного соли и слегка обваляйте в ней каждый финик. Финики должны быть покрыты солью со всех сторон, однако старайтесь не переборщивать.

## КУБКИ

Из глиняных кубков, подобных этому, пили вино. Многие питейные кубки имели ручки и были нередко украшены красивыми узорами. Металлические кубки или чаши могли придавать вину неприятный вкус, потому более популярны были кубки и чаши из глины и цветного стекла.

## ФАМИЛЬНОЕ СЕРЕБРО

Этими серебряными ложками пользовалась богатая семья в римской Британии. Блюда обыкновенно ели пальцами, но ложками зачерпывали соус. Во время пиршественных застолий римляне любили выставлять свое лучшее столовое серебро, чтобы подчеркнуть свой статус.

## ВО ВРЕМЯ ПИРШЕСТВА

На этой стенной росписи изображено типичное римское застолье. Гости обычно сидели по три на кушетке. После трапезы их развлекали чтением стихов и музыкой или шутками и фокусами. Одежда и манеры имели весьма большое значение во время застолий. Спорить и сквернословить не разрешалось, однако считалось вполне приличным плеваться, рыгать или даже есть, пока вас не стошнит!

4 На слабом огне растопите в сковороде мед. Слегка обжарьте финики в течение пяти минут, переворачивая их деревянной ложкой. Проявляйте осторожность при обращении с плитой.

5 Выложите начиненные финики в неглубокое блюдо. Украсьте их цельным фундуком, небольшим количеством измельченных орехов и несколькими листками свежей мяты. Теперь блюдо готово.

*Римляне любили сладкие блюда, приготовленные из орехов и фиников, которые импортировались из Северной Африки. Они также использовали финики для приготовления соусов к острым блюдам, как, например, к рыбе и жареной утке.*

# Наряды и одеяния

Большинство римских одежд делалось из шерсти, которую пряли и ткали вручную дома или в мастерской. Ткань также делали из льна, который выращивали в Египте, тогда как хлопок из Индии и шелк из Китая были редкими и дорогими товарами. Наиболее распространенным стилем одеяния являлась простая туника, которая была практичной одеждой для людей, ведших активный образ жизни, как, например, для работников, рабов и детей. Важные люди носили также белое одеяние под названием тога. Оно представляло собой 6-метровый отрез ткани с изогнутым краем, который оборачивался вокруг тела и свободно ниспадал с плеча. Тога была тяжелой и неудобной в носке, однако выглядела весьма внушительно. Женщины носили поверх нижней туники длинное одеяние под названием стола. Нередко они также носили паллу – большую шаль, которую можно было накидывать различным образом. Девушки одевались в белое до замужества, а после нередко носили одеяния, окрашенные в яркие тона.

## Одежда для Диониса

Настенная роспись в домах богатых римлян немало рассказывает о том, как одевались люди в римском мире. Эта сцена найдена на вилле Мистерий в Помпеях. В ней изображается приготовление девушек в качестве ритуальных невест Диониса, бога вина.

## Римская обувь

Эта сандалия (слева) и детская туфелька (крайняя справа) были найдены в Йорке, в Британии. Большинство римлян носили открытые кожаные сандалии. Они были самой разной конструкции, а у некоторых имелись подбитые гвоздями подошвы для большей носкости. Туфли и ботинки носили в холодных частях Империи.

## Наденьте тогу

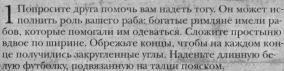

*Вам потребуется: старая белая простыня, сантиметр, портновские и канцелярские ножницы, двусторонняя липкая лента, пурпурная лента, длинная футболка, поясок.*

**1** Попросите друга помочь вам надеть тогу. Он может исполнить роль вашего раба: богатые римляне имели рабов, которые помогали им одеваться. Сложите простыню вдвое по ширине. Обрежьте концы, чтобы на каждом конце получились закругленные углы. Наденьте длинную белую футболку, подвязанную на талии пояском.

**2** Вот простой способ обрядиться в тогу. Пусть ваш друг держит позади вас длинный прямой край. Перекиньте четвертую часть тоги через левую руку и плечо.

## ОДЕЖДА РАБОТНИКОВ

Не все римляне носили струящиеся одеяния. Этот мужчина – вероятно, земледелец из римской Германии. Его ноги обмотаны полосками ткани, он одет в плащ с капюшоном, защищавший его от непогоды. Такие плащи с капюшоном экспортировались из Галлии (нынешней Франции) и Британии.

## НАРЯД НА ПАРАД

Эта скульптурная группа изображает семью императора Августа, одетую для важного государственного события. Все женщины одеты в столу, а на плечи или на голову накинута палла. Мужчины и мальчики изображены в тогах. Тогу могли носить все свободные римские граждане, однако носили ее лишь богатые верхние классы. Это потому, что требовались время и помощь другого человека, чтобы надеть тогу. После того как вы ее надели, было также весьма неловко в ней двигаться!

**3** Остальную часть тоги проведите под правой рукой спереди. Закрепите тогу, надежно заткнув несколько складок материала за пояс вокруг талии.

**4** Теперь ваш друг может помочь вам, как показано, со складками на левой руке. Пусть он аккуратно их расправит – при желании по всему левому плечу.

*До достижения 16 лет мальчики из богатых семей носили тоги, окаймленные тонкой пурпурной полоской. После этого они носили одноцветные тоги. Тогу с широкой пурпурной полосой носили римские сенаторы. Пурпурный краситель был дорогим, потому этот цвет носили только высокопоставленные граждане.*

# Красота и мода

Р ИМСКАЯ ДАМА проводила большую часть утра в окружении своих рабынь. Одна подносила ей зеркало, сделанное из бронзы или серебра, и сосуды с благовонными маслами или мазями. Другая рабыня расчесывала ей волосы – и могла получить злобный тычок шпилькой, если тянула спутавшиеся волосы.

Большинству богатых женщин хотелось выглядеть бледными – ведь загорелая кожа была лишь у женщин, которым приходилось работать под открытым небом. Потому в кожу лица втирали мел – или даже ядовитый порошок, изготавливавшийся из белого свинца. Косметические маски для лица делались из хлеба и молока. Одно средство от прыщей и угрей состояло кроме прочего из птичьего помета! Губная помада и румяна делались из красной охры или осадка красного вина. Тени для глаз изготавливали из золы и шафрана. Женщины завивали волосы, заплетали их в косы или закалывали в пучок по последней моде.

## Портрет дамы
Это портрет дамы, которая жила в римской провинции Египет. Ее серьги и ожерелье сделаны из изумрудов, гранатов и жемчужин, оправленных в золото. Они являются признаком ее богатства, поскольку стоили очень дорого. Ее волосы завиты, а ее ресницы и брови, вероятно, насурьмлены.

## Резной гребень
Этот гребень вырезан из слоновой кости и имеет надпись, сделанную на латинском языке: «Модестина, прощай». Гребни из серебра и слоновой кости использовались для украшения замысловатых причесок, которые носили многие римские женщины. Простолюдины пользовались деревянными или костяными гребешками, однако больше по необходимости, нежели в силу моды.

## Бутылочки с духами
Эти изящные бутылочки для духов принадлежали римской даме. Круглая бутыль сделана путем ручной выдувки из стекла с полосками золота. Другая бутыль вырезана из оникса, драгоценного камня, состоящего из разноцветных слоев.

## Золотой венец
*Вам потребуется: сантиметр, картон, карандаш, ножницы, клей ПВА, кисть, шнурок, пластмассовые бусы, обертки золотистой фольги, липучка или канцелярская скрепка.*

1 Измерьте сантиметром свою голову. Нарисуйте тиару такой же длины на картоне. Также нарисуйте контуры листьев разного размера, как показано на фото.

2 Аккуратно вырежьте тиару из картона. И вырежьте контуры листьев. Затем из каждого листочка вырежьте сердцевину, чтобы они стали похожими на арки.

3 С помощью клея ПВА и кисти прикрепите листочки на тиару спереди. Они станут частью изящного узора для вашего венца.

## ВЕНЕЦ ВОЛОС

Причудливо завитые волосы этой дамы – почти несомненно, парик. Накладные волосы и парики всегда были популярны у богатых римлянок: невеста надевала на свою свадьбу по меньшей мере шесть накладок из искусственных волос. Локоны из черных волос обычно импортировали из Азии, тогда как светлые или рыжие волосы привозились из Северной Европы.

## МУЖСКИЕ СТРИЖКИ

Римские мужчины придавали своей внешности столь же большое значение, как и женщины. Они обычно носили короткие волосы, начесанные на лоб или завитые. Они преимущественно брили лицо, однако во времена правления императора Адриана (117–138 гг. н. э.) в моду вошли бороды.

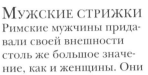

## ИЗЯЩНОЕ ПРЕДСТАВЛЕНИЕ

На этой картине изображен ритуальный танец в храме Солнца в Риме. Как на мужчинах, так и на женщинах золотые головные уборы, украшенные драгоценными камнями и золотой филигранью. Подобные пышные представления устраивались по торжественным случаям, чтобы продемонстрировать богатство и мощь Империи.

## КОЛЬЦА И ПЕРСТНИ

И мужчины, и женщины носили украшения, особенно кольца. Богатые люди носили кольца вроде этих, обычно сделанные из золота или серебра. Изумруды, жемчуг и янтарь также использовались в кольцах. Менее богатые носили кольца из бронзы.

**4** Отрежьте кусочки шнурка и приклейте по внутреннему краю листьев. Вверху каждой арки наклейте пластмассовые бусины, с тем чтобы они выглядели как драгоценные камни.

**5** Возьмите золотистую фольгу (обертки от сладостей) и наклейте ее на тиару. Кончиком кисти осторожно вдавите фольгу в выемки вокруг бусин.

*Готовую тиару можно скрепить на затылке липучкой или скрепкой. Римские дамы любили носить тиары, сделанные из золота, с драгоценными украшениями в волосах.*

# Уроки и учеба

Большинство детей в Римской империи никогда не ходили в школу. Они учились ремеслу у своих родителей или осваивали арифметические действия, торгуя за рыночным прилавком. Мальчиков могли учить сражаться на мечах или ездить верхом, готовя их к поступлению на военную службу. Девочек учили тому, как вести хозяйство, готовя их к замужеству.

Богатые семьи все же давали образование своим сыновьям, а иногда и дочерям. Они обычно занимались дома под руководством личного наставника, репетитора, однако существовали и небольшие школы. Репетиторы и школьные наставники учили детей производить арифметические действия, читать и писать на латинском и греческом языках. Способные ученики могли также обучаться ораторским навыкам, поэзии и истории. Девочки нередко занимались дома музыкой, обучаясь игре на лире.

## ПЕРЬЯ И ЧЕРНИЛЬНИЦЫ

Перо и чернильница использовались для писания на свитках, сделанных из папируса (разновидности тростника) или тонких листов древесины. Чернила нередко изготавливали из сурьмы или ламповой сажи, смешанной с водой. Их хранили в чернильницах, вроде этих. Чернильницы делали из стекла, глины или металла. Перья получали из кости, тростника или бронзы.

## ПИСЬМО НА ВОСКЕ

На этой росписи изображена супружеская пара из Помпей. Мужчина держит пергаментный свиток. Его жена, вероятно, делает хозяйственные записи. Она держит навощенную табличку для письма и стиль, чтобы царапать слова на воске. Стиль имел заостренный конец для написания и плоский конец для стирания написанного.

## ТАБЛИЧКА ДЛЯ ПИСЬМА

*Вам потребуется: листы и палочки из бальзового дерева, острый нож, линейка, клей ПВА, кисть, акриловая краска коричневого цвета, емкость с водой, поделочная глина, рабочая доска, скалка, пластмассовый нож, шпажка, фиолетовая нить, карандаш (для использования в качестве стиля), краска золотистого цвета.*

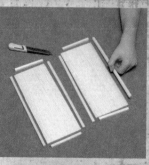

**1** Ножом разрежьте бальзовый лист на два прямоугольника размером 10 × 22 см. Бальзовые палочки должны быть нарезаны на четыре стержня длиной 22 см и четыре стержня длиной 10 см.

**2** Приклейте, как показано, палочки по краям каждого листа. У вас получится неглубокая формочка, в которую вы сможете выложить «воск». Покрасьте обе рамки ярко-коричневым цветом.

**3** Раскатайте на доске поделочную глину и положите на нее сверху бальзовую рамку. Пластмассовым ножом обведите внешний контур рамки, обрезая края глины. Повторите этот шаг.

## УЧИТЕЛЬ И УЧЕНИКИ

Эта каменная скульптурная группа из римской Германии изображает учителя, сидящего между двух своих учеников. Они читают свои уроки из папирусных свитков. Дети должны были учить поэмы и другие произведения наизусть. Любое непослушание или ошибки наказывались при помощи порки.

## ПИСЬМЕННЫЕ ПРИНАДЛЕЖНОСТИ

Для письма использовались различные материалы. Для получения табличек для письма расплавленный пчелиный воск наливался в деревянные подносы. Буквы царапали на воске, который можно было использовать многократно. Растертую в порошок сажу смешивали с водой и другими ингредиентами для получения чернил для письма на папирусе, пергаменте или древесине.

*Расплавленный пчелиный воск*

*Сажа*

*Римские цифры на папирусе*

## БУКВЫ, ВЫСЕЧЕННЫЕ В КАМНЕ

Храмы, монументы и общественные здания покрывали надписи на латинском языке, вроде этой. Каждая буква была красиво высечена каменотесом. Эти слова вырезаны в мраморе. Надпись сделана в ознаменование 14-го дня рождения Луция Цезаря, внука императора Августа.

**4** Отрежьте 1 см кромки у каждого глиняного прямоугольника. Благодаря этому прямоугольник из глины легко поместится в бальзовой рамке.

**5** Аккуратно втисните глину в каждую рамку – она будет заменять собой воск. Шпажкой проделайте по два отверстия во внутренних краях каждой рамки, как это показано на фото.

**6** Скрепите обе рамки вместе, продев в отверстия и крепко завязав фиолетовые нити. Ваша табличка теперь готова.

*Покрасьте карандаш золотистым цветом, чтобы он выглядел так, словно сделан из металла. Используйте его в виде стиля и нацарапайте им слова на своей табличке. Почему не попробовать написать что-нибудь на латинском языке? Вы могли бы написать: «CIVIS ROMANUS SUM» – что означает: «Я – римский гражданин».*

# На форуме

В КАЖДОМ КРУПНОМ РИМСКОМ ГОРОДЕ имелся форум – рыночная площадь, окруженная общественными зданиями. Именно тут люди собирались, чтобы заключать сделки и обмениваться дружескими сплетнями. По утрам, пока хозяйка дома укладывала прическу, а ее дети зубрили уроки, ее муж отправлялся на форум.

На центральной площади форума люди толпились вокруг рыночных прилавков. Иногда могла вспыхнуть публичная перебранка, когда чиновники, следившие за взвешиванием, обвиняли какого-нибудь торговца в обмане своих покупателей. Вокруг площади стояли торговые лавки, внушительные монументы, мраморные статуи и храмы богов. Стены зданий были нередко исчерканы надписями, представлявшими собой политические обращения, личные оскорбления или признания в любви. На одной стороне форума была базилика, большое здание, использовавшееся в качестве ратуши, суда и места для публичных сборищ. Некоторые из снующих тут людей могли быть членами курии (городского совета) или одной из торговых гильдий, которые имели тут свои палаты.

## ЦЕНТР ПОМПЕЙ
Среди развалин Помпей находятся эти остатки ряда колонн. Они являлись частью двухэтажной колоннады, которая некогда образовывала три стороны форума. Позади колоннады на уровне земли находились ряды торговых лавок и рыночных прилавков.

## ХРАМЫ И ПРОЦВЕТАНИЕ
На форуме каждого города возвышались храмы богам и богиням Древнего Рима. Были также и храмы в честь знаменитых римлян. Величественные колонны этого храма по-прежнему возвышаются на форуме в Риме. Ныне это христианская церковь. Храм был построен в честь Антонина Пия, одного из мудрейших императоров Рима, и его жены Фаустины.

## Деловой центр

Менялы и банкиры собирались на форуме для заключения сделок и обсуждения деловых вопросов. Тут же собирались деньги для городского совета – налоги взимались на все товары, которые проходили через город.

## Фастфуд

Спеша на работу или болтая с друзьями, люди, вероятно, перекусывали на ходу, покупая то, что предлагали продуктовые прилавки или уличные торговцы. Популярными закусками были сдобы с мясной начинкой и специями. В рыночный день на форуме также было многолюдно: на центральной площади устанавливали свои прилавки торговцы и земледельцы.

## Базилика

Это базилика Максенция в Риме. Базилика являлась большим зданием, которое использовалось как нечто среднее между ратушей и судом. Обычно оно имело очень высокую крышу, поддерживаемую рядами колонн. Колонны делили здание на центральную часть двумя боковыми проходами. Люди приходили сюда работать, совершать сделки или просто поболтать с друзьями.

# Торговля по-римски

**В** БОЛЬШИНСТВЕ КРУПНЫХ ГОРОДОВ торговые лавки шли от форума вдоль главных улиц. Это были обычно небольшие семейные лавки. В начале рабочего дня с фасада лавки снимали ставни или жалюзи и выставляли товары. Скоро воздух наполнялся шумом и оглашался выкриками булочников, мясников, торговцев рыбой, фруктами и овощами, которые в один голос кричали, что их товар самый лучший и самый дешевый. С шеста могли свисать части разделанной туши, готовой же едой, крупой или маслом торговали из горшков, вделанных в каменный прилавок. В других лавках торговали глиняными или бронзовыми лампами, кухонными горшками, кастрюлями или ножами, а в третьих ремонтировали обувь или стирали белье. Звуки молота и удары молотков, доносившиеся из мастерских в задней части лавок, присоединялись к шуму и лязгу оживленной главной улицы.

### Римские деньги
На всей территории Римской империи использовалась одинаковая валюта. Монеты делались из золота, серебра и бронзы. Покупатели держали свои деньги в холщовых или кожаных кошельках, или деревянных шкатулках.

### Как торговля?
На этом рельефе изображены купцы, обсуждающие цены и прибыли, в то время как помощник приносит со склада товары. Большинство римских магазинов – или торговых лавок – представляли собой помещение из одной комнаты, со складом или мастерской в задней части.

### Поход на рынок
На фото изображен рынок Траяна в Риме, который представлял собой пятиэтажные торговые ряды, выстроенные на склоне холма. В большинстве римских городов имелись крытые торговые ряды или центральные рынки, вроде этого, где магазины сдавались в аренду торговцам.

## Римский гастроном

Около 1700 лет тому назад в этом заведении в Остии, ближайшем к Риму морском порту, продавали хорошую еду. Питейные заведения, постоялые дворы и кафетерии были оборудованы каменными прилавками, которые нередко украшал цветной мрамор. В обеденное время в таких заведениях, как это, было многолюдно от посетителей, наслаждающихся трапезой.

## Лавка мясника

Римский мясник разделывает топором мясо, а покупательница ждет выполнения своего заказа. Лавки мясников за прошедшие века изменились весьма незначительно: там продавались свинина, баранина и говядина, и колбасы тоже были популярны. Справа висит безмен, металлическая полоса с чашкой, вроде весов, для взвешивания мяса.

## Закусочная

Это остатки торговой лавки, в которой продавалась еда. В мраморный прилавок вделаны большие глиняные емкости. В них держали еду, как, например, фасоль и чечевицу, которую подавали посетителям. В них также охлаждали сосуды с вином в жаркие летние дни. Чтобы в них не залетали мухи, емкости могли закрывать деревянными или каменными крышками.

# Картины и статуи

**Р**ИМЛЯНЕ любили украшать свои дома и общественные места картинами и статуями. Мозаика представляла собой изображение, сделанное с использованием кубиков из камня, глины или стекла, которое выкладывали в мягком цементе. Мозаичные картины могли изображать сцены охоты, урожай или римских богов. Популярны были геометрические орнаменты, которые нередко использовались в качестве бордюра. Настенные картины – или фрески – нередко изображали сады, птиц и животных или героев и богинь. Их рисовали на деревянных панелях или прямо на стене. Римские художники любили обманывать глаз зрителя, рисуя ненастоящие колонны, арки и полки.

## СЕЛЬСКАЯ СЦЕНА

Этот мужчина и дикий кабан – часть мозаики, сделанной в римской Северной Африке. Изготовление мозаики было весьма непростым делом – вроде составления головоломки. Несмотря на это искусные художники умели создавать реалистичные сцены из кубиков цветного стекла, глины и камня.

## МОЗАИЧНЫЙ ПОЛ

Птицы, животные, растения и деревенские сцены были популярными темами для мозаики. Эти попугаи являются частью значительно большей и весьма замысловатой напольной мозаики из римского дома.

## СКУЛЬПТУРА
Статуи из металла или камня были нередко установлены в садах. Эта бронзовая фигурка найдена в развалинах дома в Помпеях. Она изображает фавна, бога полей и лесов.

Римляне были умелыми скульпторами и использовали камень, мрамор и бронзу. Они подражали примеру греков и устанавливали мраморные статуи в общественных местах и садах. Это могли быть статуи богов и богинь или императоров и полководцев.

## СДЕЛАЙТЕ МОЗАИКУ
*Вам потребуется:* черновая бумага, карандаш, линейка, ножницы, большой лист картона, самовысыхающая глина, скалка, деревянная доска, пластмассовый нож, акриловые краски, кисть, емкость с водой, прозрачный лак и кисть (факультативно), гипс, лопаточка, муслиновая тряпочка.

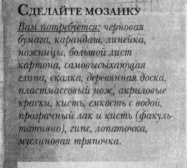

**1** Набросайте на черновой бумаге орнамент вашей мозаики. Для начала подойдет простой орнамент, вроде этого. Отрежьте картон размером 25 × 10 см. Перенесите на него орнамент.

**2** Раскатайте на доске глину. Пользуясь линейкой, начертите на глине небольшие квадратики. Вырежьте их с помощью пластмассового ножа. Дайте высохнуть. Это будут плитки вашей мозаики.

**3** Покрасьте их разным цветом, как показано вверху. Когда краска высохнет, для большей прочности и блеска вы можете покрыть плитки прозрачным лаком.

## МАТЕРИАЛ ДЛЯ МОЗАИКИ

Мозаику нередко изготавливали в рамах, в мастерских, а затем доставляли к месту назначения. Иногда кубики мозаики привозились на место, и уже здесь рабочие укладывали их на пол. Для пола комнаты средних размеров в римском городском доме требовалось, вероятно, свыше 100 тыс. кубиков.

*Плитки мозаики*

*Горшечные черепки*

## МУЗЫКАНТЫ И ТАНЦОРЫ

Это экспрессивное изображение – со стен виллы, обнаруженной в результате раскопок в Помпеях. Это одна из серии сцен, которые изображают тайные обряды – или мистерии – в честь бога Диониса.

## НАСТОЯЩИЕ ИЛИ ИМИТАЦИЯ?

Римские художники любили изображать предметы так, чтобы они выглядели реалистично и вызывали желание до них дотронуться. Это блюдо с фруктами на полке – типичный пример такого рода живописного стиля. Изображение было найдено на стене виллы, принадлежавшей богатому римскому землевладельцу.

**4** Распределите по картону гипс ровным слоем. Пока он еще влажный, выложите ваш орнамент, вдавливая в него плитки, как показано на фото. Ориентируйтесь на ваш рисунок.

**5** Когда мозаика высохнет, отполируйте поверхность муслиновой тряпочкой. Подойдет и любая другая мягкая и сухая ткань. Теперь ваша мозаика готова к показу.

*Римляне любили выкладывать мозаику в своих домах. В домах богатых людей нередко была выложена замысловатая мозаика во дворике и столовой, поскольку именно здесь принимали гостей.*

227

# Врачи и медицина

Н**ЕКОТОРЫЕ РИМЛЯНЕ** доживали до преклонного возраста, однако большинство умирали, не достигнув 50 лет. Изучая дошедшие до наших дней скелеты, археологи многое выяснили относительно здоровья и болезней во времена Рима. Они могут рассказать, к примеру, о том, в каком возрасте был человек, когда он умер, и об общем состоянии его здоровья на протяжении жизни. Древние рукописи также снабжают нас сведениями о медицинских познаниях римлян.

Римские врачи были очень мало знакомы с наукой. Они лечили больных с помощью сочетания здравого смысла, веры в богов и магию. Большинство медицинских средств и лекарств пришли в Рим благодаря врачам Древней Греции. У греков и римлян к тому же был один и тот же бог врачевания – Эскулап. В большинстве частей Империи были свои врачи, равно как и акушерки, дантисты и глазные специалисты. Хирурги оперировали раны, полученные в бою, проводили операции на сломанных костях и даже на черепе. Единственные болеутоляющие средства делались из молочка мака, – операция, надо полагать, была ужасным испытанием.

### БОГИНЯ ЗДОРОВЬЯ
Греки и римляне почитали богиней здоровья дочь бога врачевания Эскулапа. Она звалась Гигией. Слово «гигиена», происходящее от ее имени, используется и по сей день и означает поддержание чистоты тела.

### АПТЕКА
Этой фармацевтической лавкой – или аптекой – управляет женщина. Это было довольно необычно для тех времен, поскольку женщинам редко поручали ответственные должности. Римские фармацевты собирали травы и нередко делали из них смеси для врачей.

### МЕДИЦИНСКАЯ АПТЕЧКА
Такого рода ящички использовались римскими врачами для хранения различных лекарств. Многие из средств, которыми пользовались врачи, имели растительное происхождение и не всегда были приятны на вкус!

### МЕДИЦИНСКИЕ ИНСТРУМЕНТЫ
Римляне пользовались широким набором хирургических и других медицинских инструментов. Эти инструменты сделаны из бронзы и включают скальпель, акушерские щипцы и лопаточку для смешивания и наложения различных припарок.

## ЛЕЧЕНИЕ
Это руины лечебницы в Малой Азии (нынешней Турции). Она была построена около 150 г. н. э. в честь Эскулапа, бога врачевания. Подобного рода лечебницы считались домами исцеления. Люди приходили сюда в поисках лечения от всевозможных болезней.

## КУПАНИЕ МАЛЫША
На этом каменном рельефе из Рима изображена сцена купания малыша. Римляне хорошо понимали важность регулярного омовения в чистой воде. Правда, сами по себе роды были опасны как для матери, так и для младенца. Несмотря на эти опасности, римляне стремились иметь большие семьи, и многие женщины умирали при родах.

### ЛЕКАРСТВЕННЫЕ ТРАВЫ
Врачи и бродячие целители продавали всевозможные мази и припарки. Многие делались из трав, как, например, розмарина, шалфея и фенхеля. Другие природные средства включали чеснок, горчицу и капусту. Многие из этих средств приносили мало пользы, но некоторые из них были способны исцелять.

*Розмарин*

*Шалфей*

*Чеснок*

229

# Чистота и гигиена

**В**ОЗМОЖНО, не все римляне имели хорошее здоровье, но они заботились о своей чистоте. Существовали общественные туалеты, снабженные проточной водой, и люди регулярно ходили в общественные бани. В большинстве городов, даже в военных лагерях на границах Империи, имелись общественные термы (бани).

В бани ходили не только для того, чтобы помыться. Здесь встречались с друзьями и обсуждали новости в перерывах между купанием в бассейнах. Другие посетители делали физические упражнения, играли в мяч или просто отдыхали. Коммерсанты даже устраивали тут деловые встречи. Мужчины и женщины пользовались отдельными помещениями или посещали бани в разное время. Рабы приносили банные полотенца и сандалии на деревянной подошве. В банях нельзя было ходить без сандалий, поскольку во многих помещениях пол был горячим, под ним проходила система отопления.

*Тепидарий*
*(«теплая комната»)*

*Воздуховоды в стенах*
*для теплого воздуха*

### СОСУД ДЛЯ МАСЛА И СТРИГИЛИ
Римляне использовали вместо мыла оливковое масло. Они натирали себя маслом и скребли изогнутой металлической лопаточкой, так называемым стригилем. Масло держали в небольшом сосуде, наподобие этого, к которому прикреплены цепями два стригиля.

### БАНИ В БАТЕ
Это вид римских бань (терм) в городе Бат, в Британии. Римляне построили там бани из-за природного горячего источника, который пробивается из-под камней и имеет температуру, доходящую до 50°С. Богатый лечебными минералами, он привлекал сюда посетителей отовсюду. Этот большой, облицованный свинцом бассейн использовался для купания. Во времена Рима он был покрыт крышей.

*Фригидарий
(«холодная комната»)*

*Кальдарий
(«горячая комната»)*

*Горячий воздух из печи*

*Печь*

## РАСКОПКИ БАНИ

Археологические раскопки в Британии обнаружили эти остатки фундамента бани. Вы можете увидеть основания колонн, которые некогда поддерживали пол. Горячий воздух из печи, очевидно, циркулировал между этими колоннами, нагревая пол и помещения вверху.

## ТЕРМЫ

Общественные бани (термы) состояли из помещений для физических занятий, раздевалок, сауны и различных бассейнов. Помещения и вода подогревались горячим воздухом от одной или нескольких печей, устроенных под полом. Во фригидарии («холодной комнате») обычно имелся бассейн без подогрева для короткого омовения, и нередко это помещение частично находилось на открытом воздухе. Из него посетители попадали в более теплое помещение, тепидарий. Здесь посетители натирались маслом, а затем соскребали с себя грязь или жир. Вымывшись, они были готовы окунуться в бассейне. Ближе всего к печи находилась парная, так называемый кальдарий («горячая комната»). Тут посетители могли попариться и попотеть в свое удовольствие.

## ОБЩЕСТВЕННЫЕ ТУАЛЕТЫ

Развалины общественных туалетов, вроде этих, находят во многих частях Империи. Люди пользовались в гигиенических целях губками на палочках. Они могли прополоскать губки в канале проточной воды перед ними. Другой канал, под каменными сиденьями, выполнял функцию канализационного стока.

# Спорт и боевые поединки

Большинство римлян предпочитали наблюдать за спортивными состязаниями, нежели участвовать в них самим. Были, впрочем, и те, кто охотно занимался атлетикой и делал физические упражнения. Они занимались этим в общественных банях (термах) и на спортивной площадке, в так называемой палестре. Мужчины состязались в борьбе, прыжках в длину и плавании. Женщины упражнялись с весом.

Боксерские поединки и состязания на колесницах неизменно пользовались зрительской популярностью. Скачки происходили на длинной овальной дорожке, именовавшейся цирком. Толпы зрителей наблюдали за состязаниями в таком возбуждении, что нередко за этим вспыхивали жестокие бунты. Возницы колесниц и их команды становились большими знаменитостями. Римской черни также нравилось наблюдать демонстрации жестокости. На специальной овальной арене, которая именовалась амфитеатром, происходили кровавые поединки между гладиаторами и бои диких животных. Со временем римские развлечения сделались более зрелищными и кровожадными. Римляне даже заполняли арены амфитеатров водой, чтобы устраивать потешные морские баталии.

## КОЛИЗЕЙ
Это колизей в римском городе Эль-Джем, в Тунисе. Колизей был разновидностью амфитеатра. Арены вроде этой строились по всей Империи. Самой большой и знаменитой является Колизей в Риме.

## СМЕРТЬ ИЛИ ПОЩАДА?
Гладиаторы обычно дрались насмерть, однако раненый гладиатор мог попросить пощады. Возбужденная толпа ловила сигнал императора. Большой палец, поднятый вверх, означал, что ему сохраняли жизнь. Большой палец, опущенный вниз, означал, что он должен умереть.

## ДАВАЙ, КРАСНЫЕ!

Возницы колесниц принадлежали к разным командам и надевали цвета своей команды, когда участвовали в скачках. Некоторые надевали также защитный кожаный шлем, вроде того, что изображен на этой мозаике. В Риме было четыре команды – «красные», «синие», «белые» и «зеленые». Каждая команда имела преданных поклонников, и возницы колесниц были столь же популярны, как и сегодняшние звезды футбола.

## ДЕНЬ НА СКАЧКАХ

На этом терракотовом рельефе запечатлен волнующий момент скачек. Ристания на колесницах являлись страстью для большинства римлян. Колесницы были обычно запряжены четверкой лошадей, хотя могли использоваться и две лошади, и целых шесть. Во время скачек, когда колесницы громыхали по ристалищу, часто происходили несчастные случаи и подстроенные неприятности.

## ЧЕМПИОН

Бокс был смертельным спортом. Бойцы, вроде этого боксера, надевали вместо подбитых боксерских перчаток ремешки с заклепками. Тяжелые увечья – и даже сотрясение мозга – были, вероятно, обычным делом.

## ГРЕЧЕСКИЙ ИДЕАЛ

Римляне восхищались всем греческим, включая любовь греков к атлетике. Эта расписная греческая ваза относится примерно к 333 г. до н. э. и изображает бегунов-марафонцев. Правда, римский люд не интересовался атлетическими соревнованиями в греческом духе, вроде Олимпийских игр.

233

# Музыка и драма

**М**УЗЫКА И ПЕСНОПЕНИЯ были важной частью римской жизни. Музыку исполняли на пиршествах, свадьбах и похоронах, в театре, дома, во время гладиаторских поединков и других общественных событий. Римляне играли на разных музыкальных инструментах, в том числе на двойных флейтах, свирелях, лирах, кимвалах, трещотках и тамбуринах. Эти инструменты были уже хорошо известны либо в Египте, либо в Греции. У римлян также имелись трубы и рога и приводимые в действие с помощью воды органы.

Походы в театр были любимым развлечением римлян. Само понятие драматического искусства пришло из Греции, потому часто исполнялись греческие комедии и трагедии. Римские писатели создавали пьесы в сходном стиле, равно как и комические зарисовки и танцы. В качестве задника сцены использовался каменный фасад здания. Вокруг сцены поднимались вверх ряды деревянных или каменных сидений, образовывавшие полукруг.

### АКТЕРЫ
На этой мозаике из Помпей изображена группа актеров в сцене из греческой пьесы. Актерами всегда были мужчины, которые исполняли и все женские роли. На роль актеров в пьесе указывали цвета их костюма и масок. Актер, играющий на свирели, одет в белую маску женского персонажа.

### МУЗЫКАЛЬНЫЕ ЗАНЯТИЯ
Девушки из богатых семей нередко занимались дома музыкой. На этой настенной росписи изображена девушка, которую обучают игре на кифаре, разновидности лиры. Римляне позаимствовали этот похожий на арфу инструмент у греков.

### СДЕЛАЙТЕ МАСКУ
*Вам потребуется:*
*самовысыхающая глина, деревянная доска, скалка, большая миска, пластмассовый нож, акриловые краски, кисть, емкость с водой, ножницы, шнур, карандаш, бумага или картон зеленого цвета, садовая проволока, несколько цветных бусин.*

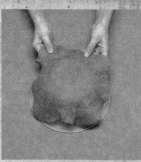

**1** Выложите глину на доску. Раскатайте ее в виде листа, большего по размеру используемой миски. Положите его поверх миски и придайте ему нужную форму, как показано вверху.

**2** Обрежьте края и вырежьте глаза и рот. Раскатайте обрезанную глину и вырежьте из нее детали рта и носа, как показано вверху. Скатайте также из глины небольшой шарик.

**3** Прилепите нос к маске. Вдавите шарик в подбородок и положите, как показано, поверх него деталь рта. Проделайте с каждой стороны маски по отверстию для шнура.

## МУЗЫКАНТЫ
Некоторые из музыкантов в этой процессии играют на большом изогнутом роге. На нем играли во время религиозных празднеств и похорон, общественных игр и военных походов.

## АКТЕРСКИЕ МАСКИ
Римские актеры надевали маски и парики для изображения персонажа, которого они играли. На этой детали мозаики из Рима представлен пример замысловатых масок, которые они надевали.

## ДРАМА ПОД ОТКРЫТЫМ НЕБОМ
Римские театры были обычно открытыми. Это руины крупнейшего из двух театров в Помпеях. Он мог вместить до 50 тыс. зрителей. Он не имел крыши, но мог быть накрыт навесом, чтобы защитить публику от палящего летнего солнца.

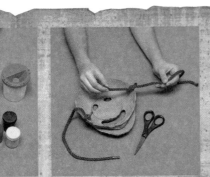

**4** Когда глина высохнет, раскрасьте маску в яркие цвета. Вы можете раскрасить ее так, как показано вверху, или придумать свой орнамент. Дайте краске высохнуть.

**5** Отрежьте два шнурка. Проденьте их в отверстия по бокам маски, как показано. Затяните узел. Завязывайте шнурок на затылке, когда надеваете маску.

**6** Нарисуйте, вырежьте и раскрасьте несколько листочков. Нанижите их, как показано, на проволоку. Между листками нанижите бусины. Закрутите проволоку вокруг верхушки маски.

*Маски актеров имели большие рты, чтобы им можно было говорить через них. Настоящие маски делались, вероятно, из холста, которому придавали нужную форму и жесткость.*

# Игры и забавы

Р ИМСКИЕ ДЕТИ играли в такие игры, как прятки, шарики и классики, которые популярны и по сей день. Маленькие дети играли в куклы и маленькие фигурки людей и животных. Последние делали из дерева, глины или бронзы. Ребенку из богатой семьи могли подарить детскую колесницу, в которую запрягали козу.

Римляне любили играть в настольные игры. Существовали простые игры, вроде крестиков и ноликов, и более сложные игры, похожие на шахматы или шашки. В некоторых играх участники состязались в том, кто быстрее придет к финишу. Игроки бросали кубик, чтобы определить, на сколько клеток можно передвинуть фишку. Они играли фишками, сделанными из кости, стекла или глины.

Римляне обожали азартные игры. Они делали ставки на состязания колесниц, на петушиные бои или на бросание кубика. Азартные игры превратились в настолько большую проблему, что они были официально запрещены, исключая период зимних праздников сатурналий, когда для большинства законов делались послабления. Впрочем, в большинстве таверн и общественных бань все равно можно было услышать стук бросаемых костяшек.

## ИГРА В КОСТИ
Две женщины играют в популярную игру – в бабки. Игра заключалась в том, чтобы бросать костяшки вверх и стараться поймать как можно больше из них тыльной стороной руки. Сколько удавалось поймать, столько и набирали очков.

## КОСТЯШКИ
Большинство римлян использовали для игры в бабки надкопытные суставы овец. Они имели шесть сторон и использовались также в качестве игральных кубиков – каждая сторона имела разную ценность. Богатые римляне могли использовать костяшки, сделанные из стекла, бронзы или оникса, наподобие этих.

## ШАРИКИ
Римские дети играли этими шариками много столетий тому назад. Два из них стеклянные, а один сделан из глины. Шарики либо катали вместе, либо по расчерченным игральным доскам. Их также бросали в глиняные вазы. В виде шариков нередко использовали орехи, вроде фундука и грецких орехов.

## КАТИМ-ПОКАТИМ

Дети из бедных семей имели мало игрушек и были вынуждены работать с юного возраста. Однако даже дети бедняков находили время для игры и обходились подручными средствами. Этот мальчик бежит и катит перед собой колеса.

## ФИШКИ

Эти игральные фишки сделаны из кости. Помимо непритязательных круглых фишек римляне любили использовать и фишки, вырезанные в виде причудливых фигур. Здесь вы можете увидеть баранью голову, зайца и лангуста. На большой круглой фишке вырезаны две женщины.

## ВАШ ХОД!

На этой мозаике из римской Северной Африки изображены трое мужчин, играющих в таверне в кости. Римляне любили азартные игры и делали ставки на все, включая кидание кубика. Можно было выиграть или проиграть от удачного или неудачного броска кубика огромные деньги!

## КУБИКИ

В кубики играли бедные и богатые. Эти кубики насчитывают столетия. Самый большой сделан из диорита, кубик поменьше сделан из горного хрусталя, а самый маленький – из агата. Серебряные кубики в форме сидящих на корточках фигур использовались, вероятно, богатыми римлянами.

*Во время игры вы обязаны делать ход плиткой или предводителем, если это возможно, – даже если это означает потерю фишки. Победителем считается тот, кто первым «съест» все фишки соперника, включая предводителя.*

**4** Если плитка соперника оказывается между двух ваших, вы ее «съедаете» (снимаете с доски). После этого вы получаете дополнительный ход. Предводителя «едят» тем же образом, что и любую плитку.

**5** Предводитель может перепрыгивать через плитку на пустую клетку. Если плитка соперника оказывается зажатой между вашим предводителем и одной из ваших плиток, то она «съедается».

# Религия и празднества

Р**ИМЛЯНЕ** верили в многочисленных богов и богинь. Некоторые из них были теми же, что и боги Древней Греции, но с другими именами. Юпитер, бог неба, был самым могущественным из всех. Венера была богиней любви, Марс был богом войны, Церера – богиней урожая, Сатурн – богом земледельцев, а Меркурий – торговцев. Домашние божества оберегали семейный очаг.

В честь богов строились великолепные храмы. Римский Пантеон – самый большой и знаменитый из них. В течение года в честь богов устраивались специальные празднества, с процессиями, музыкой, подношениями и приношением в жертву животных. Эти торжества нередко были общественными праздниками. Сатурналии – праздники в середине зимы в честь Сатурна – длились до семи дней.

С расширением Империи многие римляне перенимали религиозные верования других народов, как, например, египтян и персов.

### ЮПИТЕР
Юпитер был главным божеством римлян. Он являлся всемогущим богом неба. Римляне верили, что он выражает свой гнев, обрушивая на землю гром и молнии.

### ПАНТЕОН
Пантеон в Риме был храмом всех богов. Он был построен между 118 и 128 гг. н. э. Его мозаичный пол, внутренние колонны и высокий купол сохранились до наших дней в своем первозданном виде.

### ДИАНА-ОХОТНИЦА
Диана была богиней охоты и Луны. На этом фрагменте мозаичного пола она изображена с луком и стрелой, изготовившаяся к охоте. Римские боги были нередко теми же, что и греческие боги, но получали другие имена. У греков Диана называлась Артемидой.

## ХРАМ БОГОВ

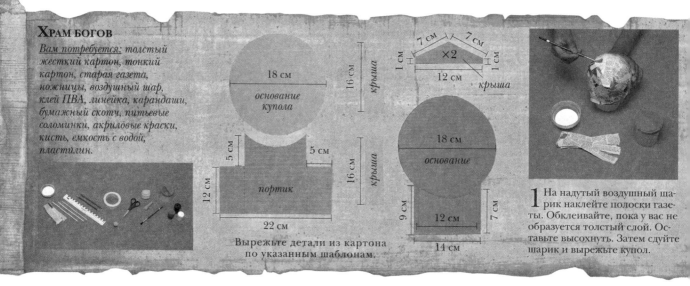

*Вам потребуется: толстый жесткий картон, тонкий картон, старая газета, ножницы, воздушный шар, клей ПВА, линейка, карандаши, бумажный скотч, питьевые соломинки, акриловые краски, кисть, емкость с водой, пластилин.*

18 см
основание купола

16 см
крыша

7 см    7 см
×2
1 см    1 см
12 см
крыша

5 см    5 см

12 см
портик

16 см
крыша

18 см
основание

9 см    7 см

22 см

12 см
14 см

Вырежьте детали из картона по указанным шаблонам.

1 На надутый воздушный шарик наклейте полоски газеты. Обклеивайте, пока у вас не образуется толстый слой. Оставьте высохнуть. Затем сдуйте шарик и вырежьте купол.

## ЖРЕЦЫ ИСИДЫ

Египетская богиня Исида имела многочисленных почитателей на территории Римской империи. На этой картине изображены жрецы и почитатели Исиды, участвующие в обряде очищения водой. Обряд проводился каждый полдень.

## БЛАГОСЛОВИ ЭТОТ ДОМ

Это бронзовая статуя лара – домашнего божества. Считалось, что лары, первоначально сельские божества, хранили семью и очаг. В каждом римском доме имелось святилище, посвященное ларам. Семья, включая детей, ежедневно приносила божествам подношения.

## МИТРА-БЫКОУБИЙЦА

Митра был персидским богом света. Он изображен здесь, на мраморном рельефе из храма, убивающим быка. Считалось, что кровь этого быка принесла жизнь на Землю. Культ Митры распространился по всей Империи и был особенно популярен у римских солдат. Впрочем, лишь мужчинам дозволялось почитать Митру.

*Пантеон был построен из кирпича, а затем одет в камень и мрамор. Его гигантский купол, с диаметром более 43 м, являлся до 1900-х годов самым крупным из всех.*

**2** Поставьте купол на картонное основание и обведите контур. Вырежьте центр основания, чтобы получилось кольцо. Сделайте отверстие в верхушке купола. Скрепите детали вместе.

**3** Склейте детали основания. Отрежьте полосу тонкого картона, по длине окружности основания. Это – круговая стена. Прикрепите к основанию с помощью бумажного скотча портик.

**4** Нарежьте соломинки на восемь кусочков, 6 см длиной каждый. Это будут колонны входа. Склейте крышу для входа. Укрепите скотчем.

**5** Склейте вместе крупные детали. Установите колонны, подложив под каждую из них небольшой кусочек пластилина. Приклейте крышу. Раскрасьте свою модель.

# Семейные события

СЕМЬЯ занимала очень важное место в жизни римлян. Отец был всемогущим главой семейства, которое включало всех в доме – жену, детей, рабов и даже близких родственников. В ранние дни Рима отец имел абсолютную власть над своими детьми и мог решать, жить им или умереть! Впрочем, римские отцы редко проявляли суровость, и оба родителя горячо любили своих детей.

Период детства был довольно коротким. Родители устраивали девочке помолвку в возрасте 12 лет, а мальчику – в 14 лет. Браки заключались несколькими годами позже. Невесты обычно надевали красное платье и желтый плащ, с оранжевой вуалью и венком душистых цветов. Богам приносилась жертва, и все присутствующие желали паре благополучия. В тот же вечер процессия с горящими факелами и под звуки флейт сопровождала новобрачных в их дом.

Похороны также сопровождались музыкой и процессиями. По римским законам погребение и кремация должны были происходить за городскими стенами.

## СЧАСТЛИВЫЕ СЕМЬИ
На этом римском надгробии из Германии изображено семейство, собравшееся для трапезы. Из латинской надписи на нем нам известно, что оно было поставлено легионером в память об умершей жене. Он любовно описывает ее как «сладчайшую и чистейшую» из женщин.

## МАТЬ И ДИТЯ
Мать нежно укладывает своего ребенка в люльку. При рождении детей клали к стопам отца. Если он принимал ребенка в семью, он брал его на руки. В богатых семьях рождение являлось большой радостью, но для бедных семей оно означало лишь появление еще одного рта, который нужно было кормить. Римляне давали имя девочке на восьмой день после рождения, а мальчику на девятый. Ребенку дарили буллу, оберег от злых духов.

## ЗНАКИ НЕРАЗЛУЧНОСТИ
Когда двое совершали помолвку, они обменивались подарками как символом своей верности друг другу. Мужчина мог подарить своей будущей жене кольцо, вроде этого. Переплетенные руки символизировали брак. Также были популярны золотые подвески с подобными узорами.

## Оплакивание умершего

Богатый римлянин умер, и его семья приня́лась причитать и оплакивать. Приготавливая его тело к похоронному ритуалу, семья изливала свою скорбь в игре на флейтах. Римляне верили, что умерший отправлялся в подземный мир, Аид, который находился за рекой мертвых. В рот покойному клали монету, в уплату перевозчику. Еду и питье для этого путешествия погребали вместе с телом.

## До гробовой доски

Римская брачная церемония была во многом похожа на сегодняшний христианский обряд бракосочетания. Жених и невеста давали друг другу клятвы и пожимали друг другу руки в знак своего союза. Здесь жених держит брачный контракт, который составляли до церемонии. Не все, однако, находили в браке счастье, и развод был весьма обыденным явлением.

## Свадебные цветы

Римские дамы надевали вуаль в день своей свадьбы. Ее нередко увенчивал венок из цветов. В ранние дни Империи популярным сочетанием были вербена и майоран садовый. Позднее в моду вошли цветы померанцевого дерева и мирт, чьи душистые цветы были священными цветами Венеры, богини любви.

*Померанцевые цветы*

*Вербена*

241

# Солдаты легиона

АРМИЯ РАННЕЙ ИМПЕРИИ делилась на 28 воинских соединений, так называемых легионов. Каждый легион насчитывал около 5,5 тыс. солдат. Легион состоял из верховых отрядов и пехоты. Они были организованы в когорты, примерно по 500 человек, и центурии, около 80 человек, хотя слово «центурия» и означает «сотня». Впереди каждого легиона в бой шли солдаты, несшие штандарты. Это были украшенные шесты, олицетворявшие честь и доблесть легиона.

Первые римские солдаты призывались во времена войн из богатых семей. Эти конскрипты должны были сами обеспечивать себя оружием. Позднее римская армия стала профессиональной, в которой солдаты получали жалованье, а в легионеры набирались все граждане. В период Империи в составе римской армии сражались в качестве наемных солдат и многочисленные иностранные соединения.

Армейская жизнь была суровой, а дисциплина жестокой. После длинного марш-броска усталым солдатам, несшим на себе тяжелое походное снаряжение, палатки и оружие, приходилось окапываться и ставить лагерь. Часовой, покидавший свой пост, забивался до смерти.

### НА ВОЙНЕ
Колонна Траяна в Риме украшена сценами Дакийской войны, проходившей на территории современной Румынии. На таких изображениях видны римские солдаты, их оружие, враги и союзники.

### ВЕРХОМ НА ЛОШАДИ
Римские пешие солдаты сражались при поддержке конницы. Она делилась на отряды от 500 до 1000 всадников, называвшиеся *ала*. Конные всадники относились к числу самых высокооплачиваемых римских солдат.

### ЛЕГИОНЕР
Эта бронзовая статуя легионера насчитывает около 1800 лет. На нем надет парадный шлем с гребнем и бронзовые латы того времени. Легионеры проходили суровую подготовку и подчинялись жестокой дисциплине. Это были закаленные солдаты, представлявшие собой силу, с которой нельзя было не считаться.

## Поднятие штандарта

Император Константин обращается к своим войскам, вероятно, поздравляя их с победой. Они несут штандарты, эмблемы каждого легиона. Штандарты были украшены золотыми орлами, кистями рук, венками и знаменами. Это были символы доблести и храбрости легиона, и их следовало защищать любой ценой.

## Римская цитадель

Римская армия строила крепости из дерева или камня по всей Империи. Эта крепость находится в Южной Британии. Она была построена для защиты побережья от набегов саксов из Северной Европы. Ныне прилегающий к ней район носит название Порчестер. Название происходит от сочетания слов «порт» и «caster», латинского слова, обозначающего крепость.

## Вал Адриана

Это часть вала Адриана, которая обозначает самую северную границу Римской империи. Он протянулся на 120 км поперек Северной Англии, почти от побережья до побережья. Он был возведен в качестве оборонительной преграды между 122 и 128 гг. н. э. по приказу императора Адриана.

# Оружие и доспехи

РИМСКИЕ СОЛДАТЫ были хорошо подготовлены к войне. Легионер был вооружен кинжалом (*pugio*) и коротким железным мечом (*gladius*), которым кололи и рубили. Он также носил с собой метательное копье (*pilum*), сделанное из железа и дерева. В ранние времена доспехами пехотинца была кольчуга, которую носили поверх короткой толстой туники. Командиры носили кирасу, бронзовый панцирь, защищавший шею и грудь. Примерно к 35 г. н. э. кольчуга стала заменяться пластинчатыми доспехами из железа. Металлические пластины крепились на крючках или кожаных ремешках. Чтобы заявить о своем ранге, командиры носили гребни разного вида. Ранние щиты были овальными, а поздние продолговатыми с изогнутыми краями. Их делали из нескольких слоев древесины, склеенных вместе и обтянутых кожей и тканью. Металлическая шишечка в центре щита могла использоваться в качестве оружия – ей могли наносить удары по чересчур приблизившемуся врагу.

## Головной убор
Шлемы были также предназначены для защиты щек и шеи. Этот шлем всадника сделан из бронзы и железа. Его носил наемник, иноземный солдат, сражавшийся в рядах римской армии где-то после 43 г. н. э. У командиров на шлеме имелся гребень, по которому их распознавали солдаты во время битвы.

## Римские солдаты
И через столетия художников вдохновляют битвы римских легионов. Они пытаются изобразить, как могли выглядеть римские солдаты в полном вооружении. На этой картине изображен молодой командир, отдающий приказания.

## Римские латы
*Вам потребуется:* сантиметр, листы серебристого картона размером А1 (один или два, в зависимости от ваших размеров), ножницы, карандаш, клей ПВА, кисть, 2 м шнура, циркуль.

**1** Измерьте свой обхват груди. Нарежьте три полоски картона шириной 5 см и длиной, равной обхвату груди. Отрежьте несколько полосок потоньше, чтобы скрепить между собой эти три полоски.

**2** Положите широкие полоски лицевой стороной вниз и склейте их между собой тонкими полосками. Римляне использовали кожаные ремешки, чтобы скрепить между собой металлические пластины.

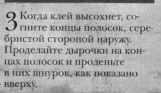

**3** Когда клей высохнет, согните концы полосок, серебристой стороной наружу. Проделайте дырочки на концах полосок и проденьте в них шнурок, как показано вверху.

## ТАКТИКА

### «ЧЕРЕПАХА»

Осадная тактика была одним из сильных военных козырей римской армии. Приближаясь к укреплению неприятеля, отряд солдат мог сомкнуть щиты у себя над головой и пробираться под их защитой, безопасно преодолевая расстояние до противника. Это построение было известно как «черепаха» (testudo). Во время осады применялись катапульты, которые метали железные болванки и большие камни через стены укрепления.

## СМЕРТЕЛЬНОЕ ОРУЖИЕ

Эти железные наконечники копий были найдены на месте древнеримской крепости недалеко от Бата, в Британии. Деревянные древки, на которые они насаживались, давно сгнили. Римские солдаты были вооружены как легкими, так и тяжелыми копьями. Легкие использовались для метания, а тяжелые применялись в качестве пик в ближнем бою.

## МЕЧИ

И короткие, и длинные мечи держали в ножнах. Эти богато украшенные ножны принадлежали римскому военачальнику, служившему императору Тиберию. Возможно, они были подарены ему самим императором. Они богато декорированы золотом и серебром.

**4** Вырежьте из картона квадрат, соответствующий ширине ваших плеч. В центре начертите с помощью циркуля круг диаметром 12 см, разрежьте квадрат пополам и вырежьте полукружья.

**5** С помощью полосок поменьше склейте между собой половинки плеч, оставляя горловину. Нарежьте еще четыре полоски; две побольше и две поменьше. Прикрепите их тем же образом.

*Наденьте через голову наплечники и завяжите на груди латы. Теперь вы легионер, готовый сражаться с врагами Рима. Металлические пластинчатые доспехи были изобретены во времена правления императора Тиберия (14–37 гг. н. э.). В исконном варианте различные части откидывались и крепились друг к другу с помощью крючков либо пряжек и ремешков.*

# Корабли и моряки

**Р**ИМЛЯНЕ ИСПОЛЬЗОВАЛИ СУДА для торговли, транспортировки и военных действий. Римские военные корабли представляли собой изящные быстроходные суда, называвшиеся галерами. Они приводились в движение гребцами, которые сидели ниже палубы. Стандартная римская боевая галера имела 270 гребцов. У нее также имелся большой квадратный парус, использовавшийся для быстрого хода, когда дул благоприятствующий ветер.

По территории Империи приходилось перемещать всевозможные товары – от шерсти и глиняных изделий до мрамора и зерна. Большинство товаров, особенно тяжелые грузы продуктов или строительных материалов, перемещалось по воде. Торговые суда были более глубокими, тяжелыми и медленными, чем галеры. Они имели большие развевающиеся паруса и более длинные весла для облегчения рулевого управления. На реках использовались баржи.

Римляне возводили на опасных участках побережий маяки – каменные башни с большими фонарями или мерцающими огнями наверху. Пираты, неизведанный фарватер и погода также делали морские путешествия опасным занятием.

## СОСУДЫ ДЛЯ ПЕРЕВОЗКИ
Масло и вино нередко транспортировали в больших глиняных сосудах, амфорах. Здесь амфору перегружают с одного корабля на другой. Амфоры обыкновенно укладывали рядами друг на друга в трюме корабля, прокладывая их валежником.

## В ДОКАХ
На этой стенной росписи из порта Остии изображена погрузка торгового судна. На борт переносят тяжелые мешки с зерном. На корме судна можно увидеть два больших рулевых весла.

## ВДОЛЬ ПО РЕКЕ
Вино и другие жидкости иногда хранили в бочках. Их транспортировали речными баржами, вроде той, что изображена на этом рельефе. Бочки с вином переправляли таким образом из виноградников Германии или Южной Франции в ближайший морской порт.

## СДЕЛАЙТЕ АМФОРУ
*Вам потребуется: больший лист тонкого картона, линейка, два карандаша, ножницы, рифленый картон (два круга 10 см и 20 см в диаметре, две полоски размером 40 × 30 см и большой кусок), бумажный скотч, клей ПВА, старая газета, кисть, акриловая краска красновато-коричневого цвета, емкость с водой.*

**1** Отрежьте куски картона – 5 и 38 см шириной. Сверните из длинного куска горло, сделайте сбоку два отверстия. Прикрепите скотчем короткий кусок к маленькому кругу, а горло – к большому кругу.

**2** Сверните полоски рифленого картона в трубочку. Согните их, как показано, вставив один конец в отверстие в горле, а другой уперев в картон. Приклейте и закрепите скотчем.

**3** Отрежьте квадрат картона со стороной 40 см. Сверните его в цилиндр. Сделайте с одного конца четыре разреза по 10 см, чтобы его можно было превратить в конус. Скрепите скотчем.

## В ПОХОД НА ВРАГА

Эта картина рисует впечатляющее зрелище: римская военная галера отправляется из гавани в поход на врага. Галеры приводились в движение гребцами, которые сидели в несколько рядов на скамьях ниже палубы. Рулевой, стоявший на корме и управлявший судном, выкрикивал им приказания. У этой галеры три ряда весел. Из-под воды на носу у боевых галер торчал таран. Во время морского сражения мачту опускали, и галера старалась пробить тараном вражеское судно. Вонзив таран в бок судна, римские солдаты могли легко взять его на абордаж, чтобы решить исход сражения в рукопашной схватке.

*Амфора вроде этой могла использоваться для перевозки вина, масла или рыбного соуса. Ее длинный, заостренный конец засовывали в уложенный в трюме валежник, чтобы закрепить ее на время транспортировки.*

**4** Чтобы сделать более надежное основание, сверните конус из рифленого картона и приклейте его на суженный конец. Вставьте в отверстие на конце карандаш. Закрепите скотчем.

**5** Приклейте горло к сосуду. Обклейте всю амфору полосками газеты, смазанными клеем. Оставьте просохнуть. Повторяйте процедуру до тех пор, пока у вас не образуется толстый слой.

**6** Когда бумага высохнет, покрасьте амфору. Римские амфоры делались из глины, поэтому используйте красновато-коричневую краску, для большего сходства с оригиналом. Оставьте сохнуть.

# Строители Империи

**Р**ИМЛЯНЕ были великими строителями и инженерами. По мере того как легионы завоевывали страны, они строили новые дороги для организации снабжения и сообщения. Дороги были очень прямыми и тянулись на сотни километров. Их строили с небольшим бугорком посередине, с тем чтобы дождевая вода стекала к обочине. Одни дороги были вымощены камнем, другие покрыты щебнем. Римские инженеры использовали свои познания и в снабжении своих городов водой путем строительства акведуков.

Римляне возводили по всей Империи огромные купола, арочные мосты и общественные здания внушительных размеров. При строительстве использовались местные запасы камня и древесины. Камень являлся важным строительным материалом римлян, но его приходилось добывать в каменоломнях и доставлять к месту строительных работ. Римляне первыми стали использовать бетон, который был дешевле и прочнее камня.

Правление римлян в Западной Европе окончилось более 1500 лет тому назад. Тем не менее памятники их зодчества стоят и поныне.

### РИМСКИЕ ДОРОГИ
Типичная римская дорога, уходящая вдаль, насколько хватает глаз. Она проходит по прибрежному городу Остия в Италии. До 1800-х годов в Европе никто не строил дорог, которые могли бы сравниться с дорогами Древнего Рима.

### ПОДЪЕМНЫЙ КРАН
На этом рельефе изображено то, как римляне использовали большие деревянные краны для подъема тяжелых строительных материалов. Кран приводился в действие с помощью гигантского колеса. Рабы бесконечно ходили в колесе, заставляя его крутиться. Вращающееся колесо тянет канат, обвязанный вокруг тяжелой каменной плиты, и плита поднимается вверх.

## СДЕЛАЙТЕ ГРОМУ

*Вам потребуется: большой кусок прочного картона, ножницы, линейка, карандаш, картонный квадрат, клей ПВА, бумажный скотч, шест из бальзового дерева, пластилин, серебристая фольга, шнурок, большая швейная игла, акриловые краски, кисть, емкость с водой, деревянный стержень.*

**1** Отрежьте два куска картона размером 20 × 6 см, один кусок размером 40 × 6 см. Вырежьте кусок размером 15 × 12 см для ручки. Затем вырежьте из них показанные вверху формы.

**2** Определите центр длинной полоски картона. С помощью карандаша сделайте в этом месте прорезь, между слоями картона. Это прорезь для бальзового шеста.

**3** Вставьте бальзовый шест в прорезь и крестообразно под прямым углом скрепите картонные детали бумажным скотчем. Склейте детали.

249

## СТРОИТЕЛЬНЫЕ МАТЕРИАЛЫ

Римляне использовали для строительства разнообразные камни. Местные каменоломни были наиболее частым источником. В Помпеях использовались известняк и вулканическая порода, так называемый туф. В некоторых частях Британии для покрытия крыши применялся шиферный сланец. Великолепный мрамор, использовавшийся для строительства храмов и других общественных зданий, добывался в районе Каррары в Италии, как и сегодня. Впрочем, его также импортировали и из-за моря.

*Сланец*

*Мрамор*

## ПЕРЕЖИВШИЕ СТОЛЕТИЯ

Этот римский мост перекинут через реку Гвадалквивир в Кордове, в Испании. У римлян не было бульдозеров или машин, и тем не менее их здания и монументы простояли тысячи лет.

## СТЕНЫ РИМА

Оборонительные сооружения города Рима возводились на протяжении многих периодов его истории. Эти прочные стены были сооружены во времена правления императора Марка Аврелия (121–180 гг. н. э.). Известные как Аврелиевы стены, они и поныне находятся в хорошем состоянии.

*Насадите лопасти на шест из бальзового дерева. Используйте отвесы в качестве ориентира, чтобы удостовериться, что шест стоит вертикально. Потом инструмент можно использовать для выравнивания удаленных предметов. Римляне использовали грому для измерения прямых углов и выравнивания дорог.*

**4** Скатайте из пластилина четыре небольших конуса и оберните их фольгой. Проденьте, как показано, вверху шнурок. Это отвесы громы – или ее вертикальные направляющие.

**5** Привяжите отвесы к лопастям. Каждый отвес должен иметь в висячем положении одинаковую длину, например 20 см. Если пластилин слишком тяжелый, скомкайте и заверните в фольгу влажную газету.

**6** Расщепите верхушку детали ручки и оберните ее вокруг бальзового шеста. Приклейте, как показано на фото. То же самое сделайте с другого конца с деревянным стержнем. Покрасьте готовую грому.

# Глоссарий

## А

**Акведук** Искусственный канал для подачи воды на большое расстояние. Акведуки были обычно подземными или опирались на арочные мосты.

*Акведук*

**Акушерка** Женщина, помогающая при родах.

**Акушерские щипцы** Хирургический инструмент, по форме напоминающий щипцы или клещи.

**Амфитеатр** Овальная открытая арена, окруженная рядами сидений. Была придумана римлянами для публичных представлений, вроде смертельных боев гладиаторов и сражений между дикими животными.

**Амфора** Глиняный сосуд для хранения, нередко в форме высокой вазы с ручками и заостренным основанием. Амфоры делались самых разных форм и размеров – высокие и изящные, толстые и круглые.

**Арена** Песочная площадка в амфитеатре, на которой проходили игры и поединки.

**Атрий** Вестибюль или внутренний дворик в римском доме. Центр атрия являлся открытой площадкой.

## Б

**Базилика** Большое здание в районе форума римского города. Это было нечто среднее между ратушей и зданием суда.

## В

**Вилла** Римский загородный дом, нередко украшенный мозаикой и настенной росписью. Виллы обычно являлись частью поместья.

## Г

**Галера** Весельный боевой корабль.

**Гильдия** Общество, защищавшее интересы людей данной профессии.

**Гладиатор** Профессиональный боец, раб или преступник, дравшийся насмерть для развлечения публики.

**Гражданин** Свободный человек, обладающий правом голоса.

**Граффити** Надписи или рисунки, выведенные или нацарапанные в общественных местах, главным образом на стенах.

**Грома** Инструмент, которым пользовались римские топографы. Применялся для измерения прямых углов и для обеспечения того, чтобы дороги были прямыми.

## Д

**Диктатор** Правитель, обладающий неограниченной властью.

## Ж

**Жаровня** Бронзовый ящик для горячего угля, использовавшийся для обогрева помещений.

**Жертвоприношение** Принесение в жертву живого существа в честь богов.

## И

**Император** Правитель империи.

**Империя** Большое число разных стран, находящихся под властью одного человека или правительства.

## К

**Катапульта** Большое деревянное сооружение, применявшееся во время осады для метания во врага камней и железных брусков.

**Кираса** Латы, защищавшие верхнюю часть тела.

**Когорта** Подразделение римской армии, в некоторые периоды насчитывавшее около 500 солдат.

**Колесница** Легкая повозка, запряженная лошадьми. Колесницы использовались в сражениях или в ристалищах.

**Кольчуга** Воинские доспехи в виде рубашки из железных колец.

**Консервировать** Обрабатывать пищу таким образом, чтобы она хранилась долгое время и не портилась.

**Конскрипт** Призванный на военную службу, новобранец.

**Консул** Один из двух вождей Римской республики, избиравшихся ежегодно.

**Координатная сетка** Крестообразный узор из прямых линий, пересекающихся под прямым углом. Использовалась для того, чтобы разделять город на кварталы и прямые улицы.

**Кремация** Сжигание тел умерших.

**Кузнец** Ремесленник, который изготавливает или чинит железные предметы.

**Курия** Совет в древнеримских городах.

*Консул*

## Л

**Легион** Войсковая единица в римской армии, состоявшая только из римских граждан. Неримские граждане не могли быть легионерами.

**Лен** Растение, чьи стебли используются для получения льняной ткани. Из его голубых цветков могут получать краситель, а его семена отжимают для получения льняного масла.

**Лира** Похожий на арфу инструмент, на котором играли в Древней Греции и Риме.

## М

**Мирра** Ароматическая смола из коры некоторых деревьев, использовавшаяся для получения благовоний и лекарств.

**Мозаика** Изображение, составленное из многочисленных мелких квадратиков или кубиков стекла, камня или глины, вцементированных в пол или стены.

**Н**

**НАЕМНИКИ** Солдаты, набиравшиеся из неримских граждан.

**НАКОВАЛЬНЯ** Тяжелая металлическая опора, используемая кузнецами для ковки раскаленного металла.

**НАСТАВНИК** Личный учитель, репетитор.

**О**

**ОБЩЕСТВО** Все классы людей, живущих в данном государстве.

**ОХРА** Разновидность земли желтого или красноватого цвета.

**П**

**ПАЛЛА** Платок, который накидывали на голову или на плечи римские женщины.

**ПАПИРУС** Высокий тростник, растущий на берегах Нила, который использовался для изготовления бумаги.

**ПАТРИЦИЙ** Представитель старых, богатых и могущественных семейств в Древнем Риме.

**ПЛАСТИНЧАТЫЕ ДОСПЕХИ** Облегающие тело доспехи, сделанные из соединенных между собой цельнометаллических листов.

**ПЛЕБЕЙ** Представитель низшего класса, рядовой (но свободный) человек в Древнем Риме.

**ПОМЕСТЬЕ** Большой участок земли с домами и хозяйственными постройками, обычно находившийся во владении одного человека или группы людей.

**Р**

**РАСТОПКА** Сухие ветки, сучья или щепки для разжигания огня.

**РЕСПУБЛИКА** Государство, управляемое не царем, а собранием его граждан.

**РИСТАЛИЩЕ** Площадка для конных и других состязаний, а также само такое состязание.

**РИСТАНИЕ** Конное или другое состязание.

**С**

**САМОССКАЯ ПОСУДА** Разновидность посуды из глазурованной красной глины, которая была популярна на всей территории Римской империи.

**САТУРНАЛИИ** Зимние праздники в честь бога Сатурна.

**СВИРЕЛЬ** Музыкальный инструмент в виде спаренных дудок разной длины.

**СЕНАТ** Законодательное собрание Древнего Рима.

**СЕРП** Орудие с изогнутым лезвием, использовавшееся для срезания травы или жатвы колосьев зерновых культур.

**СТИЛЬ** Заостренный инструмент, использовавшийся для писания слов на восковой дощечке.

**СТÓЛА** Длинное одеяние, которое носили римские женщины. Ее надевали поверх туники.

**СТРИГИЛЬ** Металлическая лопаточка, которой скребли тело.

*Стригиль*

**Т**

**ТАБЛИНИЙ** Помещение для официальных приемов и кабинет в римском доме.

**ТАГАН** Металлическая подставка в виде обруча на ножках для кипящего на огне горшка.

**ТАРАН** Большая заостренная балка, торчавшая из корпуса древнего военного корабля. Она использовалась для того, чтобы таранить бок вражеского судна, благодаря чему было легче взять его на абордаж.

**ТЕРРАКОТА** Обожженная, неглазурованная глина оранжево-красного цвета.

**ТОГА** Белое шерстяное одеяние, которое носили высшие классы в Древнем Риме.

**ТОПОГРАФИЯ** Измерение участков земной поверхности и изображение их на планах и картах. Измерение производили перед тем, как начать прокладку дороги или возведение какого-нибудь сооружения или здания.

*Трезубец*

**ТРЕЗУБЕЦ** Копье с тремя зубьями, которым пользовались рыбаки и гладиаторы.

**ТРИБУН** Один из чиновников, избиравшийся для представления интересов простого народа в Древнем Риме. Это также было воинское звание в римской армии.

**ТРИКЛИНИЙ** Столовая комната. Название происходит от римской традиции ставить около столика три кушетки, на которых возлежали во время трапезы.

**ТУНИКА** Простое одеяние, наподобие рубашки.

**Ф**

**ФОРУМ** Центр или деловой район римского города.

**Ц**

**ЦЕНТУРИЯ** Боевая единица римской армии, насчитывавшая от 80 до 100 солдат.

**ЦИВИЛИЗАЦИЯ** Общество, добившееся определенных успехов в искусстве, науке и технике, законодательстве или управлении государством.

**ЦИРК** Овальная арена, использовавшаяся для состязаний колесниц.

**Ч**

**«ЧЕРЕПАХА»** Тактика смыкания щитов над головами для защиты от летящих стрел и копий.

**Ш**

**ШТАНДАРТ** Знамя, которое использовали в армии для поддержания духа солдат в битве или проносили во время парадов.

# Алфавитный указатель

**Шарлотта Хардман**
**Филип Стил**
**Ричард Теймс**

# ДРЕВНИЙ МИР

## ПОЛНАЯ ЭНЦИКЛОПЕДИЯ

*Для среднего и старшего школьного возраста*

*Ответственный редактор* Л. Кондрашова

*Дизайн переплета* И. Сауков

*Технический редактор* О. Кистерская

*Компьютерная верстка* М. Гришина

ООО «Издательство «Эксмо»
127299, Москва, ул. Клары Цеткин, д. 18/5. Тел. 411-68-86, 956-39-21.
Home page: **www.eksmo.ru** E-mail: **info@eksmo.ru**

*Оптовая торговля книгами «Эксмо»:*
ООО «ТД «Эксмо». 142700, Московская обл., Ленинский р-н, г. Видное,
Белокаменное ш., д. 1, многоканальный тел. 411-50-74.
E-mail: **reception@eksmo-sale.ru**

*По вопросам приобретения книг «Эксмо» зарубежными оптовыми*
*покупателями* обращаться в ООО «Дип покет»
E-mail: **foreignseller@eksmo-sale.ru**

**International Sales:** *International wholesale customers should contact «Deep Pocket» Pvt. Ltd.*
*for their orders.* **foreignseller@eksmo-sale.ru**

*По вопросам заказа книг корпоративным клиентам, в том числе в специальном оформ-*
*лении,* обращаться в ООО «Форум»: тел. 411-73-58 доб. 2598. E-mail: **vipzakaz@eksmo.ru**

*Оптовая торговля бумажно-беловыми*
*и канцелярскими товарами для школы и офиса «Канц-Эксмо»:*
Компания «Канц-Эксмо»: 142702, Московская обл., Ленинский р-н, г. Видное-2,
Белокаменное ш., д. 1, а/я 5. Тел./факс +7 (495) 745-28-87 (многоканальный).
e-mail: **kanc@eksmo-sale.ru**, сайт: **www.kanc-eksmo.ru**

Подписано в печать 26.05.2008.
Формат 60х84$^1/_8$. Гарнитура «Баскервиль». Печать офсетная.
Бумага офсетная. Усл. печ. л. 29,76.
Доп. тираж 10 000 экз. Заказ № 1469.

Отпечатано с электронных носителей издательства.
ОАО "Тверской полиграфический комбинат", 170024, г. Тверь, пр-т Ленина, 5.
Телефон: (4822) 44-52-03, 44-50-34, Телефон/факс: (4822) 44-42-15
Home page - www.tverpk.ru Электронная почта (E-mail) -sales@tverpk.ru